As ferramentas dos Filósofos

Para Rick O'Neil, colega
e amigo, *in memoriam*

Julian Baggini | Peter S. Fosl

As ferramentas dos Filósofos

Um compêndio sobre conceitos e métodos filosóficos

Tradução:
Luciana Pudenzi

Edições Loyola

Título original:
The philosopher's toolkit
© 2003 by Blackwell Publishers Ltd, a Blackwell Publishing company
ISBN 0-631-22874-8

Dados Internacionais de Catalogação na Publicação (CIP)
(Câmara Brasileira do Livro, SP, Brasil)

Baggini, Julian
   As ferramentas dos filósofos : um compêndio sobre conceitos e métodos filosóficos / Julian Baggini, Peter S. Fols ; tradução Luciana Pudenzi. -- São Paulo : Edições Loyola, 2012.

   Título original: The philosopher's toolkit
   2ª reimpr. da 1. ed. de 2008.
   ISBN 978-85-15-03528-1

   1. Ciência - Filosofia 2. Ciência - Filosofia - História
   3. Epistemologia I. Fosl, Peter S.
   II. Título.

12- 09608   CDD – 501

Índices para catálogo sistemático:
   1. Ciência: Filosofia   501
   2. Filosofia da ciência   501

Preparação: Maurício Balthazar Leal
Capa: Walter Nabas
Diagramação: Miriam de Melo
Revisão: Carlos Alberto Bárbaro

Edições Loyola Jesuítas
Rua 1822, 341 – Ipiranga
04216-000 São Paulo, SP
T 55 11 3385 8500
F 55 11 2063 4275
editorial@loyola.com.br
vendas@loyola.com.br
www.loyola.com.br

Todos os direitos reservados. Nenhuma parte desta obra pode ser reproduzida ou transmitida por qualquer forma e/ou quaisquer meios (eletrônico ou mecânico, incluindo fotocópia e gravação) ou arquivada em qualquer sistema ou banco de dados sem permissão escrita da Editora.

ISBN: 978-85-15-03528-1

2ª edição: agosto de 2012
         conforme novo acordo ortográfico da Língua Portuguesa
© EDIÇÕES LOYOLA, São Paulo, Brasil, 2008

Sumário

Prefácio 9

Agradecimentos 11

capítulo um: Ferramentas básicas da argumentação 13
   1.1. Argumentos, premissas e conclusões 13
   1.2 Dedução 18
   1.3 Indução 21
   1.4 Validade e solidez 26
   1.5 Invalidade 31
   1.6 Consistência 33
   1.7 Falácias 37
   1.8 Refutação 41
   1.9 Axiomas 43
   1.10 Definições 46
   1.11 Certeza e probabilidade 49
   1.12 Tautologias, autocontradições e a lei de não contradição .. 54

capítulo dois: Outras ferramentas da argumentação 57
   2.1 Abdução 57
   2.2 Método hipotético-dedutivo 61
   2.3 Dialética 63
   2.4 Analogias 66

2.5 Anomalias e exceções que comprovam a regra 69
2.6 Bombas de intuição 72
2.7 Construções lógicas 75
2.8 Redução 77
2.9 Experimentos mentais 81
2.10 Argumentos transcendentais 83
2.11 Ficções úteis 87

capítulo três: Ferramentas de avaliação 91
3.1 Explicações alternativas 91
3.2 Ambiguidade 94
3.3 Bivalência e o terceiro excluído 96
3.4 Erros categoriais 99
3.5 *Ceteris paribus* 101
3.6 Circularidade 103
3.7 Incoerência conceitual 107
3.8 Contraexemplos 109
3.9 Critérios 112
3.10 Teoria do erro 115
3.11 Falsa dicotomia 117
3.12 A falácia genética 119
3.13 Dilemas 123
3.14 A forquilha de Hume 126
3.15 A lacuna "é"/"deve" 129
3.16 A lei leibniziana da identidade 131
3.17 A falácia do homem mascarado 135
3.18 A navalha de Ockham 138
3.19 Paradoxos 141
3.20 Cúmplices no erro 144
3.21 Princípio de caridade 146
3.22 Petição de princípio 150
3.23 Reduções 152
3.24 Redundância 154
3.25 Regressos 156
3.26 Adequação empírica 158
3.27 Argumentos autorrefutadores 161
3.28 Razão suficiente 163
3.29 Testabilidade 167

capítulo quatro: Ferramentas de distinção conceitual 171
   4.1 A *priori*/*a posteriori* 171
   4.2 Absoluto/relativo 175
   4.3 Analítico/sintético 178
   4.4 Categórico/modal 181
   4.5 Condicional/bicondicional 183
   4.6 Revogável/irrevogável 185
   4.7 Implicação/implicação estrita 187
   4.8 Essência/acidente 190
   4.9 Conhecimento por contato/conhecimento por descrição 194
   4.10 Necessário/contingente 197
   4.11 Necessário/suficiente 201
   4.12 Objetivo/subjetivo 203
   4.13 Realista/não realista 207
   4.14 Sentido/referência 209
   4.15 Sintaxe/semântica 211
   4.16 Conceitos éticos densos e difusos 214
   4.17 Tipos e casos 216

capítulo cinco: Ferramentas de crítica radical 219
   5.1 A crítica de classe 219
   5.2 A desconstrução e a crítica da presença 221
   5.3 A crítica empirista da metafísica 224
   5.4 A crítica feminista 227
   5.5 A crítica foucaultiana do poder 229
   5.6 A crítica heideggeriana da metafísica 232
   5.7 A crítica lacaniana 234
   5.8 A crítica nietzschiana da cultura platônico-cristã 237
   5.9 A crítica pragmatista 239
   5.10 A crítica sartriana da "má-fé" 241

capítulo seis: As ferramentas no seu limite 245
   6.1 Crenças básicas 245
   6.2 Gödel e a incompletude 248
   6.3 A experiência mística e a revelação 250
   6.4 Possibilidade e impossibilidade 252
   6.5 Primitivos 255
   6.6 Verdades autoevidentes 257

6.7 Ceticismo 260
6.8 Subdeterminação 263

Recursos para filósofos na Internet 267

Índice remissivo 269

Prefácio

A filosofia pode ser uma atividade extremamente técnica e complexa, cuja terminologia e cujos procedimentos muitas vezes intimidam o iniciante e exigem muito até mesmo do profissional. Como a arte da cirurgia, a arte da filosofia requer o domínio de um corpo de conhecimentos, mas requer também a aquisição de precisão e habilidade para manejar um conjunto de instrumentos ou ferramentas. Podemos considerar *As ferramentas dos filósofos* uma coleção de tais instrumentos. Diferentemente dos de um cirurgião ou de um marceneiro, porém, os instrumentos apresentados neste texto são conceituais, ferramentas que podem ser usadas para analisar, manipular e avaliar conceitos, argumentos e teorias filosóficas.

Este livro pode ser usado de várias maneiras. Pode ser lido do princípio ao fim por aqueles que desejem conhecer os elementos essenciais da reflexão filosófica. Pode ser usado como um guia do método filosófico básico ou do pensamento crítico. Pode também ser usado como um livro de referência ao qual leitores comuns ou filósofos podem recorrer a fim de encontrar explicações rápidas e claras dos conceitos e métodos-chave da filosofia. O objetivo do livro, em outras palavras, é servir como uma caixa de ferramentas conceituais da qual neófitos ou mestres artesãos possam sacar ferramentas que, de outro modo, estariam espalhadas num conjunto de textos diversos, requerendo longos períodos de estudo para ser adquiridas.

O livro divide-se em sete seções, que incluem uma seção de recursos na Internet (ver Sumário). Estas seções vão das ferramentas básicas da argumentação a conceitos e princípios filosóficos sofisticados. O texto trata de instrumentos de avaliação de argumentos, leis essenciais, princípios e distinções conceituais. Em sua conclusão, há uma discussão sobre os limites do pensamento filosófico.

Cada uma das seis primeiras seções apresenta de início certo número de tópicos que trarão uma explicação da ferramenta em questão, exemplos de usos e orientações sobre sua abrangência e seus limites. Cada tópico possui referências cruzadas com outros tópicos relacionados. Foram incluídas sugestões de leituras, e as mais apropriadas para principiantes estão identificadas com um asterisco.

Para tornar-se um mestre escultor é preciso mais que a habilidade de selecionar e usar as ferramentas da profissão: necessita-se também de instinto, talento, imaginação e prática. Do mesmo modo, aprender como usar essas ferramentas filosóficas não o transformará num mestre na arte da filosofia da noite para o dia. Mas este livro lhe fornecerá muitas habilidades e técnicas que o ajudarão a filosofar melhor.

Agradecimentos

Agradecemos a Nicholas Fearn, que nos ajudou a conceber e planejar este livro e cujas impressões digitais ainda podem ser encontradas aqui e ali. Somos gratos também a Jack Furlong e Tom Flynn, pelo auxílio com os tópicos sobre crítica radical, e aos revisores anônimos, por seu completo escrutínio do texto. Agradecemos a Jeff Dean, da Blackwell, pela atenção ao livro desde o estágio em que era apenas uma boa ideia em teoria até que chegasse a ser, assim esperamos, um bom livro na prática. Agradecemos ainda a Eldo Barkhuizen, por seu trabalho notavelmente completo. Agradecemos também à esposa e aos filhos de Peter — Catherine Fosl, Isaac Fosl-Van Wyke e Elijah Fosl — por seu paciente apoio.

capítulo um
Ferramentas básicas da argumentação

1.1. Argumentos, premissas e conclusões

A filosofia é para aqueles que se preocupam com minúcias. Isso não significa que seja uma busca trivial. Longe disso. A filosofia trata de algumas das mais importantes questões que os seres humanos formulam para si mesmos. A razão pela qual os filósofos são minuciosos é que eles estão interessados em como as crenças que temos a respeito do mundo são ou não são sustentadas por argumentos racionais. Dada a importância dessa preocupação, é fundamental dar atenção aos detalhes. As pessoas raciocinam de variadas maneiras, utilizando numerosas técnicas, algumas delas legítimas e outras não. Com frequência, só podemos discernir a diferença entre argumentos bons e ruins perscrutando seu conteúdo e sua estrutura com extrema aplicação.

O argumento

O que é então um argumento? Os filósofos usam o termo "argumento" num sentido muito preciso e estrito. Para eles, um argumento é a mais básica unidade completa do raciocínio, um átomo da razão. Um argumento é uma inferência extraída de um ou de vários pontos de partida (proposições denominadas "premissas") que conduz a um ponto final (uma proposição denominada "conclusão").

Argumento x explicação

Os "argumentos" devem ser distinguidos das "explicações". Uma regra geral é que os argumentos buscam demonstrar *que* algo é verdadeiro; as explicações buscam mostrar *como* algo é verdadeiro. Por exemplo, suponhamos que nos deparamos com uma mulher aparentemente morta. Uma explicação da morte dessa mulher seria efetuada para mostrar *como* ela se deu ("A existência de água em seus pulmões explica a morte desta mulher."). Um argumento teria como objetivo demonstrar *que* a pessoa está de fato morta ("Como seu coração parou de bater e não há outros sinais vitais, podemos concluir que ela está realmente morta.") ou que uma explicação é melhor que outra ("A ausência de sangramento no ferimento em sua cabeça, associada à presença de água nos pulmões, indica que essa mulher morreu por afogamento e não por hemorragia.").

O lugar da razão na filosofia

Não se compreende universalmente que grande parte dos temas tratados pela filosofia consista em argumentação. Muitas pessoas julgam que a filosofia trata essencialmente de ideias ou teorias acerca da natureza do mundo e de nosso lugar nele. Os filósofos efetivamente produzem tais ideias e teorias, mas, na maioria dos casos, sua autoridade e seu campo de ação procedem do fato de serem derivadas por meio de argumentos racionais fundados em premissas aceitáveis. Sem dúvida, muitas outras áreas da vida humana também envolvem comumente a argumentação, e algumas vezes pode ser impossível definir linhas precisas que distingam essas áreas da filosofia. (De fato, a possibilidade de estabelecer ou não tal distinção é em si mesma objeto de acalorados debates filosóficos!)

As ciências naturais e sociais são, por exemplo, campos de investigação racional que com frequência invadem as fronteiras da filosofia (especialmente em estudos da consciência, na física teórica e na antropologia).

Mas as teorias que compõem essas ciências são geralmente determinadas por meio de certos procedimentos formais de experimentação e reflexão não muito abordados pela filosofia. O pensamento religioso às vezes também inclui a racionalidade e partilha uma fronteira muito disputada com a filosofia. Todavia, enquanto o pensamento religioso está intrinsecamente relacionado com o divino, o sagrado ou o transcendente — talvez por meio de algum tipo de revelação, de um artigo de fé ou da prática religiosa —, a filosofia, em contraposição, em geral não está ligada a isso.

Certamente, as obras de algumas figuras proeminentes da tradição filosófica ocidental apresentam dimensões não racionais e até antirracionais (por exemplo, as obras de Heráclito, Kierkegaard, Nietzsche, Heidegger e Derrida). Além disso, muitos gostariam de incluir obras de pensadores asiáticos (confucionistas, taoístas, xintoístas), africanos, aborígines e americanos nativos sob a rubrica da filosofia, ainda que pareçam fazer pouco uso da argumentação.

Contudo, talvez a despeito das intenções desses autores, mesmo a obra de pensadores que não se encaixam no modelo clássico da filosofia envolve asserções racionalmente justificadas e formas sutis de argumentação. E em muitos casos a argumentação permeia seu pensamento ao menos como uma força que é preciso levar em consideração.

A filosofia, portanto, não é o único campo do pensamento para o qual a racionalidade é importante. E nem tudo o que recebe o nome de filosofia é necessariamente argumentativo. Mas com certeza é seguro dizer que nem sequer se pode começar a dominar a amplitude do pensamento filosófico sem aprender como usar as ferramentas da razão. Não há, portanto, maneira melhor de começar a suprir nosso conjunto de ferramentas filosóficas que com os componentes mais básicos da racionalidade, as partículas subatômicas da argumentação — as "premissas" e as "conclusões".

Premissas e conclusões

Para a maioria de nós, a ideia de uma conclusão é tão clara quanto pode ser um conceito filosófico. Uma conclusão é, literalmente, aquilo com que se conclui um argumento, o produto e o resultado de uma cadeia de inferências, aquilo que o raciocínio justifica e sustenta.

E quanto às premissas? Em primeiro lugar, para que uma sentença sirva como premissa, é preciso que exiba esta propriedade essencial: que faça uma afirmação que possa ser considerada verdadeira ou falsa. As sentenças têm muitas funções em nossa linguagem, e nem todas possuem tal propriedade. Sentenças que exprimem ordens, por exemplo ("Em frente, soldado, marche!"), ou que representam perguntas ("Esta é a estrada para Edimburgo?"), ou que denotam exclamações ("Santo Deus!") não são nem verdadeiras nem falsas. Por conseguinte, não é possível empregá-las como premissas.

Até aqui, tudo é muito simples. Mas as coisas podem ficar complicadas de diversas maneiras.

Uma das mais complexas questões concernentes às premissas está no problema das proposições implícitas. Isto é, em muitos argumentos, premissas capitais não estão explicitamente enunciadas, mas permanecem embutidas ou ocultas em outras sentenças. Tomemos, por exemplo, o seguinte argumento: "Sócrates é um homem; logo, Sócrates é mortal". O que ficou implícito foi a sentença "Todos os homens são mortais".

Ao determinar precisamente quais as premissas de um dado argumento, pergunte-se, em primeiro lugar, o que o argumento pretende demonstrar. Em seguida, pergunte-se em que outras afirmações o argumento se funda (implícita ou explicitamente) para produzir tal demonstração.

Indicadores

Às vezes, certas palavras e expressões indicarão premissas e conclusões. Expressões tais como "em conclusão", "segue-se que", "temos de concluir que" e "a partir disso, podemos ver que" com frequência indicam conclusões ("O DNA, as impressões digitais e os relatos das testemunhas oculares, tudo aponta para Smithers. Segue-se que ela deve ser a assassina."). Palavras como "porque" e "desde" e expressões como "em razão de que", "uma vez que" e "com base em" com frequência indicam premissas (por exemplo: "Uma vez que o DNA, as impressões digitais e os relatos das testemunhas oculares implicam Smithers, ela deve ser a assassina".).

As premissas, portanto, compõem o conjunto de asserções das quais se extrai a conclusão. Em outras seções, abordaremos a questão de como podemos justificar a passagem das premissas à conclusão (ver 1.4 e 4.7). Mas, antes de tudo, temos de indagar: o que justifica a introdução de uma premissa?

Fundamentos das premissas?

Há duas razões básicas pelas quais uma premissa poderia ser aceitável. Uma é que a premissa seja ela mesma a conclusão de um outro argumento sólido. Neste caso, a verdade da premissa teria sido demonstrada em outro lugar. Mas é claro que se este fosse o único tipo de justificação para a inclusão de uma premissa teríamos um regresso infinito. Ou seja, cada premissa teria de ser justificada por um argumento diferente, e as premissas desse argumento teriam de ser justificadas ainda por outro argumento, e as premissas desse argumento teriam de... e assim sucessivamente, *ad infinitum*. (Na verdade os céticos — orientais e ocidentais, modernos e antigos — ressaltaram esse problema da argumentação.)

Desse modo, a menos que se pretenda conviver com o problema do regresso infinito, é preciso que haja outra maneira de considerar as sentenças aceitáveis para servir como premissas. É preciso haver, em suma, premissas que se possam sustentar sem necessidade de justificação complementar por meio de outros argumentos. Tais premissas podem ser verdadeiras por definição. (Um exemplo deste tipo de premissa é: "Nenhum solteiro é casado".) Mas o tipo de premissas que estamos buscando também pode incluir premissas que, embora possam ser concebivelmente falsas, sejam consideradas verdadeiras a fim de viabilizar um diálogo racional. Essas premissas serão chamadas de "premissas básicas".

O tipo de sentenças qualificadas de premissas básicas depende do contexto da argumentação. Um exemplo de premissa básica poderia ser "Eu existo". Na maior parte dos contextos, essa premissa não necessita de justificação. Mas, naturalmente, se o argumento pretende demonstrar que eu existo, minha existência não pode ser apresentada como premissa. Não se pode assumir aquilo que se pretende demonstrar.

Os filósofos sustentaram que determinadas sentenças são mais ou menos básicas por várias razões: porque se baseiam em percepções "catalépticas" (estoicos), porque estão diretamente fundamentadas em dados dos sentidos (positivistas), porque são apreendidas por um poder denominado intuição ou discernimento (platônicos), porque nos foram reveladas por Deus (filósofos judeus, cristãos ou islamitas), ou porque as apreendemos por meio de faculdades cognitivas certificadas por Deus (Descartes, Reid, Plantinga). Em nossa opinião, uma série de razões, melhor descritas como "contexto", determinarão quais são essas premissas.

Formalmente, portanto, a distinção entre premissas e conclusões está clara. Mas apenas entender essa diferença não é suficiente. Para que possamos empregar essas ferramentas filosóficas, devemos ser capazes de identificar as premissas explícitas e de tornar explícitas as subentendidas. E, além da questão de determinar se uma conclusão pode ou não ser derivada das premissas, é preciso, antes de qualquer coisa, enfrentar a questão espinhosa de determinar o que justifica o uso das premissas. As premissas são os pontos de partida do argumento filosófico. Como em todo edifício, intelectual ou não, a construção só se manterá de pé se as fundações forem sólidas.

Ver também

1.2 Dedução
1.3 Indução
1.9 Axiomas
1.10 Definições
3.6 Circularidade
6.1 Crenças básicas
6.6 Verdades autoevidentes

Leituras

°Nigel WARBURTON, *Thinking From A to Z*, ²2000.
°Patrick J. HURLEY, *A Concise Introduction to Logic*, ²2000.

1.2 Dedução

O assassinato foi claramente premeditado. A única pessoa que sabia onde o Dr. Cordeiro estaria naquela noite era seu colega, o Dr. Lobo. Por conseguinte, o assassino tem de ser...

A dedução é a forma de raciocínio com frequência reproduzida nos desenlaces ocorridos nas salas de estar da ficção detetivesca clássica. É a forma de argumentação mais rigorosa que existe, uma vez que na dedução a passagem das premissas à conclusão é tal que, se as premissas forem verdadeiras, a conclusão também será forçosamente verdadeira. Por exemplo, tomando o seguinte argumento:

1. Elvis Presley vive num esconderijo secreto em Idaho.
2. Todas as pessoas que vivem em esconderijos secretos em Idaho são infelizes.
3. Portanto, Elvis Presley é infeliz.

Se examinarmos nossa definição de uma dedução, poderemos ver que este argumento preenche seus requisitos. Se as duas premissas forem verdadeiras, então a conclusão também terá de ser verdadeira. Como poderá não ser verdade que Elvis é infeliz, se for efetivamente verdade que todas as pessoas que vivem em esconderijos secretos em Idaho são infelizes, e se Elvis for uma dessas pessoas?

Você pode estar pensando que há algo de duvidoso a respeito disso, uma vez que você acredita que Elvis não é infeliz, já que ele simplesmente não existe mais. Assim, toda esta conversa afirmando que a conclusão tem de ser verdadeira pode lhe parecer suspeita. Neste caso, você não deu a devida atenção à palavra-chave no início da sentença, que desempenha um papel vital na definição da dedução. A conclusão terá de ser verdadeira *se* as premissas forem verdadeiras. Este "se" é muito importante. Em nosso exemplo, a conclusão, creio eu, não é verdadeira, pois uma das premissas não é verdadeira, ou ambas não o são (neste caso, ambas). Mas isso não altera o fato de que este é um argumento dedutivo, pois, se Elvis efetivamente vivesse num esconderijo secreto em Idaho e se todas as pessoas que vivessem em esconderijos secretos em Idaho fossem efetivamente infelizes, disso se inferiria, necessariamente, que Elvis seria infeliz.

A questão da conformação de um bom argumento dedutivo é tratada com maior detalhamento na seção concernente à validade e à solidez (1.4). Mas, em certo sentido, tudo de que você precisa a respeito de um argumento dedutivo está contido na definição apresentada: um argumento dedutivo (bem-sucedido) é um argumento no qual, se as premissas forem verdadeiras, então a conclusão será também verdadeira.

Antes de encerrarmos este tópico, porém, devemos retornar às investigações de nosso detetive. Lendo suas deliberações, podemos facilmente inserir a palavra crucial que está faltando. O assassino é certamente o Dr. Lobo. Mas esta é a conclusão de um argumento dedutivo apropriado? O fato é que não podemos responder a esta pergunta a menos que saibamos um pouco mais acerca do significado exato das premissas.

Em primeiro lugar, o que significa dizer que o assassinato foi "premeditado"? Poderia significar muitas coisas. Poderia significar que o assassino planejou nos mínimos detalhes o que iria fazer, ou poderia significar simplesmente que o assassino havia tido antecipadamente a ideia do que iria fazer. Neste último caso, é possível que o assassino não soubesse onde o Dr. Cordeiro estaria naquela noite, mas, encontrando-o por acaso, pôs em ação seu plano premeditado de matá-lo. Então, ambas as premissas poderiam ser verdadeiras (o assassinato foi premeditado e o Dr. Lobo era a única pessoa que sabia onde o Dr. Cordeiro estaria naquela noite), mas a conclusão, falsa (o Dr. Lobo não é, de fato, o assassino). Por conseguinte, o detetive não formulou um argumento dedutivo bem-sucedido.

O que este exemplo mostra é que, embora a definição de um argumento dedutivo seja muito simples, identificar e construir esses argumentos pode ser muito complicado. Para julgar se de fato a conclusão deriva *forçosamente* das premissas, temos de estar atentos a ambiguidades nessas premissas, assim como ao perigo de aceitar com demasiada facilidade uma conclusão que parece ser sustentada por essas premissas mas na realidade não resulta delas. A dedução não consiste em saltar para as conclusões, mas em engatinhar vagarosamente até elas.

Ver também

1.1 Argumentos, premissas e conclusões
1.3 Indução
1.4 Validade e solidez

Leituras

°John SHAND, *Arguing Well*, 2000.
°Fred R. BERGER, *Studying Deductive Logic*, 1977.

1.3 Indução

Eu (Julian Baggini) tenho algo a confessar. Certa vez, passando férias em Roma, visitei a famosa feira de Porta Portese. Passei por um homem que aceitava apostas de quem quisesse adivinhar qual dos três copos que embaralhara ocultava um dado. Pouparei os leitores dos detalhes e de qualquer tentativa de justificar minhas ações para atenuar as coisas. Basta dizer que apostei e perdi. Tendo um orçamento tão cuidadoso, a parcela destinada à pizza naquela noite foi-se como fumaça.

Minha tolice neste caso é completamente evidente. Mas pode-se dizer que minha decisão de arriscar era "ilógica"? A resposta a esta pergunta exige um embate com uma dimensão da lógica denominada "indução". Diferentemente das inferências dedutivas, a indução envolve uma inferência na qual a conclusão deriva das premissas não com caráter de necessidade, mas apenas com probabilidade (ainda que esta formulação seja problemática, como veremos).

Definindo a indução

Com frequência, a indução envolve um raciocínio que parte de um número limitado de observações para chegar a generalizações prováveis mais amplas. Esse tipo de raciocínio é comumente denominado "generalização indutiva". É um tipo de inferência que usualmente envolve a passagem de regularidades precedentes a regularidades futuras. Um exemplo clássico é o nascer do sol. O sol tem nascido regularmente desde que se pode recordar na experiência humana; assim, as pessoas supõem que ele provavelmente nascerá amanhã. (A obra do filósofo escocês David Hume [1711-1776] foi muito influente no que se refere a este tópico.) Este tipo de inferência é muitas vezes adotado como tipificação da indução. No caso de minhas férias em Roma, eu poderia ter considerado que as experiências passadas de pessoas com habilidades cognitivas medianas como a minha mostram que as probabilidades de vencer contra o homem com os copos são muito pequenas.

Mas atenção: a indução não é essencialmente definida como um raciocínio que vai do específico para o geral.

Uma inferência indutiva não precisa ser necessariamente direcionada do passado para o futuro. E pode envolver o raciocínio do geral para o específico, do específico para o específico ou do geral para o geral.

Eu poderia inferir, por exemplo, a partir da afirmação *mais geral*, referente ao passado, de que não há registro de que algum atleta treinado tenha sido capaz de correr 100 metros em menos de 9 segundos, a conclusão *mais específica*, referente ao passado, de que certo amigo meu provavelmente não realizou esta proeza quando estava na universidade, como ele declara.

Os raciocínios que empregam *analogias* (ver 2.4), assim como *exemplos típicos* e *critérios baseados na experiência*, são também tipos de indução, ainda que nenhum deles envolva a passagem do específico para o geral.

O problema da indução

As generalizações indutivas, porém, com frequência estão onde está a ação. O raciocínio da ciência experimental, por exemplo, depende delas, na medida em que os cientistas formulam e confirmam leis naturais universais (por exemplo, a lei do gás ideal de Boyle) com base em um número relativamente reduzido de observações. O que é complicado de se ter em mente a respeito das generalizações indutivas, no entanto, é que elas envolvem um raciocínio que parte de premissas que incluem o termo "alguns", porém o fazem de uma maneira que só funciona com *necessidade* para sentenças com o termo "todos". Esse tipo de inferência torna a generalização indutiva fundamentalmente diferente do argumento dedutivo (no qual tal passagem seria ilegítima). Ele também abre uma enorme lata de vermes conceituais. Os filósofos conhecem esse enigma como o "problema da indução". Eis o que isso significa:

Tomemos o seguinte exemplo (exemplo A):

1. *Alguns* elefantes gostam de chocolate.
2. Isto é um elefante.
3. Logo, este elefante gosta de chocolate.

Este não é um argumento dedutivo bem formado, pois as premissas podem ser verdadeiras e, ainda assim, a conclusão pode ser falsa. Propriamente entendido, porém, pode ser um argumento indutivo sólido — por exemplo, se o termo "alguns" representa "todos menos um", e se a conclusão é interpretada com o seguinte significado: *"provavelmente é o caso que este elefante gosta de chocolate"*.

Por outro lado, consideremos este outro argumento similar (exemplo B):

1. *Todos* os elefantes gostam de chocolate.
2. Isto é um elefante.
3. Logo, este elefante gosta de chocolate.

Embora similares em alguns aspectos, este é efetivamente um argumento dedutivo bem formado, e não um argumento indutivo. O problema da indução é o problema de como um argumento pode constituir um bom raciocínio enquanto indução e, ao mesmo tempo, um raciocínio ruim segundo os critérios da dedução. Antes de abordar diretamente esse problema, é preciso ter cautela para não cometer equívocos devido às similaridades entre essas duas formas de argumento.

Uma similaridade enganosa

Em virtude do gênero de similaridade geral que se vê entre esses dois argumentos, os argumentos indutivos podem ser às vezes confundidos com os argumentos dedutivos. Ou seja, embora possam realmente se parecer com argumentos dedutivos, alguns argumentos são, na verdade, indutivos. Por exemplo, o argumento que conclui que o sol nascerá amanhã poderia ser apresentado sob uma forma na qual poderia ser facilmente assumido como um argumento dedutivo:

1. O sol nasce todos os dias.
2. Amanhã é um dia.
3. Logo, o sol nascerá amanhã.

Devido a esta similaridade com a forma dedutiva, poderíamos ser tentados a interpretar a primeira premissa como uma sentença do tipo "todos":

O sol nasce em *todos* os dias (a cada período de 24 horas) que já existiram e que existirão.

As limitações da experiência humana, contudo (o fato de que não nos é possível experimentar cada dia em particular), só justificam que formemos a sentença menos sólida do tipo "alguns":

O sol nasceu todos os dias (a cada período de 24 horas) segundo a experiência conhecida dos seres humanos em tais coisas.

Esta formulação mais fraca, evidentemente, introduz apenas a afirmação limitada de que o sol nasceu numa pequena parcela do número total de dias que houve e haverá; não afirma nada quanto ao resto.

Mas é aí que está a armadilha. Não podemos, com base nesta sentença que envolve o termo "alguns", construir um argumento dedutivo bem formado que permita que a conclusão seja derivada com o tipo de certeza característico da dedução. Ao pensar sobre questões de fato, gostaríamos de chegar a conclusões com a mesma certeza proporcionada pela dedução. Todavia, a indução, infelizmente, não permite isso.

A uniformidade da natureza?

Dizendo da maneira mais simples, o problema da indução pode ser exprimido sumariamente como o problema da justificação de nossa crença na uniformidade da natureza. Se a natureza é uniforme e regular em seu comportamento, então os eventos no passado e no presente *observador* são um guia seguro para os eventos não observador no passado, presente e futuro *não observador*. Mas as únicas razões para se acreditar que a natureza é uniforme são os eventos *observados* no passado e no presente. Não podemos ir além dos eventos que observamos sem pressupor justamente aquilo que precisamos provar — isto é, que as parcelas não observadas do mundo operam da mesma maneira que as parcelas que observamos. (Este é precisamente o problema apontado por Hume.) Acreditar, portanto, que o sol *possivelmente não* venha a nascer amanhã *não* é, estritamente falando, ilógico, uma vez que a conclusão de que ele nascerá amanhã *não* é inexoravelmente deduzida das observações passadas.

Uma complexidade mais profunda

Reconhecendo a relativa fraqueza das inferências indutivas (quando comparadas aos argumentos dedutivos), bons raciocinadores relativizam as conclusões obtidas por meio delas, sustentando que são derivadas não com necessidade, mas *com probabilidade*. Mas será que isso resolve inteiramente o problema? Mesmo essa formulação mais fraca e mais qualificada poderia realmente ser justificada? Poderíamos, por exemplo, justificar a afirmação de que, com base na observação uniforme e extensiva do passado, é *mais provável* que o sol nasça amanhã do que que ele não nasça?

Estritamente falando, não há um argumento dedutivo que fundamente nem mesmo esta afirmação qualificada. Para deduzir apropriadamente esta conclusão necessitaríamos da seguinte premissa: "o que aconteceu até hoje *tem maior probabilidade* de acontecer amanhã". Mas esta premissa está sujeita ao mesmo problema da afirmação mais forte: "o que aconteceu até hoje *certamente* acontecerá amanhã". Assim como sua contrapartida mais forte, a premissa mais fraca baseia sua afirmação sobre o futuro apenas no que aconteceu até hoje, e esta base só pode ser justificada se aceitamos a uniformidade (ou ao menos a continuidade geral) da natureza. Mas a uniformidade (ou continuidade) da natureza é precisamente o que está em questão!

Um fundamento infundado?

A despeito desses problemas, não podemos, ao que parece, abrir mão das generalizações indutivas, simplesmente porque elas são (ou pelo menos têm sido até hoje!) demasiadamente úteis para que as rejeitemos. Elas compõem a base de grande parte de nossa racionalidade científica, e possibilitam que pensemos sobre questões a respeito das quais a dedução não nos diria nada. Nós simplesmente não podemos nos dar ao luxo de rejeitar a premissa segundo a qual "aquilo que observamos até hoje é nosso melhor guia para aquilo que é verdadeiro a respeito do que não observamos", ainda que esta premissa não possa ser, ela mesma, justificada por um argumento dedutivo.

Há, contudo, um preço a pagar por isso. Temos de aceitar que empreender generalizações indutivas requer que assumamos uma crença indispensável que, todavia, tem de permanecer, num importante sentido, infundada.

Ver também

1.1 Argumentos, premissas e conclusões

1.2 Dedução
1.7 Falácias
2.4 Analogias
3.14 A forquilha de Hume

Leituras

David HUME, *Tratado da natureza humana*, 1739-40, livro 1.

1.4 Validade e solidez

Em seu livro *A natureza não natural da ciência*, o eminente biólogo inglês Lewis Wolpert argumentou que a única coisa que une quase todas as ciências é que elas com frequência vão contra o senso comum. A filosofia, entretanto, pode até superar as ciências neste aspecto. Suas teorias, suas conclusões e seus termos podem ser às vezes extraordinariamente anti-intuitivos e contrários às maneiras comuns de pensar, fazer e falar.

Tomemos, por exemplo, a palavra "válido". No discurso cotidiano, as pessoas dizem que alguém "tem uma opinião válida". No discurso filosófico, porém, a palavra "válido" é reservada exclusivamente para argumentos. Ou, de modo ainda mais surpreendente, um argumento válido pode apresentar a seguinte forma:

1. Todos os pedaços de queijo são mais inteligentes que os estudantes de filosofia.
2. A gata Meg é um pedaço de queijo.
3. Logo, a gata Meg é mais inteligente que os estudantes de filosofia.

Você pode pensar que isto é inteiramente sem sentido, mas, de um ponto de vista estritamente lógico, é um exemplo perfeito de argumento válido. O que está acontecendo?

Definindo a validade

A validade é uma propriedade de argumentos dedutivos bem formados, que, recapitulando, são definidos como argumentos nos quais a conclusão é, em algum sentido (efetivamente, hipoteticamente etc.), implicada *necessariamente* pelas premissas (ver 1.2). Um argumento dedutivo válido é um argumento no qual a conclusão deriva das premissas dessa maneira.

A armadilha, contudo, é que um argumento pode possuir a propriedade da validade mesmo que suas premissas ou sua conclusão não sejam de fato *verdadeiras*. A validade vem a ser essencialmente uma propriedade da *estrutura* de um argumento. E, assim, com respeito à validade, o *conteúdo* ou a verdade das proposições que compõem o argumento é irrelevante. Expliquemos melhor.

Consideremos primeiramente a estrutura. O argumento que exibe gatos e queijo apresentado acima é um exemplo de uma estrutura argumentativa mais geral, que possui a seguinte forma:

1. Todos os Xs são Ys.
2. Z é um X.
3. Logo, Z é um Y.

Em nosso exemplo, "pedaço de queijo" substitui X, "coisas que são mais inteligentes que os estudantes de filosofia" substitui Y, e "a gata Meg" ocupa o lugar de Z. Isso torna o nosso exemplo apenas um caso particular da forma argumentativa mais geral expressa com as variáveis X, Y e Z.

O que você deve observar é que não é preciso vincular nenhum significado às variáveis para perceber que esta estrutura particular é válida. Não importa o que coloquemos no lugar das variáveis, sempre será o caso que, *se* as premissas forem verdadeiras (embora na verdade elas possam não ser verdadeiras), a conclusão também *será forçosamente* verdadeira. Se houver alguma maneira concebível de que as premissas de um argumento sejam verdadeiras, mas, simultaneamente, a conclusão seja falsa, então este argumento não é válido.

A partir disso, chegamos a que a noção de validade é independente do conteúdo (ou neutra quanto ao conteúdo). Realmente não importa o conteúdo das proposições do argumento — a validade é determinada por uma estrutura dedutiva sólida. Nosso exemplo constitui, portanto, um argumento válido, pois, *se* suas premissas ridículas forem verdadeiras, sua ridícula conclusão também terá de ser verdadeira. O fato de que as premissas sejam ridículas não tem importância alguma quando se trata de avaliar a validade do argumento.

A *máquina da verdade*

De outro ponto de vista, podemos considerar que os argumentos dedutivos funcionam de modo muito semelhante ao das máquinas de fazer linguiças. Você adiciona os ingredientes (premissas) e depois obtém algo (conclusões). Os argumentos dedutivos são o melhor tipo de máquinas de fazer linguiças, pois eles *garantem* que, quando você acrescentar bons ingredientes (só premissas verdadeiras), terá um produto de qualidade (conclusões verdadeiras).

Uma boa máquina com bons ingredientes é denominada um argumento sólido. Evidentemente, se você não começa com bons ingredientes, os argumentos dedutivos não garantem um bom produto final. Os argumentos inválidos não são máquinas apropriadas para se empregar. Elas não fornecem qualquer garantia quanto à qualidade do produto final. Você poderia adicionar bons ingredientes (premissas verdadeiras) e, por vezes, obter um resultado de alta qualidade (uma conclusão verdadeira). Outras vezes, bons ingredientes poderiam levar a um mau resultado (uma conclusão falsa).

Mais estranho ainda (e de modo muito diferente das máquinas de fazer linguiças) é que, com os argumentos dedutivos inválidos, você algumas vezes poderia adicionar ingredientes ruins (uma ou mais premissas falsas), mas, efetivamente, terminar com um bom resultado (uma conclusão verdadeira). Naturalmente, em outros casos com máquinas inválidas, você adiciona bons ingredientes e termina com gororoba. O problema das máquinas inválidas é que você nunca sabe qual vai ser o resultado. Com as máquinas válidas, quando você adiciona bons ingredientes (porém *somente* quando você adiciona bons ingredientes), você tem uma garantia. Em suma:

ARGUMENTO INVÁLIDO

Introduzindo-se premissa(s) falsa(s) → obtém-se uma conclusão verdadeira ou falsa
Introduzindo-se premissa(s) verdadeira(s) → obtém-se uma conclusão verdadeira ou falsa

ARGUMENTO VÁLIDO

Introduzindo-se premissa(s) falsa(s) → obtém-se uma conclusão verdadeira ou falsa
Introduzindo-se premissa(s) verdadeira(s) → só se obtém uma conclusão verdadeira

Solidez

Afirmar que um argumento é válido, portanto, não significa dizer que sua conclusão tem de ser aceita como verdadeira. A conclusão tem de ser aceita *somente se* (1) o argumento é válido *e* (2) as premissas são verdadeiras. Esta combinação de argumento válido mais premissas verdadeiras (e, por conseguinte, conclusão verdadeira) denomina-se argumento "sólido". Qualificá-lo de sólido é a maior corroboração que se pode atribuir a um argumento. Quando se aceita um argumento como sólido, está-se afirmando que é preciso aceitar sua conclusão. Isso pode ser demonstrado pelo uso de outro argumento dedutivo válido. Quando se afirma que um argumento é sólido, estão-se afirmando duas coisas que devem ser entendidas como premissas:

1. Se as premissas do argumento são verdadeiras, então a conclusão tem de ser também verdadeira. (Ou seja, estamos sustentando que o argumento é válido.)
2. As premissas do argumento são (de fato) verdadeiras.

Se tomamos estas duas premissas, podemos produzir um argumento dedutivo que conclui com certeza:

3. Logo, a conclusão do argumento é verdadeira.

Para que um argumento dedutivo passe na inspeção, ele tem de ser válido. Mas ser válido não é suficiente para que ele seja um argumento sólido. Um argumento sólido precisa não somente ser válido, mas também ter premissas verdadeiras. Estritamente falando, somente os argumentos sólido fornecem conclusões que *temos de* aceitar.

A *importância da validade*

Isso pode levá-lo a indagar por que, então, o conceito de validade tem alguma importância. Afinal, os argumentos válidos podem ser absurdos em seu conteúdo e falsos em suas conclusões — como em nosso exemplo com queijo e gatos. Certamente, é a solidez que importa.

Tenha em mente, contudo, que a validade é um requisito da solidez, de modo que não pode haver argumentos sólidos sem argumentos válidos. Determinar se as afirmações contidas em suas premissas são verdadeiras, embora seja importante, simplesmente não é suficiente para garantir que você extrairá conclusões verdadeiras. As pessoas cometem esse erro com muita frequência. Elas esquecem que se pode partir de um conjunto de crenças inteiramente verdadeiras e, entretanto, efetuar um raciocínio tão imperfeito a ponto de terminar com conclusões inteiramente falsas. Elas se satisfazem em partir da verdade. O problema é que partir da verdade não garante que se terminará com ela.

Ademais, ao elaborar uma crítica, é importante entender que a compreensão da validade lhe propicia uma ferramenta adicional para avaliar a posição de outras pessoas. Ao criticar o raciocínio de outra pessoa, você pode:

1. *questionar a verdade das premissas nas quais a pessoa se baseia,* ou
2. *demonstrar que seu argumento não é válido, independentemente das premissas empregadas serem ou não verdadeiras.*

A validade é, dizendo de modo simples, um ingrediente crucial da boa argumentação, da crítica e do pensamento. É uma ferramenta filosófica indispensável. Domine-a.

Ver também

1.1 Argumentos, premissas e conclusões
1.2 Dedução
1.5 Invalidade

Leituras

ARISTÓTELES (384-322 a.C.), *Primeiros analíticos.*
°Patrick J. HURLEY, *A Concise Introduction to Logic,* ⁷2000.
Fred R. BERGER, *Studying deductive Logic,* 1977.

1.5 Invalidade

Dada a definição de um argumento válido, pode parecer óbvio o que seja um argumento inválido. Certamente, é simples o suficiente definir um argumento inválido: é um argumento no qual a verdade das premissas não assegura a verdade da conclusão. Dizendo de outro modo, se as premissas de um argumento inválido forem verdadeiras, a conclusão ainda assim poderá ser falsa.

Estar munido de uma definição acurada, todavia, pode não ser suficiente para habilitá-lo a fazer uso dessa ferramenta. O homem que saiu procurando por um cavalo provido apenas da definição "mamífero domesticado, herbívoro, dotado de cascos, usado para tração" descobriu isso a duras penas. É preciso entender todo o alcance da definição.

Consideremos o argumento:

1. Vegetarianos não comem linguiça suína.
2. Ghandi não comia linguiça suína.
3. Logo, Ghandi era vegetariano.

Se você considerou com atenção, provavelmente percebeu que este é um argumento inválido. Mas não seria de surpreender se você e um grande número de leitores precisassem de uma segunda leitura para notar que é de fato um argumento inválido. E, se se pode facilmente deixar de perceber um caso claro de invalidade no meio de um artigo dedicado a um explicação meticulosa do conceito, imagine-se como é fácil deixar de identificar argumentos inválidos de modo mais geral.

Uma das razões pelas quais se pode deixar de notar que este argumento é inválido é o fato de que as três proposições são verdadeiras. Se nada de falso é afirmado nas premissas de um argumento e a conclusão é verdadeira, é fácil supor que o argumento é, por conseguinte, válido (e sólido). Mas lembre-se de que um argumento é válido *somente se* a verdade das premissas *assegura* a verdade da conclusão. Neste exemplo, isto não ocorre. Afinal, uma pessoa pode não comer linguiça suína e, contudo, não ser vegetariana. Esta pessoa pode ser, por exemplo, muçulmana ou judia, ou pode ser que simplesmente não goste de linguiça suína, mas goste muito de carne de frango ou de carne bovina.

Desse modo, o fato de que Ghandi não comesse linguiça suína *não* assegura, em conjunção com a primeira premissa, que ele fosse vegetariano. Simplesmente, ocorre que ele de fato era. Mas, evidentemente, uma vez que um argumento só pode ser sólido caso seja válido, o fato de que as três proposições sejam verdadeiras *não* faz deste argumento um argumento sólido.

Recordemos que a validade é uma propriedade da estrutura de um argumento. Neste caso, a estrutura é:

1. Todos os Xs são Ys.
2. Z é um Y.
3. Logo, Z é um X.

Em que X representa "vegetariano", Y representa "pessoa que não come linguiça suína" e Z representa "Ghandi". Podemos ver por que esta estrutura é inválida substituindo estas variáveis por outros termos que produzem premissas verdadeiras mas uma conclusão claramente falsa. Se substituirmos X por "gato", Y por "comedor de carne" e Z por "presidente dos Estados Unidos", teremos:

1. Todos os gatos comem carne.
2. O presidente dos Estados Unidos come carne.
3. Logo, o presidente dos Estados Unidos é um gato.

As premissas são verdadeiras, mas a conclusão é claramente falsa. Por conseguinte, esta não pode ser uma estrutura de argumento válida. (Você pode fazer isso com várias formas de argumento inválidas. Demonstrar que a forma de um argumento é inválida substituindo sentenças de modo que tenha premissas verdadeiras mas uma conclusão falsa é aquilo que os filósofos designam como demonstração de invalidade por "contraexemplo". Ver 3.8.)

Deve estar claro, portanto, que, assim como no caso da validade, a invalidade não é determinada pela verdade ou falsidade das premissas, mas pelas relações lógicas entre elas. Isso reflete uma importante característica, mais ampla, da filosofia. A filosofia não consiste apenas em dizer coisas verdadeiras, mas em fazer afirmações verdadeiras fundadas em bons argumentos. Você pode ter um ponto de vista particular a respeito de uma questão filosófica, e pode ser que você esteja certo. Mas, em muitos casos, a menos que você possa demonstrar que está certo por meio de bons argumentos, seu ponto de vista não conquistará nenhuma influência na filosofia. Os filósofos não estão interessados somente na verdade, mas naquilo que a torna verdade e no modo como podemos demonstrar que é a verdade.

Ver também

1.2 Dedução
1.4 Validade e solidez
1.7 Falácias

Leituras

°Patrick J. HURLEY, *A Concise Introduction to Logic*, ⁷2000
°Irving M. COPI, *Introdução à lógica*, ¹⁰1998

1.6 Consistência

De todos os crimes filosóficos existentes, aquele do qual você não deseja ser acusado é o de inconsistência. A consistência é a pedra angular da racionalidade. O que é, pois, a consistência?

A consistência é uma propriedade que caracteriza duas ou mais proposições. Se alguém sustenta duas crenças inconsistentes, então isso significa, essencialmente, que a pessoa está afirmando ao mesmo tempo que X é verdade *e* que X, no mesmo sentido e ao mesmo tempo, não é verdade. De modo mais amplo, uma pessoa sustenta crenças inconsistentes quando uma crença contradiz outra, ou quando as crenças em questão mantidas conjuntamente implicam contradição ou oposição.

Em suma, duas ou mais proposições são *consistentes* quando é possível que todas sejam verdadeiras ao mesmo tempo. Duas ou mais proposições são *inconsistentes* quando não é possível que todas sejam simultaneamente verdadeiras.

Uma única sentença, porém, pode ser autocontraditória, quando afirma algo que é necessariamente falso — com frequência unindo duas sentenças inconsistentes.

Inconsistência aparente e real: o exemplo do aborto

Em seus casos mais flagrantes, a inconsistência é evidente. Se eu digo "todo assassinato é errado" e "aquele assassinato em particular foi correto", estou sendo claramente inconsistente, pois a segunda afirmação contradiz claramente a primeira. Com efeito, estou dizendo, ao mesmo tempo: "todo assassinato é errado" e "nem todo assassinato é errado" — uma clara inconsistência.

Mas algumas vezes a inconsistência é difícil de determinar. Uma aparente inconsistência pode, na realidade, ocultar uma consistência mais profunda — e vice-versa.

Muitas pessoas, por exemplo, concordam em que é errado matar seres humanos inocentes (pessoas). E muitas dessas pessoas também concordam em que o aborto é moralmente aceitável. Um dos argumentos contra o aborto se baseia na afirmação de que estas duas crenças são inconsistentes. Ou seja, os críticos afirmam que é inconsistente sustentar ao mesmo tempo que "é errado matar seres humanos inocentes" e que "é permissível destruir embriões e fetos humanos vivos".

Os defensores da permissibilidade do aborto, por outro lado, podem retorquir que, propriamente entendidas, as duas afirmações não são inconsistentes. Por exemplo, poder-se-ia afirmar que embriões não são seres humanos no sentido usualmente assumido na proibição (por exemplo, seres humanos conscientes, ou nascidos, ou com vida independente). Ou um defensor do aborto poderia modificar a própria proibição para tornar mais claro o argumento (por exemplo, afirmando que só é errado matar seres humanos inocentes que tenham atingido um determinado nível de desenvolvimento, consciência ou sensibilidade).

Exceções à regra?

Mas a consistência é sempre desejável? Algumas pessoas foram tentadas a afirmar que não. Para apoiar seu ponto de vista, indicam exemplos de crenças que intuitivamente parecem ser perfeitamente aceitáveis mas que parecem se encaixar na definição de inconsistência apresentada. Dois destes exemplos poderiam ser:

Está chovendo, e não está chovendo.
Minha casa não é minha casa.

No primeiro caso, a inconsistência poderia ser apenas aparente. O que se poderia estar efetivamente dizendo não é que está chovendo e não está chovendo, mas, antes, que não está propriamente chovendo nem é o caso que não esteja chovendo, já que há uma terceira possibilidade — talvez esteja chuviscando ou garoando, ou chovendo de modo intermitente —, e que esta outra possibilidade descreve mais acuradamente a situação.

O que produz a inconsistência apenas aparente neste exemplo é que a pessoa que faz a afirmação altera o sentido dos termos que está empregando. Outra maneira de formular a primeira sentença, portanto, é: "em certo sentido está chovendo, mas em outro sentido não está". Para que a inconsistência seja real, os termos relevantes empregados têm de ter o mesmo sentido do início ao fim.

Este equívoco nos significados das palavras mostra que é preciso ter cuidado para não confundir a forma lógica de uma inconsistência — afirmar X e não-X — com as formas da linguagem comum que parecem se encaixar na definição de inconsistência mas que de fato não são inconsistentes. Muitas afirmações que afirmam ao mesmo tempo "X" e "não-X" na linguagem comum, quando cuidadosamente analisadas não se revelam de modo algum como inconsistências. Portanto, tenha cuidado antes de acusar alguém de inconsistência.

Mas quando você reconhece uma inconsistência lógica genuína, fez uma grande coisa, pois é impossível defender uma inconsistência sem rejeitar abertamente a racionalidade! Talvez existam contextos poéticos, religiosos e filosóficos nos quais é precisamente isto o que as pessoas julgam apropriado fazer.

Inconsistência poética, religiosa ou filosófica?

E quanto ao segundo exemplo que apresentamos acima — "Minha casa não é minha casa?". Suponhamos que o contexto no qual a sentença é enunciada é o diário de alguém que vive sob um regime terrivelmente violento e ditatorial — talvez o diário de Winston Smith, o personagem de George Orwell em *1984*. Literalmente, a sentença é autocontraditória, internamente inconsistente. Ela parece afirmar simultaneamente que "esta é minha casa" e "esta não é minha casa". Mas a sentença também parece transmitir certo sentimento poético, parece transmitir quão absurdo o mundo parece àquele que a redige, quão alheia esta pessoa se sente em relação ao mundo em que está inserida.

O filósofo existencialista dinamarquês Søren Kierkegaard (1813-55) sustentava que a noção cristã da encarnação ("Jesus é Deus, e Jesus foi um homem") é um paradoxo, uma contradição, uma afronta à razão e, no entanto, é verdadeira. O filósofo existencialista Albert Camus (1913-60) sustentava que há algo fundamentalmente "absurdo" (talvez inconsistente?) com respeito à existência humana.

Talvez, então, existam contextos nos quais a inconsistência e o absurdo paradoxalmente façam sentido.

Consistência ≠ verdade

Seja como for, a inconsistência na filosofia é, em geral, um vício grave. Disto se deduz que a consistência na filosofia é a maior virtude? Não inteiramente. A consistência é apenas uma condição mínima de aceitabilidade para uma posição filosófica. Uma vez que frequentemente pode ocorrer que alguém sustente uma teoria consistente que é inconsistente com outra teoria igualmente consistente, a consistência de qualquer teoria particular não é garantia de sua verdade. Com efeito, como sustentaram o filósofo e físico francês Pierre Maurice Marie Duhem (1861-1916) e o filósofo americano Willard Van Orman Quine (1908-2000), pode ser possível desenvolver duas ou mais teorias que sejam (1) internamente consistentes, (2) porém inconsistentes uma com a outra, e também (3) perfeitamente consistentes com todos os dados que sejamos capazes de reunir para determinar a verdade ou falsidade das teorias.

Tomemos como exemplo o chamado problema do mal. Como resolver o problema de que Deus é bom, mas, por outro lado, de que existe um terrível sofrimento no mundo? Numerosas teorias podem ser propostas para solucionar este enigma, mas são todas inconsistentes umas com as outras. Pode-se sustentar que Deus não existe. Ou pode-se sustentar que Deus permite o sofrimento por um bem maior. Embora cada solução possa ser perfeitamente consistente em si mesma, não podem estar todas corretas, uma vez que são inconsistentes umas com as outras. Uma afirma a existência de Deus, e outra a nega. Estabelecer a consistência de uma posição, portanto, pode promover e esclarecer o pensamento filosófico, mas provavelmente não decidirá a questão. Será preciso recorrer a algo mais que a consistência caso queiramos decidir entre posições concorrentes. De que modo podemos fazê-lo é uma outra questão, complexa e controversa.

Ver também

1.12 Tautologias, autocontradições e a lei da não contradição
3.28 Razão suficiente

Leituras

José L. ZALABARDO, *Introduction to the Theory of Logic*, 2000.
Fred R. BERGER, *Studying Deductive Logic*, 1977.
Pierre M. M. DUHEM, *La théorie physique, son object et sa structure*, 1906.

1.7 Falácias

A noção de "falácia" será um importante instrumento para sacar de sua caixa de ferramentas, pois a filosofia com frequência depende da identificação de raciocínios imperfeitos, e uma falácia não é senão um caso de raciocínio imperfeito — uma inferência incorreta. Uma vez que todo argumento inválido apresenta uma inferência incorreta, grande parte do que se necessita saber sobre falácias já foi tratado na seção sobre validade (1.5). No entanto, se, por um lado, todos os argumentos inválidos são falaciosos, por outro nem todas as falácias envolvem argumentos inválidos. Os argumentos inválidos são incorretos devido a brechas em sua forma ou em sua estrutura. Algumas vezes, porém, o raciocínio é errôneo não por sua forma, mas por seu conteúdo.

Todas as falácias são raciocínios incorretos. Quando a incorreção encontra-se na forma ou na estrutura do argumento, a inferência falaciosa é denominada "falácia formal". Quando a incorreção reside do conteúdo do argumento, denomina-se "falácia informal". No curso da história da filosofia, os filósofos identificaram e denominaram tipos ou classes comuns de falácias. Com frequência, portanto, a acusação de falácia invoca um desses tipos.

Falácias formais

Um dos tipos mais comuns de erro inferencial imputável à forma do argumento veio a ser conhecido como "afirmação do consequente". É um erro extremamente fácil de se cometer, e com frequência difícil de ser detectado. Consideremos o seguinte exemplo:

1. Se Fiona ganhou na loteria ontem, estará dirigindo uma Ferrari vermelha hoje.
2. Fiona está dirigindo uma Ferrari vermelha hoje.
3. Logo, Fiona ganhou na loteria ontem.

Por que este argumento é inválido? Simplesmente pelo seguinte: como em todo argumento inválido, a verdade das premissas não garante a verdade da conclusão. Extrair esta conclusão a partir destas premissas deixa espaço para a *possibilidade* de que a conclusão seja falsa, e, se existe tal possibilidade, a conclusão não está assegurada.

Pode-se perceber que tal possibilidade existe neste caso considerando que é *possível* que Fiona esteja dirigindo uma Ferrari hoje por *outras* razões que não o fato de ter ganho na loteria. Por exemplo, Fiona pode ter herdado uma fortuna. Ou pode ter pedido o carro emprestado, ou pode ainda tê-lo roubado. O fato de estar dirigindo a Ferrari por outras razões evidentemente não torna a primeira premissa falsa. Mesmo que ela esteja dirigindo o carro porque tenha de fato herdado uma fortuna, ainda assim pode ser verdade que, *se* ela houvesse ganhado na loteria, *teria* saído e comprado uma Ferrari da mesma maneira. Por conseguinte, as premissas e a conclusão podem ser todas verdadeiras, mas a conclusão não *se deriva necessariamente* das premissas.

A fonte do poder persuasivo desta falácia é uma ambiguidade do uso do termo "se" na linguagem comum. A palavra "se" é às vezes usada para denotar "se e somente se", mas às vezes significa apenas "se". A despeito de sua similaridade, estas duas frases têm significados muito diferentes.

Na verdade, o argumento seria válido se a primeira premissa fosse enunciada de uma maneira sutilmente diferente. Por mais estranho que possa parecer, embora o argumento apresentado sobre Fiona seja dedutivamente inválido, substituindo-se a primeira premissa por qualquer um dos enunciados abaixo, teríamos um argumento perfeitamente válido:

Se Fiona estiver dirigindo uma Ferrari vermelha hoje, ela ganhou na loteria ontem.

Somente se Fiona ganhou na loteria ontem ela estará dirigindo uma Ferrari vermelha hoje.

Uma vez que "se" e "somente se" são usualmente empregados de maneira vaga (que não distingue os usos acima), os filósofos os redefinem num sentido muito preciso. O domínio das ferramentas filosóficas exigirá que você domine também este uso preciso (ver 4.5).

Além disso, como as falácias podem ser persuasivas e são predominantes, será muito útil que você se familiarize com as falácias mais comuns. (dedicamos seções especiais à falácia do homem mascarado [3.17] e à falácia genética [3.12]. Outras falácias são descritas nos textos listados abaixo.) Fazendo isso, você se previne de ser ludibriado por raciocínios incorretos. E também pode evitar perder dinheiro.

Falácias informais

A "falácia do apostador" é perigosamente persuasiva e uma espécie incorrigivelmente falha de inferência. A falácia ocorre quando alguém, por exemplo, faz uma aposta de cara ou coroa com uma moeda não viciada. A moeda deu cara quatro vezes seguidas. O apostador portanto conclui que, da próxima vez que for lançada, a moeda terá maior probabilidade de cair com a face da coroa voltada para cima (ou o contrário). Mas o que o apostador não percebe é que cada lançamento da moeda não é afetado pelos lançamentos anteriores. Não importa o que ocorreu antes, as chances continuam a ser de 50% em cada novo lançamento. As chances de se obter cara oito vezes seguidas são baixas. Mas se já houve sete caras subsequentes, as chances de que a série de oito caras se complete (ou se rompa) no próximo lance ainda são de 50%.

O que faz desta uma falácia informal, e não uma falácia formal, é o fato de que podemos na verdade apresentar o raciocínio empregando uma forma válida de argumento.

1. Se eu já obtive sete caras seguidas, a probabilidade de que o oitavo lance dê cara é de menos de 50% — ou seja, espera-se que dê coroa.
2. Eu já obtive sete caras seguidas.
3. Logo, a probabilidade de obter cara no próximo lance é de menos de 50%.

A brecha aqui não está na *forma* do argumento. A forma é válida; os lógicos a denominam *modus ponens*, o modelo da afirmação. É a mesma forma que usamos acima no argumento válido sobre Fiona. Formalmente, ele pode ser representado assim:

Se P, então Q.
P
Logo, Q.

A brecha que torna o raciocínio do apostador falacioso reside, ao contrário, no conteúdo da primeira premissa — a primeira premissa é simplesmente falsa. A probabilidade do próximo lance (como de todos os outros) é e continuará a ser de 50% para 50%, não importando os lances que o precederam. Mas as pessoas erroneamente julgam que os lances anteriores das moedas afetam os lances futuros. Não existe um problema formal no argumento, mas, uma vez que este erro factual continua a ser tão comum e tão fácil de se cometer, foi classificado como uma falácia e lhe foi atribuído um nome. Trata-se de uma falácia, mas apenas informalmente.

Algumas vezes, a linguagem comum se desvia desses usos. Às vezes uma crença amplamente disseminada, embora falsa, é descrita como uma falácia. Não se preocupe. Como disse o filósofo Ludwig Wittgenstein, a linguagem é como uma grande cidade com muitas avenidas e bairros diferentes. Não há nada de errado em adotar usos diferentes quando se transita por partes diferentes da cidade. Apenas esteja ciente de onde você está.

Ver também

1.5 Invalidade
3.12 Falácia genética
3.17 Falácia do homem mascarado
4.5 Condicional/bicondicional

Leituras

°S. Morris ENGEL, *With Good Reason*: An Introduction to Informal Fallacies, [5]1974.
°Irving M. COPI, *Informal Fallacies*, 1986.
°Patrick J. HURLEY, *A Concise Introduction to Logic*, [7]2000.

1.8 Refutação

Samuel Johnson não se impressionou com o argumento do bispo Berkeley segundo o qual a matéria não existiria. Em seu livro *Vida de Johnson* (1791), James Boswell relata que, ao discutir a teoria de Berkeley com o próprio, Johnson chutou uma pedra com certa força e disse: "Eu refuto esta teoria assim".

Todo grande homem pode ter um momento de estupidez que se torna público. Em sua refutação, Johnson entendeu muito mal o argumento de Berkeley, pois este jamais teria negado que se pode chutar uma pedra. Mas a refutação de Johnson não apenas falhou; ela também não contém nenhuma das chancelas de uma verdadeira refutação.

Refutar um argumento é mostrar que ele está errado. Se alguém meramente discorda de um argumento ou nega sua solidez, não o está refutando, embora na linguagem comum as pessoas muitas vezes usem o termo "refutar" neste sentido. Então, como podemos efetivamente refutar um argumento?

Ferramentas de refutação

Há duas maneiras básicas de fazer uma refutação, ambas tratadas com maior detalhamento em outras seções deste livro. Pode-se mostrar que o argumento é inválido: a conclusão não pode ser deduzida das premissas, como se afirma (ver 1.5). Pode-se mostrar que uma das premissas (ou mais de uma) é falsa (ver 1.4).

Uma terceira maneira de fazê-lo é mostrar que a conclusão tem de ser falsa, e, portanto, mesmo que não se possa identificar o que há de errado no argumento, algo deve estar errado nele (ver 3.23). Este último método, porém, não é, estritamente falando, uma refutação, na medida em que não se foi capaz de mostrar *o que* está errado no argumento, mas apenas *que* ele tem de estar errado.

Justificação inadequada

As refutações são ferramentas poderosas, mas seria precipitado concluir que *somente* com uma refutação se pode rejeitar um argumento.

Pode ser justificado rejeitar um argumento ainda que ele não tenha sido, estritamente falando, refutado. Podemos não ser capazes de mostrar que uma premissa fundamental seja falsa, por exemplo, mas podemos julgar que ela não está adequadamente justificada. Um argumento baseado na premissa de que "há vida inteligente fora da Terra" se encaixaria neste modelo. Não podemos provar que a premissa é falsa, mas podemos argumentar que não temos boas razões para acreditar que seja verdadeira e que temos bons motivos para supor que seja falsa. Portanto, podemos considerar duvidoso todo argumento que dependa desta premissa e ignorá-lo legitimamente.

Problemas conceituais

De modo mais controverso, poderíamos também rejeitar um argumento alegando que ele utiliza um conceito de modo inapropriado. Este tipo de problema é particularmente claro em casos nos quais um conceito vago é usado como se fosse preciso. Por exemplo, pode-se argumentar que o governo só é obrigado a fornecer assistência àqueles que não têm o suficiente para viver. Mas como não pode haver uma formulação precisa do que seja "o suficiente para viver", é inadequado todo argumento que conclui com base numa distinção precisa entre aqueles que têm o suficiente e aqueles que não têm. A lógica do argumento pode ser impecável e as premissas podem parecer verdadeiras. Mas se usarmos conceitos vagos em argumentos precisos, terminaremos inevitavelmente com distorções.

Usando a ferramenta

Há muitas outras maneiras de objetar legitimamente a um argumento sem efetivamente refutá-lo. O importante é saber claramente a diferença entre a refutação e outros modos de objeção, e ter conhecimento do modo de objeção que se está empregando.

Ver também

1.4 Validade e solidez

1.5 Invalidade
3.3 Bivalência e o terceiro excluído

Leitura

°Theodore SCHICK, JR., Lewis VAUGHN, *How to Think about Weird Things*: Critical Thinking for a New Age, ³2002.

1.9 Axiomas

Para se obter uma conclusão verdadeira garantida num argumento dedutivo é preciso (1) que o argumento seja válido e (2) que as premissas sejam verdadeiras. Infelizmente, o procedimento para determinar se uma premissa é ou não é verdadeira é muito menos determinado que o procedimento para avaliar a validade de um argumento.

Definindo os axiomas

Em virtude de sua indeterminação, o conceito de "axioma" torna-se uma ferramenta filosófica útil. Um axioma é uma proposição que age como um tipo especial de premissa num certo tipo de sistema racional. Os sistemas axiomáticos foram formalizados pela primeira vez pelo geômetra Euclides (c. 300 a.C.), em sua famosa obra *Os elementos*. Em tais sistemas, os axiomas são asserções iniciais desprovidas de justificação — ao menos no interior do sistema. Eles são simplesmente o alicerce do sistema teórico, a base a partir da qual, por meio de vários passos de raciocínio dedutivo, o restante do sistema é derivado. Em circunstâncias ideais, um axioma deve ser tal que nenhum sujeito racional possa objetar ao seu emprego.

Sistemas axiomáticos x sistemas naturais de dedução

É importante compreender, contudo, que nem todos os sistemas conceituais são axiomáticos — nem todos os sistemas racionais. Por exemplo, alguns sistemas dedutivos tentam simplesmente reproduzir os procedimentos de raciocínio que parecem ter se desenvolvido irrefletidamente ou naturalmente entre os seres humanos. Este tipo de sistema é denominado "sistema natural de dedução"; ele não postula axiomas, mas, em lugar disso, examina suas fórmulas na prática da racionalidade comum.

Primeiro tipo de axioma

Do modo como definimos os axiomas, estes pareceriam ser premissas muito poderosas. Todavia, quando consideramos os tipos de axiomas existentes, seu poder parece ser um pouco diminuído. Um tipo de axioma compreende premissas verdadeiras por definição. Talvez pelo fato de que tão poucos grandes filósofos tenham sido casados o exemplo "todos os solteiros são não-casados" seja tão usualmente oferecido como exemplo disso. O problema é que nenhum argumento será capaz de ir muito longe com este axioma. Este axioma é puramente tautológico, ou seja, "não-casado" meramente repete com palavras diferentes o significado que já está contido em "solteiro". (Este tipo de proposição é às vezes denominado — seguindo-se Immanuel Kant — proposição analítica. Ver 4.3.) Esta sentença, portanto, possui um caráter incrivelmente não informativo (a não ser para alguém que não conhece o significado de "solteiro") e, por conseguinte, tem pouca probabilidade de produzir conclusões informativas num argumento.

Segundo tipo de axioma

Outro tipo de axioma é também verdadeiro por definição, mas de um modo um pouco mais interessante. Muitas partes da matemática e da geometria fundam-se em seus axiomas, e é somente pela aceitação de seus axiomas básicos que provas mais complexas podem ser construídas. Por exemplo, é um axioma da geometria euclidiana que a menor distância entre dois pontos consiste numa linha reta. Mas embora esses axiomas sejam vitais na geometria e na matemática, eles definem o que é verdade apenas no interior do sistema particular da geometria e da matemática ao qual pertencem. Sua verdade é assegurada, mas somente no contexto no qual estão definidos. Empregados dessa maneira, sua aceitabilidade ascende ou decai com a aceitabilidade do sistema teórico como um todo. (Essas proposições podem ser denominadas sentenças "primitivas" no interior do sistema.)

Axiomas para todos?

Alguns podem considerar insatisfatória a interpretação contextual que apresentamos do axioma. Não haverá "axiomas universais" que sejam seguros e informativos em todos os contextos, para todos os pensadores? Alguns filósofos julgavam que sim. O filósofo holandês Baruch (também conhecido como Benedictus) Spinoza (1632-1677), em sua *Ética* (1677), tentou construir todo um sistema metafísico a partir de alguns poucos axiomas, que ele acreditava que fossem virtualmente idênticos aos pensamentos de Deus. O problema é que a maioria das pessoas concordaria em que ao menos alguns desses axiomas parecem vazios, injustificáveis e suposições paroquiais.

Por exemplo, um axioma afirma que "se não houver uma causa determinada, será impossível que um efeito ocorra" (*Ética*, liv. 1, pt. 1, axioma 3). Mas, como indicou John Locke (1632-1704), esta asserção, tomada literalmente, é inteiramente desprovida de caráter informativo, visto que é verdadeiro por definição que todos os efeitos têm causas. O que o axioma parece implicar, todavia, é uma afirmação de cunho mais metafísico: que todos os eventos no mundo são efeitos que necessariamente resultam de suas causas.

Hume, no entanto, aponta que não há razão para se aceitar essa asserção a respeito do mundo. Ou seja, não temos razões para acreditar que os eventos não podem ocorrer sem causas (*Tratado*, liv. 1, pt. 3, § 14). Certamente, por definição, um efeito tem de ter uma causa, mas não temos razões para acreditar que cada *evento* particular resulta necessariamente de uma causa. O filósofo islamita medieval Al-Ghazali (1058-1111) sustentou um argumento similar (*A incoerência dos filósofos*, Da ciência natural, Q. 1 ss.).

Naturalmente, Spinoza parece afirmar que apreendeu a verdade de seus axiomas por meio de uma forma especial de intuição (*scientia intuitiva*), e muitos filósofos sustentaram que existem verdades básicas autoevidentes que podem servir como axiomas em nossa argumentação. Mas por que deveríamos acreditar neles?

Em muitos contextos da racionalidade, portanto, os axiomas parecem ser um recurso útil, e os sistemas axiomáticos da racionalidade muitas vezes nos têm serventia. Mas a noção de que esses axiomas podem ser tão garantidos a ponto de que nenhum sujeito racional poderia, em nenhum contexto, negá-los, parece duvidosa.

Ver também

1.1 Argumentos, premissas e conclusões
1.10 Definições
1.12 Tautologias, autocontradições e a lei de não contradição
6.6 Verdades autoevidentes

Leituras

EUCLIDES, *Os elementos*
AL-GHAZALI, *A incoerência dos filósofos*
°Benedictus SPINOZA, *Ética*, 1677.

1.10 Definições

Se em algum lugar estão gravados em placas de pedra os dez mandamentos filosóficos, pode ter certeza de que entre eles está a injunção "Defina seus termos". Com efeito, as definições são tão importantes em filosofia que alguns sustentaram que as definições são, em última análise, tudo o que há para saber com respeito ao assunto.

As definições são importantes porque sem elas é muito fácil cair em contradições ou cometer falácias, acarretando equívocos. Como as façanhas de um recente presidente dos Estados Unidos ilustram, se você está, por exemplo, debatendo a ética do sexo extraconjugal, é preciso definir precisamente o que você entende por "sexo". De outro modo, pode apostar que alguém irá dizer: "Ah! Eu não considerava que *isso* fosse sexo". Grande parte de nossa linguagem é ambígua, mas se pretendemos discutir questões da maneira mais precisa possível, como a filosofia visa fazer, é preciso eliminar a ambiguidade ao máximo, e definições adequadas são a ferramenta perfeita para nos ajudar a fazê-lo.

O exemplo do livre-comércio

Por exemplo, eu posso estar discutindo a justiça do "livre-comércio". Ao fazê-lo, posso definir o livre-comércio como "o comércio que não é obstruído pelo direito nacional ou pelo internacional". Fazendo isso, fixei a definição de livre-comércio para os propósitos de minha discussão. Outros podem afirmar possuir uma definição melhor ou alternativa do livre-comércio. Isso pode levá-los a conclusões diferentes a respeito da justiça do livre-comércio. Estabelecer definições para conceitos difíceis e refletir sobre suas implicações constitui grande parte do trabalho filosófico.

A razão pela qual é importante elaborar definições claras para conceitos difíceis ou controversos é que todas as conclusões que possam ser apropriadamente alcançadas aplicam-se somente àqueles conceitos (neste caso, o livre-comércio) *conforme definidos*. Desse modo, minha definição de como empregarei o termo auxilia minha discussão, por um lado, e, por outro, a restringe. Auxilia porque confere um sentido determinado e não ambíguo ao termo; restringe porque isso significa que aquilo que eu concluo não necessariamente se aplica a outros usos do termo. Assim, muitas divergências resultam do fato de que as partes discordantes, sem perceber, referem-se a coisas diferentes empregando os mesmos termos.

Definição muito estrita ou muito ampla?

Esta é a razão pela qual é importante encontrar uma definição que funcione do jeito certo. Se a definição for *muito estrita* ou idiossincrática, é possível que os resultados obtidos não possam ser aplicados de modo tão amplo quanto se esperaria. Por exemplo, se definimos "homem" como ser humano adulto do sexo masculino que tem barba, podemos chegar a conclusões absurdas — por exemplo, que os indígenas americanos de sexo masculino não são homens. Da compreensão desse problema origina-se uma ferramenta de crítica. Com o fim de mostrar que o uso dos termos numa determinada posição filosófica é inadequado, indique um caso que deveria ser abarcado por suas definições mas que claramente fica excluído.

Se, por outro lado, uma definição for *muito ampla*, poderá acarretar conclusões igualmente errôneas. Por exemplo, se você define "malefício" como "o ato de infligir sofrimento ou dor a outra pessoa", terá de incluir aí a administração de injeções pelos médicos, a punição de crianças e criminosos, e as atitudes de um treinador de atletas como casos de malefícios. Portanto, outra maneira de criticar a posição de alguém acerca de algum tópico filosófico é indicar um caso que se encaixa na definição proposta mas que claramente não se pretendia incluir nela.

Uma definição é como uma fronteira de território; ela demarca os limites que estabelecem os casos aos quais é apropriado aplicar um termo e os casos aos quais não é apropriado aplicá-lo. A definição ideal só permite a aplicação do termo aos casos aos quais ele deve ser aplicado — e a nenhum outro.

Uma medida prática

Em geral, é melhor que sua definição corresponda tanto quanto possível à acepção usual do termo no gênero de debate ao qual se referem suas asserções. Contudo, haverá ocasiões em que será apropriado, até mesmo necessário, definir usos especiais, como no caso em que o léxico corrente não for capaz de estabelecer distinções que você julga filosoficamente importantes. Por exemplo, não temos na linguagem comum um termo que descreva uma memória que não seja necessariamente uma memória de algo que a pessoa que a detém tenha experimentado. Isso ocorreria, por exemplo, se eu pudesse, de algum modo, partilhar suas memórias: eu teria uma experiência de tipo mnemônico, mas não seria de algo que eu tivesse de fato experimentado. Chamar isso de memória seria enganoso. Por essa razão, os filósofos cunharam o termo especial "quase-memória" (ou "q-memória") para se referir a essas experiências hipotéticas.

Uma longa tradição

Historicamente, muitas questões filosóficas são, de fato, buscas de definições adequadas. O que é o conhecimento? O que é a beleza? O que é o bem? Nestes casos, não é suficiente dizer: "por conhecimento entendo...". Em lugar disso, busca-se a definição que melhor articule o conceito em questão. Grande parte do trabalho filosófico a este respeito envolveu análises conceituais ou a tentativa de decifrar e esclarecer os significados de conceitos importantes. Contudo, será preciso muito debate para se decidir o que será considerado a melhor articulação. Com efeito, a própria indagação de se tais conceitos podem efetivamente ser definidos constitui uma questão filosófica possível. Para muitos pensadores antigos e medievais (como Platão e Tomás de Aquino), a formulação de definições adequadas consistia em dar expressão verbal às próprias "essências" das coisas — essências que existiriam independentemente de nós. Muitos pensadores mais recentes (como alguns pragmatistas e pós-estruturalistas) sustentaram que as definições não são senão instrumentos conceituais que organizam nossas interações uns com os outros e com o mundo, mas que de modo algum refletem a natureza de uma realidade independente.

Alguns pensadores chegaram a argumentar que todos os enigmas filosóficos estão essencialmente enraizados numa falha em compreender o modo como a linguagem comum funciona. Embora, para sermos acurados, isso envolva considerações que vão além das meras definições, por outro lado mostra quão profunda é a importância da preocupação filosófica em apreender corretamente a linguagem.

Ver também

1.9 Axiomas
3.4 Erros categoriais
3.9 Critérios

Leituras

*PLATÃO (c. 428-347 a.C.), *Mênon, Eutífron, Teeteto, O banquete*
J. L. AUSTIN, *Sentido e percepção*, 1962.
Michel FOUCAULT, *As palavras e as coisas*, 1966.

1.11 Certeza e probabilidade

O filósofo francês do século XVII René Descartes (1596-1650) é famoso por afirmar ter descoberto a pedra angular sobre a qual edificar uma nova ciência que poderia determinar verdades com absoluta certeza. A pedra angular era uma ideia que não poderia ser contestada, o *cogito* ("penso") — *je pense donc je suis* ("penso, logo existo", difundido como *cogito ergo sum*). Descartes argumentou que é impossível duvidar de que se está pensando, pois mesmo que você esteja errado, ou esteja sendo enganado, ou esteja duvidando, você está, contudo, pensando.

Estoicos antigos como Cleantes (c. 232 a.C.) e Crisipo (280-207 a.C.) sustentavam que experimentamos determinadas impressões do mundo e da moralidade das quais simplesmente não podemos duvidar — experiências que denominaram "impressões catalépticas". Filósofos posteriores, como o filósofo do século XVIII Thomas Reid (1710-1796), acreditavam que Deus garante a veracidade de nossas faculdades cognitivas. Seu contemporâneo Giambattista Vico (1688-1744) argumentou que podemos ter certeza a respeito das coisas humanas, mas não a respeito do mundo não-humano. Mais recentemente, o filósofo austríaco Ludwig Wittgenstein (1889-1951) tentou mostrar que simplesmente não faz sentido duvidar de determinadas coisas.

Outros suspeitaram que pouco ou nada podemos conhecer com certeza, e, no entanto, admitiram que podemos supor coisas com algum grau de probabilidade. Antes, porém, que você declare ter certamente ou provavelmente descoberto a verdade filosófica, seria uma boa ideia examinar o que significa cada conceito.

Tipos de certeza

A certeza é com frequência descrita como um tipo de sentimento ou estado mental (talvez um estado no qual a mente acredita em algo sem nenhuma dúvida), mas isso simplesmente fornece uma concepção psicológica do conceito, e não diz nada acerca das circunstâncias em que estamos *justificados* em nos sentir assim. Uma concepção mais filosófica acrescentaria que podemos dizer com certeza que uma proposição é verdadeira quando é impossível que seja falsa, e que podemos dizer com certeza que é falsa quando é impossível que seja verdadeira. Algumas vezes, as proposições em relação às quais se pode ter certeza segundo esta acepção são denominadas "necessariamente verdadeiras" ou "necessariamente falsas".

O problema do ceticismo

O principal problema, filosoficamente falando, enfrentado pelos pensadores está em estabelecer que é de fato impossível para todo candidato a certeza ter um valor verdade diferente. Os pensadores céticos foram extremamente hábeis em demonstrar que praticamente qualquer asserção pode ser falsa, ainda que pareça ser verdadeira (ou que pode ser verdadeira apesar de parecer falsa). Na esteira da investigação cética, a maioria concordaria em que, no que se refere a afirmações de verdade, a certeza absoluta permanece inatingível. Ademais, ainda que fosse possível atingir este tipo de certeza, embora seja possível que tudo de que se tem certeza filosoficamente seja verdadeiro, por outro lado é muito claro que não se pode ter certeza acerca de tudo o que é verdadeiro.

Mas, se você não pode ter certeza demonstrável, o que pode ter que mais se aproxime disso? Uma resposta adequada a esta pergunta requer um exame muito mais amplo da teoria do conhecimento. Contudo, será proveitoso falar um pouco sobre a resposta que mais comumente nos ocorre: a probabilidade.

A probabilidade é o lugar natural no qual se refugiar caso não seja possível alcançar a certeza. Como um refúgio, porém, ela é como a casa de madeira na qual o porquinho se abriga ao fugir da casa feita de palha. O problema é que a probabilidade é uma noção precisa que não pode ser entendida como a melhor coisa logo abaixo da certeza.

Probabilidade objetiva e probabilidade subjetiva

Podemos estabelecer uma distinção entre a probabilidade objetiva e a probabilidade subjetiva. A probabilidade objetiva encontra-se onde o que irá acontecer é genuinamente indeterminado. A desintegração radioativa poderia ser um exemplo. Para todo átomo radioativo dado, a probabilidade de ter se desintegrado no período de sua meia-vida é de 50%. Isto significa que, se você considerar dez de tais átomos, é provável que cinco deles tenham se desintegrado ao fim do período de meia-vida do elemento e que os outro cinco não tenham se desintegrado. Ao menos em algumas interpretações, é genuinamente indeterminado quais átomos estarão incluídos em cada categoria.

A probabilidade subjetiva concerne a casos nos quais não pode haver indeterminação efetiva, mas alguma opinião particular ou um conjunto de opiniões efetua um julgamento de probabilidade a respeito da chance de que algum evento ocorra. Esses sujeitos fazem tal julgamento porque carecem de informações completas sobre as causas que determinarão o evento. Sua ignorância exige que façam uma avaliação probabilística, usualmente atribuindo uma probabilidade com base no número de ocorrências de cada resultado no decurso de uma sequência prolongada no passado.

Se, por exemplo, lanço uma moeda, cubro-a e lhe peço para arriscar cara ou coroa, o resultado já está determinado. Já que você não sabe qual é esse resultado, terá de usar seu conhecimento de que caras e coroas saem numa probabilidade de 50% para 50%, assentando uma probabilidade de 50% de que tenha dado cara e de 50% de que tenha dado coroa. Se você pudesse ver a moeda, saberia que, de fato, havia 100% de certeza de que um determinado lado estava voltado para cima.

As estatísticas estabelecidas por apostadores em corridas de cavalos também são espécies de probabilidade subjetiva. As chances afixadas registram simplesmente aquilo que as numerosas pessoas que apostam na corrida acreditam que será o resultado.

Certeza e validade

Se você tem um argumento dedutivo sólido, então sua conclusão é implicada por suas premissas com certeza. Muitos investigadores, porém, exigem não apenas que as conclusões *sejam implicadas* pelas premissas, mas também que as próprias conclusões sejam verdadeiras. Consideremos a diferença entre os seguintes argumentos:

1. Se houver chovido ontem à noite, a Inglaterra provavelmente vencerá o jogo.
2. Choveu ontem à noite.
3. Logo, a Inglaterra provavelmente vencerá o jogo.
1 Todos os seres humanos são mortais.
2. Sócrates era um ser humano.
3. Logo, Sócrates era mortal.

A conclusão do primeiro argumento claramente introduz apenas uma asserção provável. A conclusão do segundo argumento também é implicada com certeza pelas premissas, mas, em contraposição ao primeiro, introduz uma asserção muito mais definida. Mas eis o problema: ambos os exemplos apresentam argumentos dedutivos válidos. Ambos possuem formas válidas. Portanto, em ambos os argumentos a conclusão *está implicada* com certeza — isto é, a verdade das premissas *assegura* a verdade da conclusão —, ainda que o *conteúdo* de uma conclusão seja meramente provável enquanto o outro não.

Portanto, você deve fazer as seguintes distinções: (1) se a conclusão de um argumento *é implicada* com certeza pelas premissas ou não, e (2) se a conclusão de um argumento produz ou não uma asserção que é verdadeira com certeza.

Teorias filosóficas

Mas e quanto às teorias filosóficas? Aparentemente, alcançando-se a certeza nas teorias filosóficas, haveria pouca ou nenhuma controvérsia entre os filósofos acerca de quais teorias seriam verdadeiras e quais seriam falsas — mas na realidade parece haver muita controvérsia a respeito. Isso significa que a verdade das teorias filosóficas é essencialmente indeterminada?

Alguns filósofos diriam que não. Diriam, por exemplo, que, embora subsistam muitas disputas, há uma concordância quase unânime entre os filósofos sobre muitas coisas — por exemplo, que a teoria das formas de Platão é falsa e que o dualismo mente–corpo é insustentável.

Outros, de tendência mais cética, com o perdão do jogo de palavras, não estão tão certos acerca de se qualquer coisa tenha sido provada na filosofia, ou ao menos provada com certeza. A aceitação de uma insuficiência de certeza pode ser tida como uma questão de maturidade filosófica.

Ver também

1.1 Argumentos, premissas e conclusões
1.2 Dedução
1.4 Validade e solidez

1.5 Invalidade
1.9 Axiomas

Leituras

˚Brad INWOOD, Lloyd P. GERSON, *Hellenistic Philosophy*: Introductory Readings, ²1988.
Giambattista VICO, *A ciência nova*, 1725.
Ludwig WITTGENSTEIN, *Da certeza*, 1969.

1.12 Tautologias, autocontradições e a lei de não contradição

As tautologias e as autocontradições estão nos extremos opostos de um espectro: as primeiras são sentenças necessariamente verdadeiras, e as últimas são sentenças necessariamente falsas. A despeito de serem, neste sentido, polos contrários, por outro lado estão, com efeito, intimamente relacionadas.

Na conversação comum, "tautologia" é um termo pejorativo usado para depreciar uma asserção que pretende ser informativa mas na verdade meramente repete o significado de algo que já se sabe. Por exemplo, consideremos: "Um criminoso infringiu a lei". Esta declaração poderia ser depreciada como tautologia, pois não nos diz nada sobre o criminoso ao dizer que infringiu a lei. Ser um infrator é precisamente o que é ser um criminoso.

Na lógica, porém, "tautologia" tem um sentido mais precisamente definido. Uma tautologia é um enunciado que será verdadeiro em qualquer circunstância — ou, como dizem alguns, em todo mundo possível. As tautologias são verdades "necessárias".

Tomemos o seguinte exemplo:
P ou não-P
Se P for verdadeiro, o enunciado será verdadeiro. Mas, se P for Falso, o enunciado ainda assim será verdadeiro. Este é o caso para qualquer sentença que substitua P: "Hoje é segunda-feira", "Os átomos são invisíveis" ou "Os macacos fazem ótimas lasanhas". Pode-se entender então por que as tautologias são tratadas com tão pouca deferência. Um enunciado que é verdadeiro a despeito da verdade ou da falsidade de seus componentes pode ser considerado nulo, uma vez que seu conteúdo não produz nenhum efeito.

Isso não significa dizer que as tautologias não possuem valor filosófico. Entender as tautologias nos ajuda a entender a natureza e a função da razão e da linguagem.

Argumentos válidos como tautologias

Todos os argumentos válidos podem ser reformulados como tautologias — ou seja, enunciados hipotéticos nos quais o antecedente é a conjunção das premissas e o consequente é a conclusão. Isso equivale a dizer que todo argumento válido pode ser articulado como um enunciado com a seguinte forma: "Se W, X, Y são verdadeiros, então C é verdadeiro", onde W, X e Y são as premissas do argumento e C é a conclusão. Quando um argumento válido é reformulado segundo esta forma, temos uma tautologia.

A lei de não contradição

Além disso, a lei de não contradição — a pedra angular da lógica filosófica — é também uma tautologia. A lei pode ser formulada da seguinte maneira:
Não (P e não-P)
A lei é uma tautologia, já que, sendo P verdadeiro ou falso, a proposição será verdadeira.

A lei de não contradição dificilmente pode ser acusada de não ser informativa, uma vez que constitui o alicerce sobre o qual toda a lógica está edificada. Mas, com efeito, a própria lei em si não é tão informativa quanto as tentativas de refutá-la.

As tentativas de refutar a lei de não contradição são em si mesmas contradições, e são obviamente e em todas as circunstâncias errôneas. Uma contradição ofende a lei de não contradição, pois ser apanhado em contradição é ser apanhado afirmando que algo é verdadeiro e falso ao mesmo tempo — afirmando P e não-P. Como a lei de não contradição é uma tautologia, e, desse modo, verdadeira em todas as circunstâncias, não pode haver nada mais claramente falso do que algo que tenta refutá-la.

O princípio de não contradição também foi historicamente importante na filosofia. O princípio corrobora antigas análises sobre a mudança e a pluralidade, e é crucial na proclamação feita por Parmênides de Eleia no século VI a.C.: "o que é é e não pode não ser". Também é central para considerações de identidade — por exemplo, na afirmação de Leibniz de que os objetos que são idênticos devem ter todos as mesmas propriedades.

Críticas autorrefutadoras

Uma característica curiosa e útil da lei de não contradição é que toda tentativa de refutá-la a pressupõe. Argumentar que a lei de não contradição é falsa significa afirmar que ela também não é verdadeira. Em outras palavras, a crítica *pressupõe* que aquilo que está sendo criticado pode ser verdadeiro ou falso, *mas não verdadeiro e falso ao mesmo tempo*. Mas esta pressuposição não é senão a própria lei de não contradição — a mesma lei que a crítica visa refutar. Em outras palavras, qualquer um que negue o princípio de não contradição simultaneamente o afirma. É um princípio que não pode ser racionalmente criticado, pois é um pressuposto de toda racionalidade.

Compreender por que uma *tautologia* é necessariamente verdadeira — e, ao menos em certo sentido, de maneira não informativa — e por que uma *autocontradição* é necessariamente falsa é compreender o princípio mais básico da lógica. Estes dois conceitos se unem na lei de *não contradição*, que, desse modo, talvez seja mais bem descrita não como a pedra angular da lógica filosófica, mas como seu princípio-chave.

Ver também

1.4 Validade e solidez
1.6 Consistência
3.16 A lei de identidade de Leibniz
3.19 Paradoxos
3.27 Argumentos autorrefutadores

Leituras

°Patrick J. HURLEY, *A Concise Introduction to Logic*, [7]2000.
ARISTÓTELES, *Segundos analíticos*, livro 1, cap. 11:10.
ARISTÓTELES, *De Interpretatione*, esp. caps. 6–9.

capítulo dois
Outras ferramentas da argumentação

2.1 Abdução

A abdução é uma importante dimensão da racionalidade científica e da racionalidade comum, assim como da racionalidade filosófica. Consideremos o exemplo a seguir.

Um homem é encontrado enforcado numa cabana situada numa remota floresta, com todas as portas e janelas firmemente trancadas por dentro, pendurado numa corda. Há um bilhete de suicídio numa mesa próxima. O que melhor explicaria este conjunto de fatos? A abdução, um termo cunhado pelo filósofo pragmatista americano Charles Sanders Peirce (1839-1914), é um instrumento para determinar precisamente isto.

A abdução é um processo de raciocínio usado para decidir que explicação de um dado fenômeno devemos escolher, e, por isso, naturalmente, é também denominada "argumento para a melhor explicação". Muitas vezes nos apresentam certas experiências e pedem que ofereçamos algum tipo de explicação para elas. Mas o problema que com frequência enfrentamos é que um corpo de dados não determina ou não nos força a aceitar uma única explicação. Desse modo, alguns filósofos argumentaram que, para *todo possível* corpo de evidências, há *sempre* uma variedade de explicações consistentes com ele. Esta é a asserção proposta por Duhem e Quine. Seja esta asserção verdadeira ou não, contudo, nos casos em que nos deparamos com um conjunto de explicações alternativas, nossa tarefa como bons raciocinadores é decidir qual dessas explicações se ajusta *melhor* às evidências. É aqui que entra a abdução. Para entender de que maneira ela funciona, retornemos ao nosso exemplo.

Se você pensar sobre o caso, embora a morte do homem pareça à primeira vista um caso claro e simples de suicídio, há outras explicações para ele, algumas mais fantasiosas que outras. Talvez o homem estivesse ensaiando uma peça sobre o suicídio, houvesse trancado as portas para ter privacidade e as coisas saíram errado. Ou talvez a CIA tenha desenvolvido teletransportadores e seus agentes, após matar o homem e arrumar as coisas para parecer um suicídio, tenham se retirado sem usar as portas. Talvez um espírito demoníaco que habita os bosques da região tenha entrado magicamente na cabana, matado o homem e desaparecido. Estas explicações alternativas podem parecer burlescas, mas são todas consistentes com as evidências. Portanto, não pode ser exato que as evidências deixam o suicídio como a *única explicação possível*.

Assim, qual explicação deveríamos escolher? Os filósofos que trataram do tema da abdução desenvolveram alguns princípios de decisão — observe, porém, que existe muita controvérsia a respeito. Encare a lista a seguir como um conjunto de instrumentos que você pode usar para escolher entre teorias concorrentes:

Simplicidade: quando possível, fique com a explicação menos complicada, aquela que requer o menor número de sequências causais e as mais diretas, o menor número de afirmações sobre o que existe, e que especule o mínimo possível sobre coisas que estão além das evidências. (O filósofo medieval Guilherme de Ockham é famoso por desenvolver esta ideia. Ver 3.18.)

Coerência: quando possível, fique com a explicação que é consistente com aquilo que já acreditamos ser verdade.

Testabilidade ou poder preditivo: quando possível, escolha a teoria que permite que você faça previsões que possam ser confirmadas ou desmentidas (ver 3.29).

Abrangência: quando possível, escolha a explicação que deixe o menor número possível de fios soltos, que explique o máximo de coisas e deixe o menor número de coisas sem explicação.

Outra maneira de dizer tudo isso é, simplesmente: "escolha a explicação que tenha as características mais próximas daquelas de um caso simples e claro".

Considere a possibilidade de que a vítima de nosso enforcamento seja um ator que morreu de morte acidental. Esta tese prediria que ele deveria ter em mãos um roteiro, talvez ter sido membro de um grupo de teatro, ou ter mencionado a seus amigos que estava envolvido numa peça. Mas, ao examinar a cabana e sua residência, entrevistar seus amigos e verificar os membros de grupos de teatro locais, não encontramos evidências de que fosse este o caso. Ou seja, a investigação não confirma a predição e constata uma improvável ausência de evidências.

Investigar a explicação referente ao teletransporte também não rende evidências confirmadoras, os requisitos de segurança do governo tornam-no excessivamente difícil de apurar, e a explicação contradiz nosso conhecimento sobre os recursos tecnológicos da CIA.

A explicação baseada no espírito demoníaco exige que acreditemos numa espécie de ser sobrenatural do qual não possuímos quaisquer evidências.

O suicídio como hipótese de explicação, por outro lado, é simples. Não requer que postulemos a existência de espíritos sobrenaturais nem de conspirações secretas ilegais do governo envolvendo tecnologias desconhecidas mas incrivelmente avançadas. Essa hipótese possibilita que façamos predições que podem ser testadas. (Por exemplo, que o homem estava sofrendo de depressão e estresse. Digamos que a investigação revelasse que recentemente ele havia sido demitido, estava em má situação financeira e acabara de se divorciar.) Diferentemente da hipótese do ator, a do suicídio não supõe a existência de coisas (como roteiros) que não foram encontradas. A tese do suicídio é consistente com o conhecimento que temos acerca do comportamento humano e explica todos os fatos com os quais nos deparamos.

O problema da indução enumerativa

Mas eis aqui um problema que continua a inquietar os filósofos: é contudo *possível* que as outras explicações sejam verdadeiras. Portanto, é *possível* não apenas que os princípios da abdução *não garantam* que nossa escolha de explicações seja a correta, mas é também possível que eles sirvam em algumas situações como *obstáculos* à nossa aquisição de crenças verdadeiras. Os céticos adoram destacar essa questão.

Tomemos, por exemplo, a seguinte série de números: 1, 2, 3, 4, 5, 6. Nossos princípios de abdução nos levarão a concluir que o próximo número será o 7. Ou seja, nossa experiência e nossos testes passados nos levarão a explicar satisfatoriamente a continuação da sequência como um simples processo de somar o número 1 ao número imediatamente anterior para produzir o próximo. Mas é possível que o próximo número da série seja qualquer número. O processo pode estar seguindo uma regra que soma 1 por cinco vezes e depois passa a somar 10. Neste caso, o próximo número seria 16. Em suma, nossa escolha do número 7 seria o melhor que poderíamos fazer usando os princípios da abdução e as evidências disponíveis, mas seria errada. E, para *toda* a sequência de números, o próximo *sempre* pode revelar que nossas conclusões precedentes sobre as regras que governam a sequência estavam erradas.

É fácil entender, portanto, por que o método de abdução de Peirce é atraente aos olhos dos pragmatistas, mas problemático aos olhos dos realistas, que sustentam que a ciência revela a simples natureza da realidade independente. De um ponto de vista pragmático, os métodos de abdução não se baseiam na suposição de que a verdade acerca de uma realidade independente pode ser estabelecida de modo irrefutável, mas na ideia de que temos de alcançar o máximo de verdade que formos capazes, dados os limites das evidências e das exigências da vida. O próprio Peirce sustentava que a evidente convergência das teorias científicas e sua proficuidade sugeriam que a abdução, em última análise, faz que as explicações convirjam para uma verdade única. Muitos, porém, não estão convencidos disso.

Ver também

1.6 Consistência
3.1 Explicações alternativas
3.18 A navalha de Ockham
3.28 Razão suficiente
3.29 Testabilidade

Leituras

Charles Sanders PEIRCE, Pragmatism and Pragmaticism, in *Collected Works of Charles Sanders Peirce*, 1960, v. 5.
Peter LIPTON, *The Inference to the Best Explanation*, 1991.
Pierre M. M. DUHEM, *La théorie physique, son object et sa structure*, 1906.

2.2 Método hipotético-dedutivo

Num episódio do hilário programa de paródias inglês *Knowing Me, Knowing You*, o entrevistador, Alan Partridge, está conversando com um grande romancista sobre a existência de Sherlock Holmes. Partridge tem a ilusão de que Sherlock Holmes era uma pessoa real que não apenas solucionou crimes, mas ainda escreveu sobre eles. No final, o exasperado autor pergunta a Partridge: "Se Sherlock Holmes era de fato uma pessoa real, como poderia ter descrito, nos mínimos detalhes, as circunstâncias de sua própria morte?" Há uma pausa. "O prêmio Nobel de literatura", responde Partridge. "Você nunca o recebeu, recebeu?"

Por mais grandioso que possa parecer, o autor estava, essencialmente, fazendo uso do método "hipotético-dedutivo", do "covering law" ou do método "dedutivo-nomológico". Esse é um procedimento que muitos filósofos da ciência — mais notavelmente Karl Popper (1902-1994) e Carl Gustav Hempel (1905-1997) — afirmam estar no cerne da investigação científica. Nele, principia-se com uma hipótese — por exemplo, que o chumbo é mais pesado que a água. Se isso for verdade, então será possível deduzir outras asserções indubitáveis que derivem dessa hipótese. A mais óbvia é que o chumbo afunda na água. Então, averiguando se o chumbo efetivamente afunda na água, testa-se a hipótese original. Os resultados do experimento, nos casos mais fortes, podem provar ou refutar a hipótese; nos casos mais fracos, o resultado fornece evidências contra ou a favor da hipótese.

O procedimento é muito amplamente aplicável, como se pode ver no caso do desafortunado Alan Partridge. Neste exemplo, com base na hipótese de que os romances detetivescos de Sherlock Holmes são autobiográficos, deduzem-se outros fatos. Considerando-se que não é possível que os livros descrevam as circunstâncias da morte de seu autor, o fato de que o livro sobre Sherlock Holmes o faça prova, por conseguinte, que a hipótese de que seja autobiográfico é falsa.

O princípio básico do método hipotético-dedutivo é, portanto, "comece com uma hipótese e um determinado conjunto de condições, deduza os fatos que são implicados por ele, e então realize experimentos para verificar se tais fatos se sustentam ou não e, assim, determinar se a hipótese é verdadeira ou falsa".

Não há dúvida de que algo como o método hipotético-dedutivo é uma ferramenta extremamente útil na investigação em geral e na ciência em particular. Contudo, suas limitações tornaram-se muito mais aparentes ao longo do último século, e é preciso ter uma certa cautela ao fazer uso do método.

O problema das suposições

Uma das razões para isso é que a relação aparentemente óbvia e direta entre a hipótese e suas implicações com frequência não é assim tão óbvia e direta. Mesmo no caso de Partridge, podemos refletir que, se Holmes efetivamente tivesse existido e planejado seu próprio assassinato, por exemplo, e o plano houvesse sido executado com precisão, ele então poderia ter descrito as circunstâncias de sua própria morte. Ele também poderia ter descrito as circunstâncias de sua própria morte caso fosse clarividente. Isso mostra que aquilo que julgamos ser uma implicação direta da hipótese depende de um amplo leque de *suposições* sobre se outras coisas são normais ou verdadeiras. Esse é um problema no uso filosófico do método, pois a argumentação filosófica bem-sucedida tem de assumir o mínimo de suposições sobre a verdade de outras coisas. Na filosofia da ciência, isso é um problema porque com frequência o estudioso só pode assumir aquilo que é necessário para fazer o método funcionar caso já tenha aceitado a estrutura teórica mais ampla na qual a hipótese está sendo testada.

Problemas de testabilidade

Um segundo conjunto de problemas provém do fato de que o método não gera com facilidade testes passíveis de determinar a questão da verdade da hipótese. Isso ocorre especialmente com as *asserções universais*, tais como "nenhum ser humano é imortal". Não importa quantos seres humanos você assassine para apurar se a hipótese é verdadeira, sempre persistirá sendo logicamente possível que um dos seres humanos sobreviventes seja imortal, ou que o próprio experimentador seja imortal. Por essa razão, Popper julgava que é possível refutar, mas não comprovar totalmente uma asserção universal. Por conseguinte, a asserção universal que afirma que todos os cisnes são brancos pode ser refutada pela apresentação de um cisne negro, mas, por outro lado, não importa quantos cisnes brancos possam ser encontrados, sempre continua sendo possível que o próximo cisne encontrado não seja branco.

Há também problemas concernentes a *limitações técnicas na testabilidade*. Por exemplo, posso ser capaz de deduzir, com base num conjunto de hipóteses, o que aconteceria às órbitas dos planetas se a massa do planeta Júpiter subitamente se duplicasse, mas sou tecnicamente incapaz de construir um procedimento para testar essa tese.

O método hipotético-dedutivo é uma ferramenta útil, portanto, mas não possui todo o poder e toda a profundidade que pode parecer ter à primeira vista.

Ver também

1.2 Dedução
3.1 Explicações alternativas

Leituras

Carl Gustav HEMPEL, Deductive-Nomological vs Statistical Explanation, *Minnesota Studies in the Philosophy of Science* 3 (1962).
Carl Gustav HEMPEL, Paul OPPENHEIM, Studies in the Logic of Explanation, *Philosophy of Science* 15 (1948).
Karl POPPER, *A lógica da pesquisa científica*, 1959 [1934].

2.3 Dialética

Segundo o Sócrates de Platão (*Apologia* 38a), a vida da análise filosófica é a melhor vida, e, mais ainda, a vida não examinada não vale ser vivida.

Grande parte da investigação filosófica adotou a forma da "dialética" (*dialektiké*). É um tipo de pensamento que surge repetidamente na história da filosofia. Mas o que é exatamente a dialética e como é aplicada?

De maneira muito simplificada, o pensamento dialético é uma espécie de diálogo filosófico — um processo de ir e vir entre dois ou mais pontos de vista. Há várias maneiras de formular esse processo. Uma delas pode ser a seguinte:

1. Uma das partes propõe uma asserção.
2. Alguma outra parte propõe um argumento contrário, ou empreende uma análise crítica da asserção, buscando nela incoerências ou inconsistências lógicas ou implicações absurdas.
3. A primeira parte tenta se defender, refinar ou modificar a asserção original à luz do desafio apresentado pela outra.
4. A segunda parte responde à defesa, ao refinamento ou à modificação da primeira.
5. Por fim, forma-se uma compreensão mais sofisticada ou acurada da questão.

Você pode ver, então, que o pensamento dialético envolve um "outro" e um tipo de oposição ou contestação entre os vários argumentadores envolvidos no processo. Esse tipo de oposição é com frequência considerado o "momento negativo" da primeira asserção.

Alteridade e unicidade

Muitos autores consideram que o processo dialético funciona como uma espécie de maquinismo do progresso filosófico — talvez o mais poderoso deles. Os dialéticos acreditam que a compreensão da verdade emerge por meio de uma confrontação numa série de momentos negativos e de soluções desses momentos. Usualmente, os dialéticos sustentam que o pensamento principia num emaranhado obscuro e incoerente de opiniões diferentes e *alheias* — algumas delas apresentando um lampejo ou uma apreensão parcial da verdade. Por meio de confrontações com estes *outros* e sua negatividade, surge uma apreensão mais abrangente do *um* ou da *unicidade* que é a verdade. Assim, para Platão, nas asas da dialética podemos transcender as *muitas* imagens da verdade e apreender a "forma" *única* das quais essas imagens são cópias, como é ilustrado em sua famosa "Linha Dividida" (*República* 532d). Georg Wilhelm Friedrich Hegel (1770-1831) sustenta que, embora alguns de nós, indivíduos inseridos na história, possam alcançar uma compreensão parcial das coisas, "a verdade é o todo" (*das wahr ist das ganzen*). Por conseguinte, pode-se dizer que a dialética visa a totalidade ou a unidade, enquanto o pensamento "analítico" divide em partes aquilo que aborda. O grande filósofo alemão Immanuel Kant (1724-1804), porém, em sua famosa argumentação contida na seção intitulada "Dialética transcendental", em sua obra *Crítica da razão pura* (1781), sustenta que o pensamento, ao ingressar na metafísica, não alcança a totalidade, a completude e a verdade, mas, em lugar disso, produz apenas ilusões e conflitos insolúveis e infindáveis.

Hegel

Hegel, com efeito, foi equivocadamente associado com o modelo talvez mais conhecido de dialética. Segundo esse modelo, parte-se de uma "tese" contra a qual se opõe uma "antítese". O resultado de sua confrontação é uma "síntese" que supera e resolve o aparente conflito entre tese e antítese num movimento superior transcendente denominado "superação" (*Aufhebung*), resultando numa condição que é *aufgehoben* ou, literalmente, "lançado para cima".

SÍNTESE

↑

(superação)

↑

TESE ↔ ANTÍTESE

O problema é que Hegel não usou realmente esse modelo. Ele via a história como um processo caracterizado pela oposição de momentos negativos assim como momentos *aufgehoben* de progresso, mas não formalizou o processo em termos de teses e antíteses. Foi na verdade o poeta Johann Christoph Friedrich von Schiller (1759-1805) quem desenvolveu esse modelo; e outro influente filósofo, Jacob Gottlieb Fichte (1762-1814), foi quem o desenvolveu com vigor.

Materialismo dialético

Karl Marx (1818-1883) e Friedrich Engels (1820-1895) também foram associados a uma maneira de entender a dialética denominada "materialismo dialético". A expressão não foi cunhada por Marx e Engels, mas originou-se com o marxista russo Georgii Plekhanov em 1891. Engels, porém, caracteriza seu próprio pensamento e o pensamento de Marx como "dialética materialista", contrapondo-a à "dialética idealista" dos hegelianos. Como os hegelianos, Marx e Engels viam a história como um processo dialético progressivo impulsionado pelo conflito de oposições. Para Marx e Engels, porém, esse processo não envolve o conflito de teorias e ideias, mas o conflito entre classes econômicas. Desse modo, se para Hegel o resultado do processo dialético é o "conhecimento absoluto" (*das absolute Wissen*) da totalidade da verdade, para Marx e Engels o resultado da dialética material é a sociedade perfeita sem classes, que eles descrevem como "comunismo". Essa ideia foi desenvolvida pelos teóricos soviéticos.

Ver também

5.1 A crítica de classe

Leituras

*PLATÃO, *República*
Jacob Gottlieb FICHTE, *A doutrina da ciência*, 1794-95.
Gustav A. WETTER, *Dialectical Materialism*: A Historical and Systematic Survey of Philosophy in the Soviet Union, 1973 [1958].

2.4 Analogias

Indiscutivelmente, um dos mais famosos textos na história da filosofia ocidental é a *República* de Platão. Embora ele seja muito conhecido pela visão que apresenta de uma ordem política ideal, os leitores atentos saberão que o Sócrates de Platão articula sua teoria da *polis* justa como uma analogia da justiça da alma ou da mente humana (*República* 368b-369b). O texto está, com efeito, cheio de analogias. Sócrates descreve uma caverna na qual os homens são mantidos literalmente na escuridão acerca da realidade. Ele descreve uma embarcação de loucos, pilotada não por alguém com conhecimentos náuticos, mas por aqueles inteligentes o suficiente para ganhar poder. Talvez em virtude de parecer não poder formular sua concepção de nenhuma outra maneira, tenta transmitir a natureza da realidade transcendente comparando-a ao sol. Similarmente, o filósofo medieval Tomás de Aquino (1224-1274) sustentava que, embora sejamos incapazes de exprimir a natureza de Deus *literalmente* na linguagem, é possível, no entanto, atribuir propriedades como "bom" e "uno" a Deus por meio de um processo denominado predicação *analógica*.

É difícil apreender ideias abstratas tais como verdade ou realidade, mas as pessoas podem facilmente estabelecer conexões com cidades, barcos, objetos celestes e habitantes de cavernas. As analogias possibilitam que envolvamos nossa imaginação no pensamento filosófico. Essa é uma das razões pelas quais as analogias são ferramentas filosóficas tão úteis.

Analogias no raciocínio

As analogias, naturalmente, têm muitos usos em nossas vidas. Elas inserem ideias na poesia, na ficção, no cinema, na ética, na religião, no governo e nos esportes. Um de seus mais importantes usos encontra-se no direito. Quando advogados citam precedentes ao defender suas causas, estão recorrendo a argumentos baseados na analogia. Resumidamente, estão dizendo: "o caso presente é análogo a este caso precedente; logo, o tribunal deve tomar agora a mesma decisão que tomou anteriormente". Seus oponentes legais tentarão, evidentemente, mostrar que o caso presente não é análogo ao caso prévio e que, por conseguinte, a decisão deve ser diferente.

Também se pode considerar que o raciocínio das ciências empíricas faz uso de analogias. Sempre que nos deparamos com um fenômeno novo e o explicamos recorrendo a uma lei geral fundada em experiências passadas, estamos nos apoiando na hipótese de que o novo fenômeno é análogo àqueles ocorridos no passado. Com efeito, o filósofo David Hume, do século XVIII, escreve: "Todos os nossos raciocínios concernentes a questões de fato fundam-se numa espécie de analogia" (*Investigação acerca do entendimento humano*, 82). Kant chega a afirmar que a analogia torna possível a representação das conexões necessárias entre as percepções na experiência comum.

Argumento e ilustração

As analogias podem ter duas funções diferentes na filosofia. Algumas vezes, como ocorre com frequência em Platão, por exemplo, elas servem simplesmente para ilustrar. Quando Sócrates compara o Bem com o sol, está simplesmente usando a imagem do sol para ajudar a dar vida a seus argumentos sobre o Bem. Em outras ocasiões, no entanto, a analogia pode ser parte integrante de um argumento. Consideremos um dos mais populares argumentos que tentam provar a existência de Deus, o "argumento do desígnio", formulado por muitos pensadores, desde os antigos estoicos ao teólogo inglês William Paley (1743-1805). O argumento sustenta que, assim como um artefato tal como um relógio implica a existência de um artífice, também o universo implica a existência de um criador divino. Aqui, a analogia com o relógio não se destina meramente a ilustrar o argumento. Pelo contrário, pretende-se que a analogia demonstre por que devemos concluir que o universo tem um criador.

Forte e fraco

O raciocínio analógico, portanto, é poderoso e importante. Seu emprego, contudo, envolve perigos. As analogias tanto podem levar a enganos como ser esclarecedoras; tanto podem ser fracas como ser fortes. Mas como podemos reconhecer a diferença? Tomemos as seguintes ferramentas para distinguir analogias fortes de analogias fracas:

Analogia forte: uma analogia é forte quando as coisas comparadas (1) têm uma quantidade numerosa ou decisiva de similaridades relevantes e (2) *não* exibem uma quantidade numerosa ou decisiva de diferenças relevantes.

Analogia fraca: uma analogia é fraca quando as coisas comparadas (1) *não* têm uma quantidade numerosa ou decisiva de similaridades relevantes e (2) exibem uma quantidade numerosa ou decisiva de diferenças relevantes.

Consideremos o argumento do desígnio. A analogia que está no cerne do argumento é forte ou fraca? Como Cícero (106-43 a.C.) e Hume indicam, há algumas dissimilaridades cruciais entre um artefato e o universo. Por exemplo, nós *presenciamos* a feitura dos artefatos pelos artífices, mas nenhum de nós jamais testemunhou a criação do universo, e provavelmente isso jamais acontecerá. Portanto, embora existam certas similaridades entre os artefatos e o universo, a força argumentativa da analogia é contraditada por relevantes dissimilaridades.

Uma boa analogia deve comparar coisas que exibam similaridades cujo número e relevância supere o número e a relevância das dissimilaridades entre ambas. Frases que soam sábias e lindas tais como "a flor que se recusa a voltar-se para o sol jamais se abrirá" simplesmente não são suficientes.

Ver também

2.9 Experimentos mentais

Leituras

˚PLATÃO, *República*.
˚David HUME, *Investigação acerca do entendimento humano*, 1748.
˚David HUME, *Diálogos sobre a religião natural*, 1779.
Ralph MCINERNY, *The Logic of Analogy*, 1961.

2.5 Anomalias e exceções que comprovam a regra

Um dos aforismos mais desconcertantes que temos é: "a exceção que comprova a regra". À primeira vista, isso parece um absurdo total: se a regra estabelece que "todos os cisnes são brancos" e eu encontro um cisne negro, isso não comprova a regra; pelo contrário, a desmente.

Sempre que algo constante pareça ser manifestamente falso, deve-se invocar o princípio de caridade (ver 3.21) e indagar se realmente é o que parece. Neste caso, o aparente absurdo é uma consequência de uma mudança de uso linguístico. Uma vez que se tenha reconhecido esse fato etimológico, nosso velho aforismo torna-se muito mais interessante.

Em que sentido as exceções podem ser usadas para "comprovar" ou "testar" uma regra, em lugar de mostrar que ela é falsa? Algumas respostas a esta pergunta podem ser ilustradas pelo modo como se pode responder a exceções a regras proposto por Hume.

Na filosofia empírica de Hume, o autor propôs uma regra geral segundo a qual todas as nossas "ideias" (pelas quais ele entende de modo amplo os pensamentos e outras representações mentais) são derivadas de "impressões" (pelas quais entende a sensação e o sentimento). Além disso, ele afirmou que "o pensamento mais vivo é sempre inferior [isto é, menos vívido] à sensação mais baça" (*Investigação acerca do entendimento humano*, Seção II).

Ao que parece, há exceções a ambas estas regras. O próprio Hume discute uma delas. Ele pede que imaginemos uma pessoa que nunca viu um matiz particular de azul. Suponhamos que apresentássemos diante dessa pessoa uma série contínua de matizes do azul, cada um deles contíguo àquele que lhe é mais similar, de modo a termos um leque de gradações sutis. Se removêssemos a tonalidade que a pessoa nunca vira, ela seria capaz de imaginar essa tonalidade ausente, que jamais vira de fato? Hume admite que sim, o que significa que, ao menos num caso, uma pessoa pode ter uma ideia sem ter a impressão correspondente.

Atenuando a regra

De que modo Hume responderia a essa exceção a sua regra? Longe de vê-la como refutando sua teoria, ele escreve: "este caso é tão singular que quase não é digno de nossa atenção". Uma interpretação caritativa desta observação poderia sustentar que a exceção revela algo sobre a natureza da regra. Em outras palavras, Hume nunca propôs a regra como um absoluto, como uma descrição sem exceções de tudo o que há na natureza. Em lugar disso, é uma regra que descreve um padrão geral na maioria esmagadora dos casos — mas não em todos eles. As regras não precisam ser absolutas — podem, algumas vezes, admitir exceções.

Aperfeiçoando e defendendo uma regra

Os fenômenos que não se encaixam no padrão descrito por uma regra são com frequência denominados "anomalias" — literalmente, fenômenos irregulares. Atenuar a regra para dar espaço a esses fenômenos é uma das maneiras de lidar com o fato. Outra maneira de tratar das anomalias é, de algum modo, mostrar que, propriamente entendidas, elas não desmentem a regra em questão. Consideremos o exemplo a seguir.

Algumas vezes, um sobrevivente de um trauma relata não ter consciência dos eventos traumáticos no momento em que ocorreram, mas apenas experimentar *flashbacks* extremamente vívidos posteriormente. Neste caso, a ideia posterior (a recordação) parece ser mais vívida que a impressão original (a experiência traumática em si).

Esse fenômeno parece violar a regra de Hume. Mas talvez Hume possa defender sua regra mostrando que há algo de extraordinário ou de "excepcional" neste caso. Por exemplo, ele poderia reformular sua regra de modo a sustentar que é verdadeira *exceto* em casos nos quais a ideia resultante seja modificada por algum mecanismo adicional interferente (tal como uma reação pós-traumática). Similarmente, a lei do movimento de Isaac Newton (1642-1727) afirma que um corpo em movimento permanecerá em movimento — *exceto* quando houver sobre ele a ação de uma força externa.

Em suma, o próprio fato de que possamos mostrar que algo que parece refutar a regra é, de alguma maneira importante, diferente dos casos aos quais a regra se aplica normalmente mostra que a regra é sólida. Devido ao fato de termos descoberto que o caso dos *flashbacks* pós-traumáticos é *excepcional*, ele não refuta a regra geral. Por definição, uma "exceção" é algo a que a regra não se aplica.

Falácia do acidente

Há uma falácia especial associada à aplicação inapropriada de uma regra geral a um caso particular. Denomina-se "acidente". A falácia do acidente consiste na aplicação de uma regra geral inapropriadamente a um caso particular.

Por exemplo, se uma pessoa afirmasse que o direito de liberdade de expressão dá aos cidadãos o direito de ameaçar a vida dos outros, você poderia acusá-la dessa falácia. Uma vez que a regra segundo a qual o governo não deve interferir na liberdade de expressão aplica-se somente ao discurso de cunho político, ela não acoberta ameaças, assédios, difamação ou abuso. Similarmente, a lei de Newton segundo a qual o corpo permanece em movimento não se aplica a corpos móveis sob a ação de forças externas.

A comprovação de leis por exceções, portanto, pode ser entendida não como algo desprovido de sentido, mas como um procedimento válido na investigação racional. Sempre que uma regra pareça admitir uma exceção, é preciso revê-la, para decidir se é necessário reconsiderar a situação da regra, se o cerne da regra precisa ser retificado ou reinterpretado, ou se é necessário abandoná-la por completo. As anomalias muitas vezes podem ser escusadas como meras exceções ou como fenômenos que apenas parecem violar as regras. Todavia, precisamente quantas anomalias podem ser toleradas antes que tenhamos de abandonar definitivamente uma regra? Responder a esta pergunta não é uma tarefa simples.

Ver também

3.8 Contraexemplos
3.21 Princípio de caridade

Leituras

°David HUME, *Investigação acerca do entendimento humano*, 1748.
°Thomas KUHN, *A estrutura das revoluções científicas*, 1962.
G. P. BAKER, P. M. S. HACKER, *Scepticism, Rules and Language*, 1984.

2.6 Bombas de intuição

Muitas ideias na ciência e na filosofia são de difícil compreensão. Para nos ajudar nisso, cientistas e filósofos recorrem a metáforas e imagens.

A concepção do "Bem" na *República* de Platão, por exemplo, é extremamente abstrata e obscura, mas no Livro VII, ao sermos encorajados a pensar no Bem como o Sol, somos capazes de apreender de certo modo a ideia. Assim como o Sol é aquilo que torna os objetos materiais visíveis, também o Bem, conforme nos é indicado, é o que torna o mundo inteligível.

Mais recentemente, o conceito de "estágios da pessoa" foi introduzido na filosofia da identidade pessoal. Esta é também uma ideia estranha, mas, para nos ajudar a compreendê-la, com frequência nos é apresentada uma analogia mais simples. Pense numa cenoura, por exemplo, que é um objeto único do qual alguém pode tirar uma fatia em qualquer estágio, vendo desse modo o que é aquela cenoura num ponto particular no espaço. Imagine, similarmente, toda a vida de uma pessoa como um objeto único que possui extensão no tempo *e* no espaço; assim, em qualquer instante, podemos ver o que aquela pessoa é num ponto particular no tempo, por meio do exame daquela "fatia de tempo" ou "estágio da pessoa".

Tanto a cenoura como o sol são exemplos de "bombeamentos de intuição". Não são argumentos filosóficos, mas sim imagens, histórias ou analogias que nos oferecem algo vívido e concreto para nos ajudar a compreender aquilo que de outro modo seria obscuro e abstrato.

O uso da ferramenta

Mas por que a denominação "bombas de intuição", em vez das denominações "metáforas" ou "imagens"? A razão está na origem da expressão. Como ocorre com as designações "quacres" e "metodistas", o nome totalmente dignificado "bombeamento de intuição" deve sua origem a um neologismo depreciativo. Daniel C. Dennett (1942-) introduziu-o pela primeira vez numa crítica ao famoso argumento do "quarto chinês" de John R. Searle (1932-). Dennett alegava que, a despeito da denominação, não se tratava de um argumento, mas de uma mera "bomba de intuição" (*intuition pump*). O propósito do argumento é, portanto, tornar clara a distinção entre argumentos que podem fazer uso de analogias, e analogias que não são de fato partes de um argumento, mas simplesmente artifícios que auxiliam nossa compreensão.

É extremamente útil ser capaz de reconhecer e utilizar as bombas de intuição. Quando bem usadas, podem ser uma ferramenta poderosa para facilitar a compreensão. A teoria do funcionalismo, por exemplo, pode ser muito difícil de compreender. Mas, se começarmos pensando no cérebro como o *hardware* de um computador e na mente como o programa que está sendo executado neste computador, será muito mais fácil entender a que se refere a teoria.

Problemas

Contudo, as bombas de intuição podem nos desviar do caminho. Algumas vezes, aquilo que de fato não é mais que um bombeamento de intuição pode nos parecer um argumento. É o caso da famosa passagem da obra de John Locke. Locke indaga se, se tivéssemos as almas dos antigos gregos, mas não soubéssemos nada sobre suas vidas, nos consideraríamos como sendo as mesmas pessoas que eles eram. Com base na intuição, a maioria das pessoas responde negativamente a esta pergunta — mas observe-se que *não se ofereceu nenhum argumento* sustentando que não somos de fato as mesmas pessoas que eram os antigos gregos. Tudo o que Locke fez foi propor uma questão acerca da qual a intuição das pessoas não tem clareza ("a memória é necessária para a identidade pessoal?") e, em seguida, responder a ela com uma situação hipotética em relação à qual a intuição das pessoas é mais forte. Isso torna a questão em discussão muito mais vívida, mas não deve ser confundido com um argumento. Tanto leitores como autores podem incorrer nesse equívoco.

Desse modo, ser capaz de distinguir as bombas de intuição dos argumentos é uma habilidade muito útil. Igualmente útil é a habilidade de reconhecer que as bombas de intuição não são mais que auxílios para a compreensão. Elas nem sempre funcionam como analogias estritas. Logo, é preciso ter cuidado com o modo como se estabelece o paralelo entre a bomba de intuição e aquilo que está sendo explicado.

Talvez o mais notório exemplo de falha em fazer isso seja o uso feito por Richard Dawkins da expressão "gene egoísta". Qualificando o gene de egoísta, Dawkins estava meramente tentando nos ajudar a entender que o gene não faz aquilo que é melhor para o organismo como um todo — ele apenas se duplica. Mas tomando a expressão literalmente, as pessoas entenderam mal aquele que a cunhou e as consequências da aceitação da concepção da evolução centrada nos genes. Talvez isso mostre que a bomba de intuição escolhida por Dawkins não era tão boa. No mínimo, mostra o perigo de empregar essa ferramenta específica de exposição.

Ver também

2.4 Analogias
2.9 Experimentos mentais

Leituras

°Richard DAWKINS, *O gene egoísta*, 1976.
Daniel C. DENNETT, The Milk of Human Intentionality, *Behavioural and Brain Sciences* 3 (1980).
°John SEARLE, *Minds, Brains, and Science*, 1984.

2.7 Construções lógicas

O inglês médio passa uma hora por dia navegando na Internet.

O que é filosoficamente interessante nesta sentença é que ela expressa algo que tem claramente um valor de verdade (é verdadeiro ou falso), mas as duas coisas às quais a sentença se refere — a Internet e o bretão médio — não existem de maneira direta. Você não pode conversar com o inglês médio nem pegar peixe algum com a rede da Internet. Assim, em que sentido essas duas coisas existem?

Tanto o inglês médio como a Internet são construções lógicas. Ou seja, embora nos dois casos não se trate da existência concreta de uma entidade una, a existência de ambos pode ser descrita por meio de uma variedade de outras coisas cuja existência não é problemática.

Tipo 1: a Internet

Tomemos primeiramente a Internet. Parece haver algo de estranho em pensar na Internet como uma entidade una, uma vez que não se pode dizer a respeito da Internet aquilo que normalmente poderíamos dizer a respeito de um objeto comum. Não se pode dizer qual é seu tamanho, quanto pesa, onde estão seus limites físicos, e assim por diante. A Internet certamente existe em algum sentido — eu a uso praticamente todos os dias. O mistério é resolvido uma vez que a descrevo com base nas muitas outras coisas e nas atividades que ela *abarca*. A Internet passa a existir quando computadores, servidores, linhas de telefone e satélites funcionam conjuntamente de uma determinada maneira. Nenhum desses objetos é misterioso, e existem da maneira direta e comum. Assim, podemos ver a Internet como uma construção lógica — algo que de fato consiste simplesmente em muitas outras coisas funcionando juntas de determinada maneira, mas que por conveniência tratamos como uma entidade una.

Da mesma maneira poderíamos falar da Renascença, da Igreja católica ou dos Estados Unidos — todos construções lógicas que *compreendem* vários eventos e várias coisas materiais não problemáticos.

Tipo 2: o inglês médio

O inglês médio é um tipo diferente de construção lógica. Essa pessoa fictícia é uma *abstração*, construída por meio das estatísticas sobre todos os ingleses e para encontrar uma *média*. Diferentemente da Internet, não podemos fazer uso do inglês médio como fazemos da Internet nem podemos nos tornar adeptos dele como da Igreja católica. Todavia, ele é uma construção lógica, pois os fatos sobre o inglês médio podem ser descritos como os fatos sobre um grande número de pessoas reais, cuja existência não possui nada de problemático. Novamente, em nome da conveniência, podemos nos referir a essa abstração como uma entidade una, embora seja mais acurado não pensar nela desse modo, mas como uma construção lógica forjada com base em muitas outras coisas.

Uma complicação

Embora a ideia de uma construção lógica possa parecer totalmente direta, uma breve reflexão mostra que sua introdução abre uma emaranhada lata de vermes. O problema está nas construções lógicas do primeiro tipo — que têm mais propriamente caráter de construções que de abstrações. A preocupação é que todos os tipos de coisas que não consideramos construções lógicas poderiam, em algumas concepções, revelar-se como construções lógicas. Tomemos um objeto simples como uma mesa. A ciência não nos diz que não existe uma entidade efetivamente una e simples tal como uma mesa? Com efeito, o que existe são meramente átomos (que, por sua vez, não são senão agrupamentos de partículas subatômicas). Se a ciência está certa, então uma mesa não consiste numa construção lógica? Se, por um lado, seja talvez conveniente falar da mesa como um objeto uno, por outro lado talvez uma mesa seja apenas um agrupamento de muitos objetos menores. Ou talvez as teorias sobre os átomos e *quarks* sejam construções lógicas que inventamos para explicar algo mais fundamental: ou seja, as coisas que compõem nossa vida comum. A distinção entre a teoria e as coisas prévias das quais trata a teoria torna-se difícil de sustentar — talvez por uma boa razão.

Ver também

2.8 Redução
2.11 Ficções úteis

Leituras

°Bertrand RUSSELL, *Os problemas da filosofia*, 1912.
Bertrand RUSSELL, Atomismo lógico, in *A filosofia do atomismo lógico*, 1985.

2.8 Redução

Não se sabe ao acerto em que momento o termo "reducionista" se tornou pejorativo, mas, ao menos na linguagem comum, parece ser o que ocorreu. Considera-se que um reducionista é alguém que toma algo complexo, matizado e sofisticado e reduz a algo simplista, estéril e vazio. Assim, por exemplo, um reducionista toma a complexa trama da motivação humana e a reduz a um instinto de sobrevivência darwinista ou a uma expressão freudiana de desejos recalcados. Segundo esta visão, o reducionista é o simplificador grosseiro.

Seria extremamente injusto, porém, repudiar o reducionismo com base nessas caricaturas. O reducionismo é um processo muito mais respeitável do que afirmam muitos de seus críticos. O reducionismo é simplesmente o processo de explicar um tipo de fenômeno com base nos fenômenos mais fundamentais e simples subjacentes a ele e a outros fenômenos.

Água simplificada

O reducionismo é uma ferramenta indispensável à ciência. Como todos aprendemos na escola, a fim de entender por que a água ferve e evapora a 100 °C, você precisa saber o que está havendo no nível molecular — o aumento no movimento browniano da H_2O. Este é um exemplo paradigmático do reducionismo em ação. O fenômeno da ebulição da água é explicado com base nos fenômenos mais simples e fundamentais do movimento browniano. Este é mais simples não no sentido de ser mais fácil de entender, mas porque descreve o que acontece às muitas partes que formam o todo mais complexo. Além disso, o movimento browniano explica não apenas a ebulição da água, mas o comportamento de muitos outros fenômenos ligados a sólidos, gases e líquidos — por exemplo, a expansão de pontes de concreto. O recurso ao movimento browniano é mais fundamental porque o movimento browniano explica por que a água borbulha e evapora, e não o inverso.

Aplicações na filosofia

O reducionismo foi extremamente bem-sucedido na ciência. Mas qual é seu papel na filosofia? Há muitas questões filosóficas importantes para as quais se ofereceram soluções reducionistas. Um exemplo é a questão do conhecimento. O conhecimento parece ser diferente da mera crença, mas o conceito de conhecimento em si mesmo não parece preciso o suficiente para indicar qual é a diferença. Uma concepção reducionista do conhecimento é a de que ele consiste numa crença verdadeira justificada. Aqui, o conceito simples e amorfo de conhecimento é explicado com base em três aspectos constitutivos mais simples: o conhecimento compreende uma *crença* que é *justificada* e *verdadeira*. Um reducionista pode ir mais além, oferecendo concepções reducionistas da justificação, da crença e da verdade. Ademais, quando começamos com dois tipos distintos de pensamento (conhecimento e crença), o reducionismo mostra que podemos estar lidando simplesmente com vários tipos de crença.

Os muitos e o uno

Com efeito, muitas vezes se afirmou que a filosofia e a ciência tiveram seu início num momento reducionista — "tudo é água", a famosa frase de Tales de Mileto (c.620-c.555 a.C.). A genialidade da afirmação de Tales de Mileto está em reduzir a vasta multiplicidade dos fenômenos naturais (folhas, animais, rochas, nuvens, conchas, fogo, cabelo etc.) a um único princípio — o que os antigos gregos denominavam *arché*. Seja na visão filosófica original de Tales, seja na explicação newtoniana dos variados tipos de movimento no universo com base em apenas três leis, seja na abrangente fórmula einsteiniana $E = mc^2$, o procedimento reducionista é básico para a filosofia e a ciência.

Ética

As concepções reducionistas também podem ser encontradas na ética. O "bem", como "conhecimento", é um conceito que muitos não consideram autoexplicativo. Temos alguma ideia do que seja "bom", mas parece haver espaço para divergência, entre usuários competentes do termo, a respeito do que ele realmente significa. Uma concepção reducionista do "bem" pode explicá-lo segundo seus aspectos mais simples e essenciais. Por exemplo, uma concepção utilitarista é essencialmente reducionista porque explica o "bem" segundo aquilo que aumenta a felicidade e diminui o sofrimento e a dor. Esses aspectos são todos mais simples que o bem, uma vez que há maior clareza sobre seu significado: "aumentar a felicidade" tem uma precisão de significado que "ser bom" não tem. Proporciona também uma explicação de por que as coisas boas são boas, visto que todos podemos entender por que a felicidade é uma coisa boa e a dor é uma coisa ruim.

Oposição à linguagem comum

O reducionismo tem uma boa genealogia na filosofia, mas também não é difícil entender por que alguns se opõem a ele. Não é de modo algum evidente que todas as questões na filosofia devam ser respondidas de modo reducionista. Talvez, ao desmembrar o conceito em suas partes constitutivas mais simples, você simplesmente não seja capaz de especificar o que significa conhecer determinada coisa. Wittgenstein e os filósofos da linguagem comum, como o professor de Oxford J. L. Austin (1911-1960), argumentaram que palavras como "conhecimento" devem ser entendidas de acordo com a maneira como funcionam nas comunidades dos usuários competentes da linguagem. Isso não pode ser descrito em termos reducionistas. Podemos identificar certos aspectos recorrentes do uso da palavra, alguns dos quais podem ser, inclusive, essenciais. Mas não podemos ter a pretensão de conseguir depurar a lista de regras para a aplicação correta de uma palavra, chegando a uma lista finita de condições específicas. Se fizéssemos isso, algo do significado do conhecimento teria sido perdido — ter-se-ia fracassado em "apreender os fenômenos".

Um recurso heurístico

Nem sempre é necessário escolher entre abordagens reducionistas e abordagens não reducionistas. É possível usar o reducionismo como um *recurso heurístico*. Neste caso, recorrer-se-ia à redução não em virtude de acreditar que em sua explicação o fenômeno poderia ser plenamente compreendido com base em algo mais simples, mas porque o processo de explicação reducionista revelaria elementos interessantes com os quais se pode aprender. Assim, por exemplo, voltando ao conhecimento como crença justificada, poder-se-ia rejeitar a visão segundo a qual uma concepção completa do que seja o conhecimento pode ser dada apenas por essa análise reducionista. Mas se poderia aceitar que a tentativa de efetuar a redução revela a importância das ideias de justificação e verdade para o conceito de conhecimento. Aqui, temos o reducionismo como uma ferramenta no sentido pleno da palavra — algo a ser usado por aquilo que pode revelar, não algo que é, em si, uma receita para a descoberta da verdade.

Ver também

1.10 Definições
3.18 A navalha de Ockham
3.26 Adequação empírica

Leituras

Patricia S. CHURCHLAND, *Neurophilosophy: Towards a Unified Science of Mind-Brain*, 1986.

C. A. HOOKER, Toward a General Theory of Reduction, *Dialogue* 20 (1981).
Ernest NAGEL, *The Structure of Science*, 1961.

2.9 Experimentos mentais

Há uma longa briga na filosofia entre aqueles que julgam que há uma importante continuidade entre a filosofia e as ciências e aqueles que julgam que a filosofia é uma forma de investigação muito diferente. Quando a divisão é assim formulada, é fácil supor que, de um lado, temos os filósofos austeros, enfadonhos e científicos, e, de outro lado, os filósofos artísticos, criativos e poetas. Mas, na verdade, fez-se muito uso, em ambos os lados, de um curioso híbrido científico-literário: os experimentos mentais.

Os filósofos usam ficções nas analogias (2.4) e nas bombas de intuição (2.6), mas talvez seu uso mais notável consista nos experimentos mentais (também conhecidos como experimentos *Gedanken*). Esta denominação é perfeitamente adequada, pois o propósito dos experimentos mentais é reproduzir o método dos experimentos científicos, porém apenas no pensamento.

Método experimental

É útil começar indagando o que ocorre num experimento científico padrão. Imaginemos um experimento que busca descobrir como se dá o branqueamento produzido pelo sabão em pó. No uso normal, há diversos fatores que podem fazer que o sabão em pó funcione de uma determinada maneira. Esses fatores incluem seus ingredientes ativos, a qualidade e a temperatura da água na qual os ingredientes são dissolvidos, os materiais a ser lavados e a máquina usada para a lavagem, caso haja uma. Qualquer experimento que pretendesse descobrir o que *causa* o branqueamento teria de ser projetado de modo a garantir que os fatores cruciais fossem adequadamente isolados das outras variáveis. Assim, por exemplo, se a hipótese é a de que o cloro é o agente branqueador, o experimento tem de mostrar que *se todos os outros fatores permanecerem iguais*, a presença ou a ausência do cloro determinará se o sabão em pó tem efeito branqueador.

Dizendo de modo mais simples, o objetivo de um experimento científico é *isolar as variáveis cruciais* — os fatores que, caso estejam presentes, causam um determinado efeito que não ocorreria em sua ausência e que ocorre em sua presença.

Os experimentos mentais se baseiam no mesmo princípio. A diferença é que as variáveis testadas num experimento mental não precisam ou não podem, por alguma razão, ser efetivamente isoladas. Portanto, as variáveis são alteradas somente na imaginação.

Mundos possíveis e Terra gêmea

Alguns exemplos de experimentos mentais que se afiguram mais extravagantes envolvem os "mundos possíveis". Talvez o mais conhecido argumento que invoca um mundo possível seja o de Hilary Putnam (1926) sobre sentido e referência. Putnam nos pede que imaginemos um mundo possível ao qual ele chama de "Terra Gêmea". Na Terra gêmea, tudo é exatamente igual a como é na Terra. Há seres humanos que comem, bebem, ouvem Britney Spears e, ocasionalmente, matam-se uns aos outros (não que estes dois últimos fatos estejam de algum modo conectados). Mas há uma única diferença: aquilo que os habitantes da Terra gêmea chamam de "água" não é H_2O, mas outro composto químico complexo, que podemos denominar XYZ.

Alguns dizem que, se algo parece um pato, anda como um pato e emite o som de um pato, então é um pato. Mas Putnam argumenta que, de nossa perspectiva, o que quer que seja a substância XYZ, não é água. O que chamamos de água é o composto H_2O, e a substância XYZ não é H_2O. Por conseguinte, embora a Terra e a Terra gêmea possam ter líquidos transparentes e refrescantes, que podem ser ambos chamados de água e funcionar como água, a água da Terra gêmea simplesmente não é água. Só porque tem o mesmo nome, não significa que é a mesma coisa.

Mapeando o universo conceitual

O argumento de Putnam é intrigante e poderia ser discutido com muito mais profundidade. Mas nosso interesse aqui é simplesmente examinar como a ideia de mundo possível é usada num argumento. O experimento mental altera uma variável no mundo real — modificando-a de modo que o composto químico que funciona como água não é H_2O — e verifica quais as consequências disso para o significado da palavra "água". Os cientistas também empregam experimentos mentais. Einstein, por exemplo, usou-os ao formular sua teoria da relatividade. A diferença entre os experimentos mentais na ciência e na filosofia, todavia, é que os experimentos mentais da ciência com frequência conduzem à experimentação física. Para os filósofos, porém, a experimentação física é, na maioria dos casos, desnecessária, pois o que está sendo explorado não é o terreno do universo material, mas o universo conceitual. Refletir com base nas pistas de nossa imaginação é com frequência suficiente ao se lidar com conceitos.

Alguns autores argumentaram que os experimentos mentais não fazem muito mais que testar nossas intuições, e que este não é um método confiável para se fazer filosofia. Mas a despeito dessas dúvidas acerca da confiabilidade dos experimentos mentais como ferramenta argumentativa, eles continuam a nos fascinar e envolver de um modo que poucas outras formas de argumentação filosófica podem fazê-lo.

Ver também

2.6 Bombas de intuição
2.11 Ficções úteis

Leituras

Hilary PUTNAM, Meaning and Reference, *Journal of Philosophy* 70, 19 (1973).
Yu SHI, Early Gedanken Experiments Revisited, *Annalen der Physik* 9, 8 (2000).
A. I. MILLER, Eisntein's First Steps Toward general Relativity: Gedanken Experiments and Axiomatics, *Physics in Perspective* 1, 1 (1999).

2.10 Argumentos transcendentais

Há uma figura que está sempre obstinadamente reaparecendo ao longo de toda a história da filosofia. Não importa o que se faça, simplesmente parece impossível mantê-la afastada. No banquete filosófico, este personagem é o cético.

O cético é como a criança teimosa que fica repetindo: "Mas como você sabe?" ou (mais precocemente) "Como você pode ter certeza?". Você pensa que as outras pessoas têm pensamentos, mas como pode ter certeza de que não são apenas robôs se comportando como se tivessem pensamentos? Você pensa que uma maçã existe independentemente da pessoa que a percebe, mas como você pode ter certeza de que existe algo além daquilo que percebemos da maçã — seu sabor, seu cheiro, sua cor e seus sons próprios? Você pensa que há uma única verdade, mas como pode ter certeza de que não há uma variedade de "verdades"?

Pode ser muito difícil e árduo — se não impossível — refutar todo esse inexorável ceticismo. Uma estratégia empregada contra a objeção cética é o *argumento transcendental*. Apesar do nome, esse tipo de argumento não tem nenhuma relação com a religião oriental nem com a meditação. É, na verdade, um frio e sóbrio procedimento analítico usado mais notavelmente por Kant.

Definição

Kant estava profundamente atormentado com o ceticismo, e a ameaça que viu nos escritos de Hume despertou-o de seu "sono dogmático". Para responder aos céticos, ele argumentou usando o seguinte procedimento:

1. O que quer que o cético diga, é fato que temos determinadas experiências.

2. Dado que temos essas experiências, devemos indagar *o que seria preciso para tornar possíveis essas experiências*.

Esta é a essência mais simples de todo argumento transcendental: ele parte daquilo que está dado na experiência e, com base nisso, argumenta o que teria de ser verdadeiro *para tornar possível essa experiência*. O argumento transcendental, portanto, tenta contornar o ceticismo fazendo de suas premissas iniciais meros fatos da experiência — não faz afirmações sobre a natureza dessas experiências, se são causadas por uma realidade independente e assim por diante. Se o argumento transcendental é bem-sucedido, os questionamentos céticos do tipo "como você pode ter certeza?" são evitados ou considerados despropositados.

A despeito de sua força, ainda restam pelo menos duas limitações significativas a essa estratégia.

A *situação da experiência*

A primeira delas é que o cético ainda pode fazer sua indagação: "Como você pode ter certeza de que teve essas experiências?". Poder-se-ia interpretar esta pergunta como vazia. Afinal, mesmo que Descartes estivesse errado em concluir que existia simplesmente com base no fato de que pensava, ele poderia ter observado, como faria mais tarde Franz Brentano (1838-1917), que existe o pensamento ou a consciência. Desde que um argumento transcendental genuinamente parta daquilo que é dado na experiência e não implique outros assuntos, certamente estará partindo de premissas incontroversas. O problema, entretanto, é que não está absolutamente estabelecida a existência de qualquer "dado" puro na experiência. Ou seja, toda experiência consistiria em experiência interpretada, vinculada a várias premissas sobre o que está ocorrendo. (Consideremos que há muitas suposições e interpretações presentes quando qualificamos uma experiência como um "pensamento" — ou até como "experiência".)

A *qualidade do raciocínio transcendental*

A segunda das limitações mencionadas é que o cético pode indagar: "Como você pode ter certeza de que seu raciocínio baseado nos fatos da experiência é confiável?". Esse ceticismo acerca da própria possibilidade de se efetuar um raciocínio confiável é o maior desafio que se pode propor à filosofia, e suscita questões a respeito dos limites da argumentação. O próprio Kant enfatizou que esse raciocínio não deve ser tomado como uma demonstração ou uma prova dedutiva da verdade das asserções transcendentais que formula. Em lugar disso, ele diz que sua "dedução transcendental" deve ser entendida mais como algo que poderia persuadir um tribunal. E, de modo ainda mais fraco, Kant argumenta que, mesmo que não possamos ter certeza de que ele está certo, temos de pensar sobre o mundo, sobre nós mesmos e sobre o divino "como se" (*als ob*) suas afirmações fossem verdadeiras. No melhor dos casos, portanto, o argumento transcendental oferece uma vitória limitada sobre o cético.

A revolução copernicana

No caso de Kant, o emprego do método da dedução transcendental resultou numa importante modificação — uma "revolução copernicana" na metafísica — na maneira como ele via a relação entre o conhecimento e o mundo. Ao partir de nossa experiência, Kant mudou a direção da abordagem: se, previamente, se assumia que nosso entendimento tinha de se ajustar ao modo como era o mundo, Kant argumentou que era o mundo que tinha de se conformar à natureza de nosso entendimento.

Alguns viram tal mudança como tendo requerido um alto preço. O método transcendental forneceu uma resposta aos céticos, mas também resultou numa revisão de nossa compreensão da filosofia que alguns consideravam temerosa. Depois de Kant, muitos filósofos não empreenderam a tarefa de determinar a natureza do mundo e de nós mesmos como eram *em si mesmas*, mas, em vez disso, a de examinar o modo *como nossa experiência delas era condicionada* por nossas faculdades cognitivas, linguagens, histórias e práticas.

Os argumentos transcendentais continuam a ser empregados pelos filósofos, tanto kantianos como de outras correntes. Por exemplo, John Searle apresentou o que considerava um argumento transcendental do realismo externo — a visão segundo a qual há um mundo externo que existe independentemente de nossas experiências. Seu argumento funciona tomando como dado o fato de que o discurso comum possui sentido. Se, por exemplo, concordamos em nos encontrar num determinado lugar a uma determinada hora, isso tem sentido. O argumento de Searle é que, uma vez que isso possui sentido, e que isso só pode ter sentido caso o realismo externo seja verdadeiro, a conclusão é que o realismo externo é verdadeiro. O argumento de Searle deriva do famoso argumento da linguagem privada de Wittgenstein, que sustenta que a linguagem só pode ser dotada de sentido caso vivamos num mundo compartilhado e público — uma vez que a linguagem é dotada de sentido, nós, por conseguinte, efetivamente vivemos em tal mundo. Os argumentos transcendentais, portanto, ainda vigoram e são um elemento útil do repertório das técnicas argumentativas.

Ver também

1.2 Dedução
6.7 Ceticismo

Leituras

Immanuel KANT, *Crítica da razão pura*, 1781, A84, B116 ss.
°Ludwig WITTGENSTEIN, *Investigações filosóficas*, 1953.

2.11 Ficções úteis

Siga a trilha da história da filosofia e você encontrará algumas pessoas e certos artefatos úteis. Jean-Jacques Rousseau (1712-78) falou sobre o "contrato social", um pacto por meio do qual todos podemos viver conjuntamente. John Rawls (1921-) falou sobre o "observador ideal", a pessoa que projetaria a organização política do mundo sob um "véu de ignorância", sem saber qual posição na sociedade ela mesma ocuparia. E Friedrich Wilhelm Nietzsche (1844-1900) falou sobre o *Übermensch* (o além-do-homem), que seria capaz de superar a cultura niilista em que nos encontramos e aceitar o eterno retorno, vivendo sua vida repetidamente por toda a eternidade.

Não existe um museu no qual estejam expostos o contrato social ou o véu de ignorância, nem uma galeria na qual sejam exibidas representações da aparência fiel do além-do-homem ou do observador ideal. Tudo isso são apenas ficções — ideias que não pretendem descrever nada de real no mundo, nem são prescrições de coisas que devemos construir no mundo. Então, qual é seu lugar numa disciplina que supostamente deve tratar da verdade?

Diferentes da maioria dos experimentos mentais

As ficções úteis podem ser entendidas como subespécies dos experimentos mentais (2.9), mas apresentam características distintivas que as habilitam a receber reconhecimento por si mesmas. Os experimentos mentais são em geral meios para se atingir um fim, no sentido de que são invocados como parte de um argumento, e, uma vez que se tenha chegado à conclusão do argumento, segue-se em frente. Muitas ficções úteis, por outro lado, servem a um propósito que vai além disso.

Tomemos o observador ideal de Rawls — um expediente derivado em parte da ficção do "espectador imparcial" de Adam Smith (1723-1790).

O que essa pessoa fictícia significa é que, a fim de projetar uma sociedade justa, deve-se adotar o ponto de vista desse observador ideal. Rawls oferece argumentos que justificam isso. Caso se aceitem estes argumentos, fica-se com o observador ideal como uma figura à qual se deve constantemente retornar ao tomar decisões acerca de questões fundamentais de justiça. Se, por exemplo, adotamos uma linha rawlsiana e queremos saber se o país deve aumentar os gastos com segurança social, devemos indagar: "O que o observador ideal diria?". A ficção útil tem de ser mantida para que cumpra sua função.

Podemos dizer coisas similares a respeito do contrato social. Se aceitarmos que há um contrato social implícito e que ele é necessário, ao decidirmos se se justifica que o Estado aja de determinada maneira em relação a seus cidadãos, precisaremos considerar se tal atitude é sancionada pelo contrato. Como um advogado, deveremos consultar as cláusulas do contrato fictício para verificar se ele foi violado.

Uso na explicação

Algumas ficções úteis são mantidas meramente como ferramentas de explicação. Na teoria da evolução, por exemplo, pode ser útil trabalhar com a ficção de que os *genes agem de modo egoísta*, ou com a ficção de que as características de um organismo devem ser entendidas por referência a seu *propósito*. As duas coisas consistem em ficções, pois os genes não podem ser realmente egoístas, uma vez que não são em absoluto motivados por interesses, e que o que impulsiona a evolução não é um objetivo ou uma meta, mas a ocorrência de mutações aleatórias e o fato de tornarem o organismo mais ou menos apto à reprodução. Para propósitos explicativos, no entanto, pode ser útil adotar as ficções do egoísmo dos genes e do propósito das propriedades dos organismos.

Cuidado!

Tenha em mente que esse tipo de ficção útil é perigosa. Se, por um lado, há pouco risco de que alguém efetivamente acredite na existência do contrato social ou do observador ideal, quando se fala muito de genes egoístas ou da existência de propósitos na evolução as pessoas podem tomar essas ficções por fatos. As ficções úteis são tanto mais úteis quanto mais claramente são entendidas como ficções.

Ver também

2.9 Experimentos mentais
2.7 Construções lógicas

Leituras

°Adam SMITH, *Teoria dos sentimentos morais*, 1759.
°Jean-Jacques ROUSSEAU, *O contrato social*, 1762.
°John RAWLS, *Uma teoria da justiça*, 1971.

capítulo três
Ferramentas de avaliação

3.1 Explicações alternativas

Muitas pessoas dedicam grande parte de seu tempo ao estudo privado da filosofia fora da academia. O resultado, para alguns deles, é uma nova teoria, às vezes até de certo alcance e ambição. Alguns acreditam, por exemplo, ter descoberto a natureza última da realidade, da moralidade ou de ambas. Mas, ao tentar fazer que sua obra seja lida, com frequência não encontram ninguém que deseje publicá-la. O que poderia explicar isto? Pode ser que suas ideias estejam além de seu tempo, ou que sejam complexas demais para os editores. Talvez a filosofia acadêmica seja demasiadamente isolada e se recuse a ouvir vozes vindas de fora. Talvez a teoria seja muito intimidante.

É difícil decidir, em qualquer caso particular, qual é a explicação verdadeira. Contudo, é muito improvável que se chegue à resposta correta sem considerar as alternativas verossímeis. O escritor que conclui que a elite dominante tem interesses velados, mas que não considerou que sua obra pode não ser muito boa ou muito original, claramente foi precipitado em chegar a uma conclusão. A baixa qualidade é, claramente, uma razão possível para que um editor rejeite uma obra. Portanto, a menos que essa explicação tenha sido apropriadamente considerada, qualquer outra conclusão terá sido aceita depressa demais.

Buscar explicações alternativas é algo que fazemos quando consideramos que as únicas explicações que temos são extravagantes ou inverossímeis. Mesmo quando nossas explicações parecem ser perfeitamente boas, porém, é válido buscar explicações alternativas. Em geral, devemos buscar a melhor explicação, e a única forma de ter certeza de ter escolhido a melhor delas é investigar as alternativas e verificar se há alguma melhor.

Exemplo do livre-arbítrio

Muitos debates na filosofia podem ser entendidos como questionamentos constantes em busca de explicações melhores. Tomemos por exemplo a questão do livre-arbítrio. Em seu nível mais básico, a questão é: "Temos a liberdade de escolher o que queremos fazer, ou todas as nossas escolhas são determinadas por eventos precedentes?" Por exemplo, quando me decido por uma xícara de chá em vez de café, eu poderia realmente ter escolhido café ou era de algum modo inevitável, em decorrência dos eventos ocorridos no passado, que eu me decidisse pelo chá?

Formulada a questão desta maneira, nos são oferecidas duas explicações de nosso comportamento: que ele é livremente determinado por nossas próprias escolhas, ou que é inteiramente determinado por eventos passados sem deixar espaço para nossa escolha pessoal. Grande parte do progresso obtido neste debate não envolve simplesmente decidir qual destas explicações é verdadeira, mas encontrar explicações alternativas que ofereçam uma concepção mais rica a respeito da decisão. Uma corrente foi denominada "compatibilismo", a visão segundo a qual é possível ver as ações humanas como essencialmente livres e, ao mesmo tempo, como a consequência inevitável de ações passadas. Neste caso, o livre-arbítrio é entendido como a habilidade de agir livre de coerções *externas*, em lugar de causas passadas *per se*. Assim, agimos livremente caso nossos atos sejam voluntários — de acordo com nossa natureza e nossos desejos — ainda que esses atos sejam causalmente originários de eventos passados.

Esta é uma maneira proveitosa de conduzir o debate, e levou a uma proliferação de explicações alternativas. Daniel Dennett, em seu livro

Elbow Room (1984), por exemplo, distingue diversos conceitos de livre-arbítrio, os quais oferecem, todos eles, explicações alternativas para a questão de se a liberdade humana tem ou não um lugar cabível em nossa compreensão do funcionamento do mundo.

Como esse exemplo evidencia, um dos benefícios de buscar explicações alternativas é que uma concepção oferecida pode, muitas vezes, ser mais rica. À primeira vista, as explicações disponíveis podem apontar uma escolha clara. Mas, após uma certa reflexão, essa aparente clareza pode se revelar uma distorção simplista.

Bons conselhos para promotores

A determinação de considerar explicações alternativas também pode evitar que alcancemos conclusões às quais fomos levados por nossos preconceitos, por nossas ambições ou por nossos próprios interesses. Um promotor pode julgar conveniente e de seu interesse buscar acusações contra um suspeito vulnerável, mas a consideração cuidadosa das explicações alternativas para as evidências disponíveis pode levá-lo a dedicar algum tempo à exploração de outras possibilidades e, por fim, a descobrir que o suspeito é de fato inocente.

Em suma, buscar explicações alternativas em lugar de se decidir por uma que pareça conveniente da forma como nos é apresentada aumenta a probabilidade de que cheguemos à melhor explicação e com frequência conduz a uma concepção mais rica e completa daquilo que tentamos explicar.

Ver também

3.8 Contraexemplos
3.28 Razão suficiente

Leitura

Theodore SCHICK, JR., Lewis VAUGHN, *How to Think about Weird Things*: Critical Thinking for a New Age, ³2002.

3.2 Ambiguidade

Muitas pessoas ficam apreensivas em fazer negócios pela Internet. Como você pode saber se o *site* ao qual está fornecendo os dados de seu cartão de crédito é de boa-fé ou fraudulento? Uma mulher preocupada com isso ficou muito satisfeita ao ver o anúncio de um guia de comércio virtual fraudulento e encomendou-o imediatamente. Contudo, ao tê-lo em mãos, descobriu que o livro continha apenas alguns desenhos. Quando telefonou para a editora para fazer sua reclamação, responderam-lhe: "Mas, senhora, nós lhe dissemos claramente que nosso guia era fraudulento". Infelizmente, a mulher fez uma inferência equivocada ocasionada por uma ambiguidade gramatical no nome do produto. Esse erro é denominado "anfibolia".

Neste caso, o problema está na expressão "guia de comércio virtual fraudulento". Neste exemplo, a ambiguidade está no âmbito do adjetivo "fraudulento". O termo poderia aplicar-se simplesmente ao "comércio virtual", caso em que o livro seria um guia sobre comerciantes fraudulentos, ou poderia aplicar-se a toda a expressão "guia de comércio virtual", caso em que o próprio guia, e não o comércio virtual que ele descreve, seria fraudulento.

"Alguma" causa para "tudo"

Tais ambiguidades podem ser filosoficamente importantes. Num famoso debate, o filósofo inglês Bertrand Russell (1872-1970), por exemplo, acusou o filósofo jesuíta Frederick Charles Copleston (1907-1994) de cometer um erro lógico ao argumentar que Deus tinha necessariamente de ser a causa de tudo o que existe. "Todo homem que existe tem uma mãe", disse Russel, "e me parece que seu argumento é que, por conseguinte, a raça humana tem de ter uma mãe". Esta formulação de Russell é simplesmente uma analogia. Por meio dela, ele estava acusando Copleston de argumentar, a partir do fato de que cada coisa individual ("tudo") tem uma causa (uma causa diferente e individual particular), chegando à conclusão de que o todo das coisas ("tudo", num sentido diferente) tem uma causa (uma mesma causa única). A ambiguidade em "tudo tem uma causa" pode ter origem nos vários sentidos possíveis de "tudo" ou de "uma causa". Consideremos novamente a sentença:

1. Tudo tem alguma causa.

Esta sentença poderia significar qualquer uma das seguintes afirmações:

a. Cada coisa individual tem uma causa diferente e individual exclusiva.
b. Cada coisa individual tem a mesma causa única.
c. A totalidade das coisas tem uma única causa.

O argumento de Russell é de que essa ambiguidade passou despercebida e que o raciocínio de Copleston só funciona caso a sentença *1* seja interpretada como as sentenças *b* ou *c*. Segundo Russell, porém, essas duas asserções são as interpretações menos plausíveis da sentença ambígua.

Ambiguidade ≠ vagueza

Que fique claro que ambiguidade não é o mesmo que vagueza. Quando algo é vago, carece de foco. É impreciso no sentido de que não se pode ter certeza do que seja, nem mesmo das interpretações possíveis. Quando o significado de algo é ambíguo, as alternativas podem ser formuladas muito claramente, embora possa ainda permanecer difícil decidir qual delas selecionar. Consideremos a seguinte asserção ambígua:

2. Eu gosto de Brown.

Neste caso, como a letra maiúscula nos diz que "Brown" é um nome próprio, nos confrontamos com as seguintes possibilidades:

a. Eu gosto de uma pessoa cujo sobrenome é "Brown".
b. Eu gosto de Brown, a universidade em Rhode Island.
c. Eu gosto de alguma outra coisa cujo nome é Brown.

Consideremos agora, em contraposição, esta asserção vaga:

3. O que esta sociedade precisa é ser melhor.

Neste caso, o significado preciso da sentença é absolutamente indeterminado, e é até mesmo impossível determinar as interpretações relevantes.

Clareza e racionalidade

Eliminar a ambiguidade é importante por duas razões. Em primeiro lugar, onde há ambiguidade, há um perigo de ser mal compreendido. Quando se pretende expressar um argumento com clareza, é preciso tornar tão difícil quanto possível a compreensão equivocada, e isso exige a eliminação da ambiguidade. Em segundo lugar, as ambiguidades podem acarretar erros no raciocínio, uma vez que um argumento pode funcionar caso a ambiguidade seja resolvida numa determinada direção, e pode não funcionar caso a ambiguidade seja resolvida em outra direção. Contudo, se o argumento só funciona quando a resolução exige que a ambiguidade seja interpretada erroneamente, ele simplesmente não cumpre a função que supostamente deveria cumprir. O argumento de Copleston funciona numa das interpretações da asserção ambígua de que tudo tem uma causa, mas esta não é a interpretação que Copleston gostaria de firmar.

Ver também

3.21 Princípio de caridade
4.4 Categorial/Modal

Leituras

°Bertrand RUSSELL, *Por que não sou cristão*, 1957.
°René DESCARTES, *Princípios da filosofia*, 1644, pt. 1, Princípio 45.

3.3 Bivalência e o terceiro excluído

Um dos júbilos e uma das frustrações da filosofia é que, não importa há quanto tempo ela seja empreendida, não se pode evitar retornar a seus fundamentos. Isso é particularmente notável na lógica, na qual as proposições mais básicas formam os fundamentos de todos os desenvolvimentos mais complexos, e, por conseguinte, têm de ser regularmente inspecionadas para se verificar se ainda têm validade.

O princípio do terceiro excluído proporciona um exemplo claro disso. O princípio pode ser formulado da seguinte forma:

Para todo enunciado P, P é verdadeiro ou não-P é verdadeiro.

Por exemplo, se dizemos "Fred está morto", então "Fred está morto" ou "Fred não está morto" é um enunciado verdadeiro.

Esse princípio é implicado por um princípio ainda mais fundamental, o princípio da *bivalência*, que determina que:

Todo enunciado é verdadeiro ou falso, *e* não há outra alternativa.

No caso de nosso exemplo, isso significa que o enunciado "Fred está morto" é verdadeiro ou falso — não há meio-termo. Os princípios de bivalência e do terceiro excluído não são equivalentes, uma vez que este último envolve o conceito de negação ("não"), enquanto o primeiro não o inclui. Mas o princípio do terceiro excluído é implicado pelo princípio da bivalência, e há uma estreita relação entre ambos.

Simples demais?

O princípio da bivalência desempenha um papel fundamental na lógica. No entanto, sofreu contínuos ataques por parte de críticos que argumentam que é demasiado simplista afirmar que tudo tem de ser verdadeiro ou falso. Certamente, algumas coisas são parcialmente verdadeiras e parcialmente falsas. Encaixar tudo à força no molde da bivalência distorce seriamente o mundo.

O problema é mais grave no caso dos conceitos *vagos*. Tomemos, por exemplo, a ideia de magreza. Para muitas pessoas, não parece claramente verdadeiro nem falso que as pessoas são magras ou não-magras. Preferimos dizer que as pessoas são realmente magras, ou um pouco magras. Nós não julgamos que existem três categorias de pessoas: magras, obesas e médias, e que todos se encaixam precisamente numa dessas categorias. Em lugar disso, a magreza e a obesidade são dois extremos de um espectro, com muitos matizes de cinza entre ambos.

A plausibilidade dessa visão é explicitada no paradoxo de Sorites. Adaptando-o ao nosso exemplo, o paradoxo se produziria se considerássemos uma pessoa obesa. Podemos indagar se essa pessoa, após perder 1 grama de seu peso, ainda seria obesa. A resposta é, obviamente, sim — alguém não passa de obeso para não-obeso pela diferença de 1 grama. Agora, podemos indagar se essa pessoa, que já está 1 grama mais leve, após perder mais 1 grama, deixaria de ser obesa. Novamente, parece absurdo dizer que, tomando-se duas pessoas que têm apenas 1 grama de diferença de peso, uma é obesa e a outra não. Contudo, se prosseguirmos nesta linha de raciocínio, terminaremos com uma pessoa de 40 quilos, por exemplo, que ainda teríamos de qualificar como obesa.

Aparentemente, uma das duas maneiras de resolver isso seria, em primeiro lugar, afirmar que há, de fato, uma fronteira definida entre obeso e não-obeso, por mais absurdo que possa parecer. Isso nos possibilitaria preservar o princípio da bivalência. A outra alternativa seria afirmar que "obeso" é um conceito vago, e que, com frequência, não é nitidamente verdadeiro que uma pessoa é obesa ou não é obesa. Isso, porém, contradiz o princípio da bivalência.

Lógica fuzzy

Em anos recentes, ambas as soluções tiveram primorosos defensores. Desenvolveu-se toda uma disciplina, a "lógica *fuzzy*" [também chamada de lógica difusa ou lógica nebulosa], na tentativa de construir uma lógica que efetivamente funcione sem a ideia de bivalência. Ao mesmo tempo, um dos mais festejados livros na filosofia inglesa em anos recentes foi *Vagueness* (1994), de Timothy Williamson, que argumenta que o princípio da bivalência pode ser preservado, a despeito de suas consequências aparentemente absurdas.

No decurso do debate, é preciso considerar ambos os lados. Na prática, nos casos em que não há vagueza do conceito, o princípio de bivalência é usualmente aceito por todos. Porém, quando a questão envolve conceitos vagos, as coisas são muito menos claras, e é preciso proceder com cuidado.

Ver também

1.6 Consistência
1.12 Tautologias, autocontradições e a lei de não contradição

Leituras

Timothy WILLIAMSON, *Vagueness*, 1994.
°Bart KOSKO, *Fuzzy Thinking*: The New Science of Fuzzy Logic, 1993.

3.4 Erros categoriais

Ocasionalmente, surge uma ferramenta filosófica plenamente formada, completa, com vívidos exemplos e explicações acerca de seu uso e sua natureza. É o caso do erro categorial, introduzido por Gilbert Ryle (1900-76) em seu clássico *The Concept of Mind* (1949). O primeiro capítulo do livro é a primeira palavra — e, com frequência, a última — a respeito do erro categorial.

Ryle oferece alguns vívidos exemplos para ilustrar o significado de um erro categorial. Um deles é o de um turista estrangeiro a quem se mostram todas as faculdades, bibliotecas e outros edifícios da Oxford University, mas que então pergunta: "Mas onde está a universidade?" Seu erro foi pensar que a própria universidade era um edifício, como a biblioteca e as faculdades, em lugar da instituição à qual estas pertencem.

Em outro exemplo, o autor fala de um campeonato de críquete no qual os jogadores e suas funções são descritos a outra estrangeira desafortunada. "Eu não entendo a função do *esprit de corps*", diz ela. Seu erro é pensar que o espírito de equipe é uma função específica no jogo, e não uma maneira como funções específicas são desempenhadas.

Em ambos os exemplos, o estrangeiro cometeu o engano de pensar num certo tipo de coisa da maneira errada. A universidade foi erroneamente categorizada pelo estrangeiro como um edifício, enquanto é na verdade uma instituição. A atitude de contribuir para o espírito de equipe foi erroneamente categorizada como um tipo específico de ação, e não como uma maneira de desempenhar uma tarefa ou uma série de ações.

Exemplos: a mente e a vontade

Ryle acreditava que um erro categorial estava no cerne de uma confusão acerca da natureza da mente. Em sua opinião, o erro cometido por Descartes e incontáveis pensadores depois dele foi pensar na mente como se ela fosse um tipo de objeto, como um cérebro, uma mesa ou uma flor. Como esse objeto claramente não era material, da forma como o são os cérebros, as mesas e as flores, presumiu-se que tinha de ser um tipo especial de objeto, algum tipo de substância espiritual. Segundo Ryle, isso é um erro. A mente não é de modo algum um objeto, mas sim um conjunto de capacidades e disposições, todas as quais podem ser descritas sem nenhuma referência a substâncias espirituais.

Supostos erros categoriais pululam por todos os lados na filosofia. Ryle também falou sobre "a vontade". Ele argumentou que era um erro pensar na vontade como se fosse uma parte distinta de nós mesmos, uma espécie de centro de decisões no qual disjuntores seriam ativados ou desativados conforme escolhêssemos algo ou não. A vontade não é uma coisa, nem mesmo uma faculdade, mas uma denominação abreviada para a maneira como um curso de ação é empreendido. Nós agimos de acordo com nossa vontade ou contra ela dependendo de se resistimos ou concordamos com o ato em questão, e não dependendo de se alguma parte de nós é, de uma maneira ou de outra, favorável ou contrária a uma decisão.

Uma coisa para se ter em mente é que qualificar algo como erro categorial significa afirmar que o ponto em discussão foi erroneamente categorizado. Naturalmente, ocorre com maior frequência que não se saiba com clareza se houve um erro ou não. Consequentemente, temos *disputas* categoriais. Por exemplo, o bem é algo simples e indefinível ou pode ser analisado com base em outras propriedades tais como felicidade, ausência de dor e assim por diante? Esta é uma questão a respeito de se o bem deve ser definido como uma propriedade simples e indefinível ou como uma propriedade complexa e definível. Afirmar que um dos lados da disputa cometeu um erro categorial significa simplesmente afirmar que você acredita que seus defensores efetuaram uma categorização errada no que se refere a algo. Mas, para fazer isso, é preciso, evidentemente, *demonstrar* que isso de fato ocorre; caso contrário, o máximo que você pode fazer é afirmar estar de um determinado lado de uma disputa categorial, e não que efetivamente se cometeu um erro categorial. Do fato de que um estrangeiro confundiu a "universidade" com um edifício não se segue que a mente seja um conjunto de disposições.

Ver também

3.1 Explicações alternativas
3.7 Incoerência conceitual

Leitura

°Gilbert RYLE, *The Concept of Mind*, 1949.

3.5 *Ceteris paribus*

Estas duas pequenas palavras podem lhe evitar muitos problemas. Elas também lhe servirão como uma ferramenta conceitual muito útil. Elas têm apenas o significado técnico "todas as demais coisas permanecendo inalteradas", mas sua importância é imensa.

Tomemos, por exemplo, um simples experimento mental. Seu cérebro será transplantado para outro corpo, levando consigo todos os seus pensamentos, suas memórias, sua personalidade etc. Chamaremos a pessoa resultante de "Seucérebro". Enquanto isso, seu corpo receberá o cérebro de outra pessoa, e chamaremos a pessoa resultante desse transplante de "Seucorpo". Antes da realização da operação, foi solicitado que você transferisse todas as suas contas bancárias, escrituras de imóveis etc. para Seucorpo ou para Seucérebro. Assumindo-se que você esteja agindo em seu próprio interesse, que pessoa você escolheria?

Um filósofo experiente provavelmente assumiria que esse experimento mental contém uma cláusula *ceteris paribus* implícita. Ou seja, assume-se que, com exceção das alterações ligadas especificamente ao transplante, todas as outras coisas permanecem inalteradas. Por exemplo, não há diferença entre a saúde ou o gênero dos corpos envolvidos, um não é mais feio que o outro, uma das pessoas não está fugindo da polícia. Esta cláusula *ceteris paribus* é muito importante, pois o propósito do experimento mental é concentrar a mente no significado relativo de nossos corpos e de nossos cérebros para fazer que sejamos os indivíduos que somos. Por essa razão, esses fatores necessitam ser isolados de todas as outras variáveis. Então, incluindo a declaração *ceteris paribus*, o inventor do experimento mental pode eliminar da consideração qualquer outro fator que não seja relevante para aquilo que pretende considerar.

Limitando o não usual

Quando falamos de "todas as demais coisas permanecendo inalteradas", com frequência queremos dizer simplesmente "em circunstâncias normais". Isto é, assumimos que não há, na situação que descrevemos, circunstâncias incomuns que possam ter influência sobre o curso do raciocínio. Por exemplo, caso se estejam discutindo assassinatos em massa *ceteris paribus*, presume-se que o assassino não recebeu um ultimato ordenando que, se não matasse vinte pessoas até o meio-dia, todo o mundo seria destruído numa explosão. Mas a expressão "sob circunstâncias normais" não abarca toda a amplitude de *ceteris paribus*, que, como vimos, pode ser invocada em experimentos mentais nos quais as condições são, por definição, anormais.

No procedimento de decisão

O princípio *ceteris paribus* tem um uso na avaliação do valor relativo de duas explicações e na decisão por uma delas, mesmo quando não há evidências decisivas em prol de nenhuma das duas. Por exemplo, todos as marcas em lavouras são feitas por alienígenas ou embusteiros? A única maneira de se chegar a uma conclusão é considerar as evidências disponíveis e indagar, *ceteris paribus*: qual é a explicação mais provável? Na realidade, todas as demais coisas podem não ser iguais — por exemplo, pode haver evidências ainda não descobertas que se revelariam conclusivas. Mas na ausência de tais evidências, temos de nos concentrar naquilo que sabemos e assumir que todas as demais coisas são iguais, enquanto não se mostrarem diferentes.

Em contra-argumentos

A expressão *ceteris paribus* é também importante em raciocínios morais nos quais se está avaliando a força de um contra-argumento. Por exemplo, os utilitaristas acreditam que, em qualquer situação dada, a coisa moralmente correta a fazer é aquela que resulte na maior felicidade para o maior número de pessoas. Uma forma comum de objetar a essa teoria é descrever um cenário que, embora moralmente repugnante, satisfaça os critérios utilitaristas da ação moralmente correta. Um exemplo seria o de um indivíduo inocente acusado de ser um assassino em série. Esse indivíduo não tem família nem amigos e, se for condenado, a indignação das massas será apaziguada. Se for libertado, haverá grande temor e revolta, com grupos de extermínio prontos para fazer justiça com as próprias mãos. Além disso, o assassino em série parou de matar e os psicólogos estão certos de que a onda de assassinatos chegou ao fim. O utilitarista tem de responder à objeção de que, em tal situação, a melhor coisa a fazer seria condenar o homem inocente, na medida em que isso resultaria na maior felicidade global para a população. Mas isso é claramente injusto.

Quando se confronta esse dilema, há uma grande tentação de responder apontando algumas das possíveis consequências negativas da condenação do homem — por exemplo, que o verdadeiro assassino poderia começar a matar de novo. Mas o crítico pode inserir uma cláusula *ceteris paribus*, determinando assim que somente os aspectos já especificados devem ser tomados em consideração — todas as demais coisas permanecendo iguais para os propósitos deste exemplo. Isso força o utilitarista a enfrentar o dilema central: se o aumento da felicidade significa a rejeição da justiça, o utilitarista deve rejeitá-la? A cláusula *ceteris paribus*, portanto, mantém o foco da discussão precisamente nos aspectos relevantes do argumento.

Com frequência se entende que as cláusulas *ceteris paribus* estão implícitas, mas, como em tudo na filosofia, é uma boa precaução não presumir que algo será interpretado de uma dada maneira a menos que esteja explicitamente determinado. Portanto, sempre que um argumento assumir que todas as demais coisas permanecerão iguais, insira uma cláusula *ceteris paribus* e evite possíveis confusões.

Ver também

2.9 Experimentos mentais
3.18 A navalha de Ockham

Leitura

John Stuart MILL, *Sistema de lógica dedutiva e indutiva*, 1843.

3.6 Circularidade

As *Meditações* de Descartes ocupam um lugar um tanto ambíguo na filosofia acadêmica. Por um lado, são em geral tidas como um clássico. Mas, por outro lado, são com frequência apresentadas aos estudantes novatos como alvo para o exercício de sua habilidade argumentativa. Um clássico que possa ser tão facilmente demolido por novatos é, com efeito, algo curioso.

A explicação para esse fato é que, após uma consideração mais meticulosa, se acaba por descobrir que os disparates facilmente identificáveis frequentemente tocam questões filosóficas fundamentais que necessitam de uma resposta mais refletida que o mero repúdio. Tenha isso em mente ao considerar o exemplo a seguir, e lembre-se de que questões mais profundas escondem-se por trás de equívocos aparentemente óbvios.

O círculo cartesiano

O objetivo de Descartes nas *Meditações* era proporcionar uma fundamentação segura e duradoura para o conhecimento. Ele acreditava que essa fundamentação poderia se encontrar naquilo que "concebemos clara e distintamente" como verdadeiro. Tais concepções são aquelas cuja verdade é tão autoevidente e *segura* que ninguém pode duvidar seriamente delas. Porém, o mero fato de termos certeza de algo não implica que seja verdadeiro — ou implica? Como podemos ter certeza de que o que é correto para nossas mentes é de fato verdadeiro? A resposta é Deus. Se existe um Deus bondoso, argumenta Descartes, podemos ter certeza de que aquilo que concebemos clara e distintamente como verdadeiro é efetivamente verdadeiro. Afinal, um Deus bondoso não permitiria que fôssemos sistematicamente enganados a respeito das verdades mais básicas e autoevidentes. Desse modo, a fim de justificar sua afirmação de que aquilo que percebemos como clara e distintamente verdadeiro é de fato verdadeiro, Descartes se encarrega de provar que Deus existe.

O problema desse procedimento é que, ao tentar provar que Deus existe, Descartes se apoia nas próprias ideias claras e distintas. Mas ele não pode saber que elas são confiáveis antes de provar a existência de Deus. Em outras palavras, ele pressupõe em suas premissas justamente aquilo que pretende provar em sua conclusão — usa Deus para justificar as ideias claras e distintas, e usa as ideias claras e distintas para justificar a crença em Deus: raciocínio circular.

1. As ideias claras e distintas são confiáveis porque são garantidas por Deus.
2. Sabemos que Deus existe porque temos a ideia clara e distinta de que ele existe.

Definição

Um argumento circular, portanto, pode ser definido como o argumento que assume em suas premissas justamente aquilo que deve ser provado na conclusão.

Quando não há razões independentes para a aceitação de partes importantes do argumento, este não pode ser efetivo. Em tais casos, a circularidade é descrita como *viciosa*.

Circularidade não viciosa

Todos os argumentos circulares são viciosos? Não necessariamente. Consideremos o seguinte exemplo. Estou esperando num ponto de ônibus e um universitário maldoso, recém-saído de sua demolição de Descartes, tenta me persuadir de que não tenho razões para continuar esperando, uma vez que minha expectativa de que o ônibus chegue se baseia num argumento circular, cuja estrutura é mais ou menos a seguinte:

1. Como sei que o ônibus passa às 17:00h?
2. Porque a tabela de horários diz que o ônibus passa às 17:00h.
3. Como sei que a tabela está certa?
4. Porque o ônibus passa às 17:00h.
1. Como sei que o ônibus passa às 17:00h?

Esta formulação do argumento faz parecer que a crença no horário de chegada do ônibus é justificada pela tabela de horário, mas também, de modo circular, que a confiabilidade da tabela de horários é justificada com base na hora de chegada do ônibus. Por conseguinte, o argumento parece análogo, em sua forma, ao argumento de Descartes.

Contudo, este não é um argumento circular vicioso, pois tenho uma *razão independente* para aceitar que a tabela de horários está correta e que o ônibus chega às 17:00h: a experiência passada. A experiência mostrou que esta é uma empresa viária confiável e que as tabelas de horários afixadas nos pontos de ônibus são acuradas. O círculo não é vicioso porque, ao responder às questões propostas nas linhas 1 e 3, posso recorrer a evidências independentes. Assim, por exemplo, a passagem da linha 3 para a linha 4 pode introduzir uma justificação que não se baseia naquilo que tentamos provar. Se a linha 4 dependesse *unicamente* da linha 2 (e vice-versa), tratar-se-ia efetivamente de um caso de circularidade viciosa.

O círculo indutivo?

Filósofos como Hume indagaram se o raciocínio indutivo se basearia num círculo. Por que a experiência passada concernente à confiabilidade de algo deverá ser considerada uma *evidência* para o presente e o futuro? Somente se aceitarmos já de antemão o princípio de que os fatos passados constituem evidências para os fatos presentes e futuros. Mas por que deveremos aceitar este princípio? Bem, por causa da experiência passada. Mas a experiência passada só poderá ser tomada como evidência se aceitarmos previamente o princípio... e assim por diante.

Ou, como afirma Hume, "a probabilidade se funda na pressuposição de uma semelhança entre os objetos dos quais temos experiência e aqueles objetos dos quais não tivemos experiência", e, por conseguinte, "é impossível que esta suposição provenha da probabilidade. O mesmo princípio não pode ser ao mesmo tempo a causa e o efeito de outro" (*Tratado da natureza humana*, liv. 1, pt. 3, § 6).

O ponto a ser enfatizado aqui é que em todo argumento circular a etapa do tipo "*a* porque *b*" quase sempre precisa ser desdobrada. Se este desdobramento revela que a justificação se funda em coisas que o argumento visa provar, então o círculo é vicioso; caso contrário, o círculo não é vicioso.

Se isso pode ou não ser acuradamente descrito como rompendo a circularidade do argumento ou como simplesmente removendo seu caráter vicioso é tema a ser debatido. No mínimo, contudo, mostra que alguns argumentos que podem ser descritos como circulares podem não ser tão inúteis, afinal.

Ver também

1.12 Tautologias, autocontradições e a lei de não contradição
3.22 Petição de princípio
3.25 Regressos

Leituras

°René DESCARTES, *Meditações*, 1641.
°David HUME, *Tratado da natureza humana*, 1739-40.
Alan GERWITZ, The Cartesian Circle, *Philosophical Review* 50 (1941).

3.7 Incoerência conceitual

Algumas perguntas não podem ser respondidas e alguns problemas não podem ser resolvidos simplesmente porque não fazem sentido. Só é possível debater, discutir ou investigar possibilidades que sejam, antes de tudo, coerentes. É por essa razão que uma teoria de triângulos de quatro lados não iria muito longe. O conceito de "triângulo quadrilátero" é incoerente, pois contém uma autocontradição. Uma vez que entendamos isso, podemos perceber que muitas questões filosóficas aparentemente razoáveis acerca de triângulos quadriláteros são, na verdade, quimeras absurdas. (Isso não significa em absoluto que todas as questões devam ser excluídas. Por exemplo, poderíamos nos propor a pensar sobre a relação entre os conceitos logicamente incoerentes e outras abstrações ou impossibilidades.)

O exemplo da verdadeira natureza da mulher

Nem todos os casos de incoerência lógica são tão óbvios quanto os triângulos de quatro lados. Janet Radcliffe Richards, em seu livro *The Skeptical Feminist*, apresenta um excelente exemplo de uma forma sutil de incoerência. Seu tema é a natureza da mulher, e ela examina o modo como o meio no qual uma mulher cresce e vive afeta sua natureza. É evidente que o meio exerce um efeito sobre o modo como as mulheres pensam e se comportam. Entretanto — argumenta a autora —, é um equívoco acreditar que, em tais circunstâncias, vemos as mulheres como elas não são, e que, se suprimíssemos tais influências, teríamos as mulheres como realmente são. Esta visão se baseia no pressuposto de que a verdadeira natureza de algo é o modo como essa coisa é em seu "verdadeiro" ambiente, ou, ainda pior, em nenhum ambiente.

Ambas as visões padecem de incoerência conceitual. No segundo caso, é óbvio que todas as coisas têm de estar em um ambiente ou em outro. Até mesmo o vácuo é um ambiente. Portanto, sustentar que a verdadeira natureza de algo só é revelada quando é examinada fora de qualquer ambiente é incoerente, pois não há possibilidade de que algo se encontre em tal situação.

É também incoerente supor que a verdadeira natureza de uma coisa é revelada quando ela está em seu ambiente correto. Antes de tudo, a própria noção de "ambiente correto" é problemática. A noção do que seja correto não depende de diversos fatores? O ambiente correto para um salmão quando se está preparando um para o jantar talvez seja um forno quente. O ambiente correto para a desova, no entanto, é outro muito diferente.

Ainda mais importante, conhecer a natureza de algo é conhecer o modo como isto é numa *variedade* de ambientes. A natureza do ferro, por exemplo, é mais plenamente compreendida se sabemos como se comporta quando aquecido, quando frio, esmagado, deixado na água, e assim por diante. Saber como o ferro se comporta quando deixado em condições ótimas para a sua existência contínua e imutável só nos fornece uma visão parcial de sua natureza.

A crítica de Radcliffe Richards nos mostra que há algo incoerente no conceito de que a verdadeira natureza de algo se revela fora de um ambiente ou num ambiente ótimo único. É um conceito que, uma vez examinado, simplesmente não se mantém. À primeira vista, parece fazer sentido, mas, quando o examinamos mais minuciosamente podemos ver que não faz sentido.

Incoerência x confusão

Há uma controvérsia acerca de se casos como este devem descritos como literalmente incoerentes ou simplesmente como confusos. Alguns poderiam argumentar que somente conceitos que contenham contradições deveriam ser qualificados de incoerentes. No exemplo de Radcliffe Richards, poderíamos argumentar que não há contradições formais: trata-se simplesmente de que, em quaisquer sentidos razoáveis dos termos "verdadeira", "natureza" e "ambiente", não há uma interpretação verossímil deles como "verdadeira natureza". Poderíamos então preferir falar de "confusão conceitual" em vez de incoerência. É altamente recomendável que tenhamos esse tipo de cuidado com a precisão de nossas palavras. Todavia, em ambos os casos, a crítica é muito forte. Sejam os conceitos incoerentes ou confusos, são, igualmente, de pouca utilidade para o filósofo meticuloso. Um esgoto, mesmo que chamado por qualquer outro nome, cheira igualmente mal.

Ver também

1.12 Tautologias, autocontradições e a lei de não contradição
3.19 Paradoxos

Leitura

°Janet Radcliffe RICHARDS, *The Skeptical Feminist*, 1980.

3.8 Contraexemplos

No dia a dia, com frequência nos perguntamos se fizemos a coisa certa. Foi certo dizer à minha mãe que nunca bebo, ou foi apenas uma mentirinha sem importância? Foi certo ter bebido todos aqueles drinques, ou eu me diverti tanto que valeu a pena ter acordado toda a vizinhança? Ao fazer filosofia, não estamos preocupados apenas com casos particulares como estes. Nosso objetivo é descobrir verdades mais gerais, tais como se, em alguma circunstância, pode ser certo mentir, ou mesmo entender o que significa dizer que um ato seja "certo" ou errado".

Essa generalidade é aquilo que distingue as questões filosóficas da maioria das questões rotineiras. As respostas filosóficas oferecidas usualmente envolvem generalizações e universais, que são asserções que supostamente se aplicam a todas as circunstâncias, por exemplo à mentira em todas as circunstâncias, e não apenas àquela na qual você mentiu para sua mãe sobre ter bebido. Mas precisamente por se esperar que essas respostas tenham aplicação universal, os casos individuais tornam-se muito importantes, pois uma ferramenta extremamente poderosa no pensamento filosófico é a habilidade de aplicar exemplos particulares que contradizem ou ao menos condicionam as asserções gerais. De um ponto de vista lógico, as asserções universais (por exemplo, "Todo X é Y") são extremamente vulneráveis à refutação, pois é preciso apenas um exemplo contrário para refutá-las ("Eis um X que não é Y"). É precisamente dessa vulnerabilidade que os contraexemplos tiram partido.

Bom = prazeroso

Por exemplo, se tivéssemos de construir um argumento para provar que as "boas" ações são aquelas que proporcionam prazer, teríamos de ter certeza de que não há exemplos nos quais um ato poderia ser bom ainda que não produzisse prazer. Se alguém me incumbisse de apresentar tal exemplo, mencionaria o que é chamado de contraexemplo. Poderia, por exemplo, sugerir que doar dinheiro para obras de caridade é doloroso, já que me deixa com menos dinheiro para as coisas aprazíveis da vida, porém poucos sugeririam que doar uma parte de meu salário aos cegos não seria uma "boa" ação. Neste caso, eu teria de renunciar a minha teoria hedonista ou encontrar uma maneira de ajustá-la a este contraexemplo.

Eu poderia, contudo, responder que, embora eu experimentasse sofrimento em resultado de minha generosidade, aqueles que a receberiam experimentariam prazer. Eu teria então feito uma importante modificação em minha posição inicial (eu poderia ainda afirmar que se tratava de um mero esclarecimento): a saber, que as consequências prazerosas que tornam um ato "bom" não têm de ser necessariamente experimentadas pelo agente. Portanto, os contraexemplos podem desempenhar o papel das críticas construtivas ou podem ser usados para ferir de morte uma teoria. Não há nada que me impeça de revidar e replicar que doar dinheiro a obras de caridade não é de modo algum uma boa ação. Isso pode resolver o problema ou não. Em face dos contraexemplos sucessivos e das respostas dos teóricos a eles, as posições são aperfeiçoadas até que se consolidem ou que se enfraqueçam até se tornarem insustentáveis.

A importância do extravagante

Deve-se observar que os contraexemplos podem envolver alguns cenários hipotéticos muito extravagantes, mas embora a ocorrência de tais situações possa ser improvável na vida cotidiana, isso não diminui sua relevância num argumento filosófico. Como um contraexemplo da teoria hedonista do bem, poder-se-ia argumentar que há indivíduos no mundo — masoquistas — que alcançam a felicidade infligindo dores terríveis a si mesmos. Em seu caso, um ato que resultasse em prazer poderia não ser visto como bom. Tais indivíduos são raros, mas se efetivamente alcançam a felicidade por meio da mortificação então representam um contraexemplo tão pertinente quanto o caso das doações caridosas. Em suma, caso se pretenda reivindicar a validade universal de uma proposição ou teoria, é necessário demonstrar que se sustentam mesmo em condições extraordinárias.

Limites de modificação

Até aqui, tudo bem, mas os pensadores têm de tomar cuidado para preservar a natureza essencial de uma posição ao submetê-la a contraexemplos. Há com frequência controvérsias acerca de se a natureza essencial de uma posição foi preservada quando submetida a uma dada modificação ou um cenário hipotético. Tomando um exemplo famoso, o chamado quarto chinês de John Searle foi tema de calorosos debates. Defensores da "inteligência artificial no sentido forte" sustentam que um computador que cumprisse com sucesso o teste de Turing (no qual as respostas do computador não podem ser distinguidas das respostas de um usuário humano de língua nativa num teste cego) não estaria apenas executando uma simulação de consciência, mas consistiria efetivamente numa mente plena, detentora de estados cognitivos e capacidade de pensamento.

Contra esse argumento, Searle elaborou um contraexemplo. Ele imaginou um quarto no qual estivesse uma pessoa que não entendesse uma única palavra do idioma chinês. Através de uma caixa de comunicação, o homem recebe questões escritas em caracteres chineses e responde identificando-os numa tabela e remetendo de volta os símbolos que a tabela indica como respostas apropriadas. Essencialmente, é isso o que um computador que aparentemente "entendesse" chinês faria, e, com base neste raciocínio, uma vez que o homem no quarto não entende chinês, tampouco o computador entenderia. Ambos funcionariam meramente como manipuladores maquinais de símbolos.

As respostas dos "sistemas" às alegações feitas por Searle mediante o exemplo do quarto chinês dizem que seu argumento altera a natureza do suposto possuidor de entendimento. O homem no quarto pode não entender o idioma chinês, mas o homem e as tabelas tomados como sistema entendem. Caso se almeje uma analogia acurada de um computador que processe símbolos, é o quarto como um todo que deve ser considerado o usuário da linguagem. Assim como normalmente não situaríamos o entendimento de uma pessoa que conhece o chinês numa parte especial de seu cérebro, tampouco suporíamos que o entendimento residisse na CPU de um computador. Se, por um lado, o todo — seja uma pessoa ou uma máquina — é capaz de entender o chinês, pode ser que, por outro lado, nenhuma parte particular deste todo o entenda. Uma vez que a posição que defende a inteligência artificial no sentido forte não pretende limitar o local da consciência, pode-se argumentar que o contraexemplo de Searle alterou a essência da teoria que foi formulado para testar. A tarefa dos defensores do contraexemplo de Searle é demonstrar que isso não ocorre.

Ver também

2.4 Analogias
2.9 Experimentos mentais

Leitura

°John R. SEARLE, *Minds, Brains and Science*, 1984.

3.9 Critérios

Não há nenhum grande mistério filosófico em torno do significado dos critérios. O termo "critério" é geralmente definido em dicionários como "uma norma por meio da qual algo pode ser julgado ou decidido".

Neste sentido do termo, a filosofia é cheia de critérios. Alguns são expressados na forma "se e somente se" (usualmente representado por "sse"). Portanto, se alguém argumenta que uma pessoa tem conhecimento sse aquilo em que acredita é justificado e verdadeiro, está oferecendo critérios para o conhecimento. Em outras palavras, algo satisfaz as normas do conhecimento caso cumpra as condições de ser uma crença justificada e verdadeira.

Em outros contextos, emprega-se a linguagem das condições necessárias e suficientes. No exemplo acima, caso uma crença seja considerada justificada e verdadeira, então todas as condições necessárias e suficientes para o conhecimento estão cumpridas.

Não há uma razão pela qual, na linguagem comum, os enunciados acima não devam ser descritos como estabelecendo os critérios para o conhecimento. Mas na filosofia, como em outras disciplinas, devemos estar cientes dos empregos usuais. Há contextos nos quais os filósofos tendem a falar de condições necessárias e suficientes em lugar de critérios, e é aconselhável segui-los no tocante a isso, pois, se todos estão empregando os mesmos termos, todos podem se sentir mais seguros de que estão efetivamente falando da mesma coisa. Os filósofos formam uma comunidade de usuários da linguagem, e essa comunidade funciona mais facilmente caso se empreguem as mesmas palavras em contextos similares.

Ignorar esse fato e considerar essas convenções meros elementos esquisitos de etiqueta acadêmica tem os seus riscos. O que muitas vezes descobrimos é que uma palavra perfeitamente normal foi muito empregada numa área da disciplina de uma maneira extremamente específica. Se você tentar empregá-la em outro contexto, se produzirá uma confusão — estaria você usando a palavra em seu sentido comum ou teria o uso especializado em mente? É isso o que ocorre no caso dos critérios. Esse termo hoje está em grande medida associado à última obra de Wittgenstein.

Wittgenstein e os critérios

A obra de Wittgenstein pode ser extremamente gnômica, e, por vezes, parece não ser possível que duas pessoas concordem a respeito do que realmente signifique. Em termos gerais, Wittgenstein aplicou a ideia de critério ao sentido e ao uso das palavras. Por exemplo, parte do critério para o uso correto do termo "dor" é que uma pessoa que sofre de dor se comporta de determinada maneira: demonstrando angústia, por exemplo. O significado de usar "critério" aqui é que Wittgenstein não está dizendo que a dor *é* simplesmente uma certa forma de comportamento, nem que tal comportamento é um *sinal* de dor, o que é uma experiência privada e subjetiva. A ideia de critério não implica nenhuma das duas coisas — simplesmente especifica os padrões para o emprego correto da palavra "dor".

Isso, segundo Wittgenstein, proporcionaria uma solução para algumas antigas dificuldades filosóficas: como podemos saber que as outras pessoas têm mentes? E como evitar o solipsismo — a ideia de que somente eu existo? Estes problemas se resolvem porque os critérios para o uso correto de palavras tais como "dor" e "mentes" são comportamentais, mas isso não significa que a dor e as mentes *sejam* somente comportamentais. Por conseguinte, a ideia de critério parece ser capaz de lidar com o fato de que a vida interior dos outros é, em certo sentido, privada, mas temos regras públicas que nos dizem como empregar corretamente a linguagem ao falar sobre essa vida.

O estado das discussões sobre as questões suscitadas por Wittgenstein é tal que nada do que foi mencionado acima deve ser tratado como exegese incontroversa. O que ressaltamos aqui é simplesmente que a noção de critério possui tanto um sentido wittgensteiniano específico como um sentido ligado à linguagem comum. Neste último sentido, "critério" é uma palavra que pode ser usada num amplo leque de discussões filosóficas. Mas, em virtude do sentido específico que adquiriu, é prudente restringir seu emprego, lançando mão de outros termos e expressões disponíveis, a fim de evitar confusões entre os usos. Este ponto é muito importante, não somente no caso do termo "critério", mas também no de palavras aparentemente comuns associadas a posições filosóficas particulares. É preciso estar ciente disso para expressar os argumentos de modo tão claro e inequívoco quanto possível.

Ver também

4.5 Condicional/bicondicional
4.11 Necessário/suficiente

Leituras

John V. CANFIELD (Ed.), *The Philosophy of Ludwig Wittgenstein: Criteria*, 1986, v. 7.

Stanley CAVELL, *The Claim of Reason*: Wittgenstein, Skepticism, Morality, and Tragedy, 1979.

Ludwig WITTGENSTEIN, *Last Writings on the Philosophy of Psychology*: The Inner and the Outer, 1992.

3.10 Teoria do erro

Os seres humanos são tipicamente avessos a abandonar crenças longamente nutridas diante de argumentos lógicos. A exposição de alternativas para nossas visões raramente nos convence, enquanto a tentativa de solapar nossas crenças nos termos delas próprias obtém um índice de sucesso um pouco maior. Uma terceira abordagem é às vezes mais eficiente: mostrar-nos que, embora nossa posição seja equivocada, nosso erro foi, no entanto, compreensível, dados os fatos a respeito do assunto. Fazendo isto, estar-se-á oferecendo uma teoria do erro.

Requerendo revisão por si

Uma teoria do erro é um apêndice útil para um argumento filosófico, pois o ônus da prova em toda discussão tende a recair sobre aqueles que argumentam contra o senso comum ou a opinião usualmente aceita ou profissional. Se há uma teoria existente, talvez duradoura, que pareça explicar nossas experiências adequadamente, então é razoável que estejamos preparados para as alegações daqueles que a contestariam. Se vemos nossas crenças muito fácil e prontamente contestadas, podemos começar a suspeitar de nossa capacidade de constituir uma posição firme. E não é de surpreender que o tenhamos feito, pois, enquanto as evidências para a nova visão estão sendo reunidas, surge uma questão inteiramente diferente: se a nova teoria é sucinta, bem fundada e claramente correta, então como pudemos ter sido tão obtusos a ponto de sustentar nossas crenças precedentes?

Pode-se formular esta indagação como um princípio rudimentar: quanto mais forte o caso para uma nova teoria antagonista, mais forte tem de ser a explicação de por que um dia se acreditou no contrário.

Exemplo da Terra plana

Ao provar que o mundo é mais ou menos esférico, por exemplo, devemos oferecer também uma explicação convincente de por que um dia se acreditou que era plano. Se pretendemos convencer nossos oponentes de que o mundo é redondo, devemos iniciar nossa explanação abordando a plausibilidade da suposição que mantinham. Ao apresentar o argumento em favor de nossa própria visão, temos de elaborar uma explicação suplementar que explique como um fato como a verdadeira forma da Terra era desconhecido. Os astrônomos podem argumentar com base nas órbitas dos planetas e na sombra que a Terra projeta na Lua, mas teorias mais simplistas tendem a se basear em evidências menos sofisticadas e supostamente mais óbvias. A sensação de andar sobre uma superfície plana é um argumento muito persuasivo em prol da planeza da Terra, que exige algum expediente para justificá-lo. Nos primórdios das navegações, afirmações de que os navegadores haviam circunavegado o globo eram às vezes desprezadas como boatos sem fundamentos, mas poder-se-ia ter acrescentado que, em virtude do grande tamanho da Terra, sua curvatura é demasiadamente gradual para que seja notada durante um passeio no parque. Essa teoria do erro mostra que a visão da Terra como plana era uma visão razoável em face da força das principais evidências anteriormente disponíveis.

Plausibilidade, não solidez

O objetivo é demonstrar que ambas as concepções, a antiga e a nova, são baseadas em evidências do mesmo domínio. Um argumento que sustenta que a Terra é esférica pode, evidentemente, ser um argumento válido e sólido, mesmo que não inclua uma teoria do erro. O que a justificação do erro aduz é a plausibilidade. Mostrando-se que a nova teoria leva em consideração as evidências e referências da teoria prévia, espera-se que seus adeptos sejam persuadidos a adotar uma visão similar à da nova teoria proposta.

Desse modo, a inclusão de uma teoria do erro é uma poderosa ferramenta para nosso arsenal filosófico, que complementa o princípio de adequação empírica (ver 3.26). Assim como nossa filosofia tem de preservar a qualidade subjetiva de nossa experiência (os fenômenos), tem de preservar também (em certa medida) a força lógica do argumento previamente aceito que está sendo suplantado. Ambas as práticas ajudam os filósofos a evitar a acusação de que suas teorias simplesmente não abordam os mesmos elementos tratados por seus oponentes.

Ver também

3.21 Princípio de caridade
3.26 Adequação empírica

Leitura

*J. L. MACKIE, *Ethics: Inventing Right and Wrong*, 1977.

3.11 Falsa dicotomia

Há um argumento que surge com frequência na literatura e nas conferências evangélicas cristãs. Jesus de Nazaré, segundo nos dizem, alegou ser o Messias, o Filho de Deus. Ou ele dizia a verdade ou era um mentiroso. Não há evidências de que era um mentiroso; logo, devemos aceitar que estava dizendo a verdade.

O argumento construído acima não funciona porque se baseia numa falsa dicotomia. Uma dicotomia é uma distinção entre duas opções adversativas. Uma falsa dicotomia ocorre quando nos deparamos com uma distinção na qual a escolha entre as alternativas não representa acuradamente o leque de opções disponíveis.

Neste caso, há muitas outras possibilidades além de que (1) Jesus estivesse mentindo ou (2) estivesse dizendo a verdade. Ele pode (3) ter sido um louco; e, com efeito, muitas versões deste argumento apresentam as três opções (uma tricotomia?) e chegam à mesma conclusão, uma vez que não há evidências de que Jesus fosse louco.

Mas há mais possibilidades além destas: (4) Jesus pode ter se enganado de modo não intencional, (5) suas palavras podem não ter sido corretamente transmitidas nos Evangelhos, (6) ele poderia estar querendo dizer, ao referir-se a si mesmo como o Messias ou o "Filho do Homem" (Marcos 8,29-31), algo diferente daquilo que o argumento requer. Há muitas outras possibilidades. Por conseguinte, o argumento não funciona porque depende de que façamos uma escolha entre um leque de opções quando, na realidade, há outras opções razoáveis que não foram consideradas.

Exemplo: Austin e a sensação

As falsas dicotomias são mais frequentemente encontradas nos argumentos cotidianos que na filosofia. Isso ocorre porque apresentar uma opção do tipo "um ou outro" é um procedimento retórico típico, utilizado com maior frequência com o propósito de persuadir pessoas do que de efetivamente elaborar um argumento sólido. Contudo, elas aparecem também na filosofia.

Pode-se encontrar um possível exemplo disso nos argumentos concernentes à percepção. Observou-se que, quando percebemos um objeto, ele muitas vezes parece diferente do que efetivamente é. Assim, por exemplo, um bastão reto parece curvo sob a água. Como o bastão é reto, mas aquilo que vemos é curvo, certamente, em tais casos, não podemos estar efetivamente percebendo o próprio bastão. Com base nesta observação básica, o argumento prossegue até chegar à conclusão de que aquilo que percebemos diretamente não são os objetos que estão no mundo, mas percepções internas dos sentidos, ou "dados dos sentidos".

Os detalhes do argumento são obviamente mais complicados. O que queremos ressaltar é simplesmente um ponto crucial no argumento em que nos é apresentada uma dicotomia. Essa dicotomia afirma (implicitamente, se não explicitamente) que um objeto é percebido tal como é ou não é percebido em absoluto. Este é o princípio que justifica a passagem da constatação de que enxergamos como curvo um bastão reto para a conclusão de que em tais casos não vemos o bastão de modo algum.

Pode-se dizer que esta é uma falsa dicotomia. Por que seria preciso aceitar que um objeto é percebido tal como é ou, caso contrário, não é diretamente percebido em absoluto? Por que não seria possível perceber diretamente um objeto, porém de modo impreciso? O que significa "percepção direta"? Não existe nada com que essa visão possa ser proficuamente confrontada? Questões como estas mostram que a dicotomia da qual o argumento depende não pode ser admitida como verdadeira, e, após um exame mais minucioso, pode cair por terra tão facilmente quanto a dicotomia "Jesus era um mentiroso ou estava dizendo a verdade".

Ver também

3.3 Bivalência e o terceiro excluído
3.13 Dilemas

Leituras

J. L. AUSTIN, *Sentido e percepção*, 1962.
°Patrick J. HURLEY, *A Concise Introduction to Logic*, ⁷2000, cap. 3.

3.12 A falácia genética

Quando eu caminhava para tomar o trem esta manhã, chamou-me a atenção a manchete de um jornal sensacionalista (digamos que o nome do jornal seja *Moon*), que dizia: "Quentin Crisp faleceu". Tomei isso como verdadeiro, e outros acontecimentos confirmaram que era de fato verdade.

Quando, porém, relatei a informação a um amigo, ele me perguntou como eu havia tomado conhecimento do fato. "Eu li no *Moon*", respondi. Ele tossiu e disse: "Você sabe que não deve acreditar em tudo o que lê nesse jornal".

Origem x justificação

O que meu amigo pensou foi algo semelhante a isto: (1) a origem de suas crenças foi o jornal *Moon*, (2) o jornal *Moon* não é uma fonte confiável, logo (3) sua crença não é justificada. Seu raciocínio pode parecer sólido, mas, segundo Maurice Cohen e Ernest Nagel, é um exemplo da "falácia genética" — confundir a origem de uma crença com sua justificação, pois, embora possa ser verdade que a origem de minha crença seja duvidosa, ainda assim posso estar justificado em manter essa crença com base em outras razões. (Contudo, se eu pretendesse usar como *justificação* de minha crença o fato de que o jornal *Moon* relatou a informação, então eu poderia estar em maus lençóis.)

Neste exemplo, minhas justificações podem incluir o fato de que, embora o jornal *Moon* não seja em geral uma fonte confiável, eu descobri que outros veículos de informação mais confiáveis — por exemplo, a BBC — corroboraram as afirmações contidas naquele jornal. Eu também poderia alegar que, embora em geral o jornal *Moon* não seja confiável, não reporta falsos casos de óbito. (Neste caso, porém, poder-se-ia alegar que a fonte é, afinal, confiável — ao menos em alguns aspectos.)

A questão é simplesmente que a não confiabilidade da origem de uma crença não é em si mesma suficiente para caracterizar a carência de justificação de tal crença. As crenças podem ser justificadas de muitas maneiras — pela experiência provinda de nossos sentidos, pela conformidade por parte de autoridades, por derivarem de raciocínios com base em premissas aceitas de antemão, e assim por diante. Certamente, a origem de uma crença pode fazer parte de sua justificação, como, por exemplo, quando a *única* razão que tenho para acreditar em algo é que alguma outra pessoa me informou a respeito. Contudo, não há uma conexão necessária entre origem e justificação, e, por conseguinte, não se pode deduzir nada acerca da justificação de uma crença exclusivamente com base em fatos concernentes à sua origem. Às vezes, fontes em geral carentes de competência ou confiabilidade oferecem afirmações verdadeiras. Em termos mais prosaicos, às vezes até mesmo um esquilo cego esbarra com uma noz.

Aplicação geral

Em termos mais gerais, pode-se dizer que a falácia genética ocorre sempre que alguém argumenta diretamente, a partir de fatos sobre a origem, passando a fatos sobre a natureza presente de algo. Assim, numa aplicação geral dessa falácia, pode-se considerar não apenas as crenças verdadeiras, mas também as propriedades possuídas pelas coisas em geral.

O fato de que alguém nasceu numa família de ladrões não prova que, hoje, décadas mais tarde, seja também um ladrão. O fato de que os compromissos políticos originais de uma pessoa eram de esquerda não prova que ainda o sejam anos depois.

Exemplo da psicologia evolucionista

Esta ferramenta é particularmente útil quando consideramos as várias máximas da psicologia evolucionista. Os psicólogos evolucionistas afirmam ser capazes de explicar como os seres humanos desenvolveram o senso moral. Seu argumento é essencialmente que os seres humanos que aprenderam como cooperar e ser bons uns com os outros — sem obter vantagem disso — prosperaram mais que as "pombas" passivas e os "gaviões" agressivos. Afirmam também que as diferenças típicas entre os sexos podem ser explicadas em termos evolucionistas: os índices de sobrevivência dos genes de um homem aumentarão se ele for promíscuo, se assumir riscos e buscar posições elevadas, enquanto os índices de sobrevivência dos genes de uma mulher aumentarão se ela for fiel, cautelosa e fisicamente atraente.

Tais afirmações podem ser verdadeiras ou não, mas muitas pessoas incorreram numa forma da falácia genética ao entender que essas concepções acerca das origens de certas caraterísticas da natureza humana e da sociedade dizem coisas que são diretamente verdadeiras a nosso respeito hoje. Por exemplo, argumentam que, uma vez que os valores morais emergiram como estratégias de sobrevivência eficazes, o que está por trás da ética não passa da simples sobrevivência. Mas isso só é verdadeiro se assumimos que a natureza da ética como é atualmente é inteiramente revelada pela explicação de sua origem. Tal pressuposição parece falsa. Ela confunde a origem da ética com sua justificação, e confunde a origem das atribuições éticas com sua condição presente.

Similarmente, algumas pessoas julgam que a explicação para os diferentes comportamentos sexuais dos homens e das mulheres de algum modo *justifica* os padrões sexuais duplos nos quais os homens são perdoados por flertar, enquanto as mulheres que se comportam da mesma forma são tachadas de devassas. Mas, novamente, por que se deveria assumir que explicar a *origem* de um tipo de comportamento necessariamente o *justifica*? O argumento é, na melhor das hipóteses, incompleto.

Ressalva

Tenha cuidado, no entanto, para não concluir que a origem de uma coisa, afirmação ou crença é sempre irrelevante para sua justificação ou seu caráter atual. Às vezes, a origem de uma coisa ou crença é reveladora. Contudo, o que é preciso a fim de sustentar a noção de que em algum caso específico a origem é importante é uma explicação sólida para isso. Descartes, por exemplo, argumentou que, uma vez que nossas capacidades cognitivas originavam-se na criação divina, são basicamente confiáveis; e, ao aduzir este argumento, tentava explicar por que este apelo à origem é relevante.

Alguns usos históricos

A despeito dos possíveis problemas lógicos e dos problemas relacionados às evidências envolvidos no apelo à origem para se avaliar uma coisa, Nietzsche adotou explicitamente uma forma de crítica genética da moralidade platônico-cristã em sua influente obra de 1887 *A genealogia da moral*. De uma maneira modificada, ele foi seguido pelo filósofo pós-estruturalista francês Michel Foucault (1926-1984), que examinou, de um viés crítico, as origens e o desenvolvimento de ideias acerca do conhecimento, da punição, da loucura e da sexualidade. Muitos sustentaram que os apelos às origens efetuados por estes pensadores são sólidos.

Conclusão

A falácia genética, portanto, em sua forma pura, diz respeito à justificação das crenças. Mas, como vimos, sua ideia central possui uma aplicação muito mais ampla. Sempre que alguém confunde a explicação da origem de algo — seja uma crença, uma atitude ou um comportamento — com sua justificação, ou quando alguém recorre inapropriadamente à origem de uma coisa para determinar o caráter ou a natureza última dessa coisa, está incorrendo numa forma da falácia genética.

Ver também

3.15 A lacuna "é"/"deve"

Leitura

Maurice R. COHEN, Ernest NAGEL, *Logic and Specific Method*, 1934.

3.13 Dilemas

Com frequência, ouvimos as pessoas argumentarem que certas práticas científicas, por exemplo os organismos geneticamente modificados, são erradas, pois envolvem uma "adulteração da natureza". Poucas pessoas podem acreditar seriamente nisso, pelas seguintes razões:

1. Se, por um lado, os críticos querem dizer literalmente que *toda* adulteração da natureza é errada, então têm de ser também contra as atividades agropecuárias, a cura das doenças ou o uso da madeira para construir uma cabana. Nesse sentido, "adulteramos a natureza" o tempo todo, e seu princípio está claramente errado.
2. Se, por outro lado, julgam que somente *algumas* adulterações específicas da natureza são erradas, então não sustentam que quando a ciência adultera a natureza isso é *sempre* errado, mas que é errado quando essa adulteração é de um determinado tipo. Neste caso, seu princípio é inconsistente com suas críticas.
3. O princípio que propõem, então, é errado ou inconsistente com suas críticas.

A forma que este argumento emprega é uma poderosa manobra argumentativa: um *dilema*.

Definição

Os dilemas tentam mostrar que a posição que está sendo criticada poderia significar numerosas coisas, nenhuma das quais aceitável. Isso significa que o proponente da teoria é confrontado com uma escolha do tipo "condenado se fizer, condenado se não fizer". No exemplo acima, os críticos têm de aceitar que o princípio que defenderam tem uma consequência absurda (que até cortar madeira é errado) ou que não descreve acuradamente o valor ao qual estão recorrendo. Em ambos os casos, voltaram à estaca zero.

Há duas formas gerais desse tipo de dilema:
Dilemas construtivos
1. (Se X, então Y) e (Se W, então Z).
2. X ou W.
3. Logo, Y ou Z.
Dilemas destrutivos
1. (Se X, então Y) e (W, então Z).
2. Não Y ou não Z.
3. Logo, não X ou não W.

Todavia, os dilemas podem apresentar mais de duas opções, das quais seu número pode ser usado em seus nomes alternativos: dilema bifurcado, trifurcado e assim por diante.

O exemplo de Mill

Há um bom exemplo de dilema na história da filosofia. John Stuart Mill (1806-1873) argumentou em *Utilitarismo* (1863) que o objetivo da moralidade era reduzir o sofrimento e aumentar a satisfação. Ele prosseguiu estabelecendo uma distinção entre prazeres superiores e inferiores. Os prazeres superiores são aqueles da mente, do intelecto e das experiências estéticas, enquanto os prazeres inferiores são aqueles relacionados ao corpo, como a comida e o sexo. Mill argumentou que toda vida que contivesse alguns prazeres superiores seria melhor que uma vida que só contivesse prazeres inferiores, não importando quão intensos fossem estes.

O dilema enfrentado por Mill era o seguinte: por que os prazeres superiores seriam melhores que os inferiores? Se pelo fato de serem mais aprazíveis, isso parece falso, uma vez que muitas pessoas extraem mais satisfação dos prazeres inferiores que dos superiores. Mas, caso sejam superiores por alguma outra razão — por exemplo, porque cultivam o eu da própria pessoa —, então Mill está dizendo que algumas coisas, tais como o cultivo de si mesmo, são mais importantes que o prazer, e está com isso contradizendo seu próprio princípio segundo o qual o prazer é o bem último.

A escolha apresentada — entre o implausível e aquilo que nega a posição que foi inicialmente proposta — é típica de um dilema. Neste caso, Mill optou pelo implausível, argumentando que é possível provar que os prazeres superiores são melhores porque juízes instruídos —

aqueles que já experimentaram ambos os tipos de prazer — sempre escolheriam os prazeres superiores em detrimento dos inferiores. Se esta resposta é suficiente para que Mill saia deste dilema particular é o leitor quem deve decidir.

Estratégias defensivas

A fim de defender sua posição contra um dilema, você pode lançar mão das seguintes estratégias:
Pegar o dilema pelos chifres. Para tanto, você deve atacar um dos condicionais como falso. (Mill fez precisamente isto ao argumentar que é errado dizer que as pessoas obtêm mais prazer com os prazeres inferiores.)
Esquivar-se por entre os chifres. Essa estratégia visa mostrar que ambas as alternativas são falsas. Por exemplo, se um argumento se baseia na afirmação de que devemos ir à guerra ou aceitar a morte certa, pode-se contestar demonstrando que ambas as alternativas são falsas e que há uma outra alternativa.
Embora os dilemas pareçam muito negativos, eles são na verdade vitais para o processo de aprimoramento e aperfeiçoamento das teorias científicas. Quando adequadamente empregados, podem revelar as escolhas essenciais que têm de ser feitas, às vezes com relação a pressupostos fundamentais. Eles podem ser usados para forçar o filósofo a inserir os detalhes vitais de uma tese muito lacônica ou a reconhecer que o que parecia ser uma linha de investigação profícua resultou em fracasso. O dilema é um animal indócil, mas beneficia imensamente a filosofia.

Ver também

1.6 Consistência
3.23 Reduções

Leituras

°John Stuart MILL, *Utilitarismo*, 1863.
Patrick J. HURLEY, *A Concise Introduction to Logic*, ⁷2000, cap. 6.

3.14 A forquilha de Hume

Consideremos as duas seguintes proposições:

1. Todos os criminosos violaram a lei.

2. Reggie Kray é um criminoso.

Você pode ter certeza de que ambas as proposições são verdadeiras, mas, segundo Hume, elas são verdadeiras por razões de tipos completamente diferentes. Compreenda esta diferença e você terá compreendido uma distinção fundamental entre dois tipos de conhecimento humano.

O primeiro tipo

No primeiro caso, a proposição "todos os criminosos violaram a lei" é verdadeira por definição, uma vez que ser um "criminoso" significa ser alguém que violou a lei. Uma maneira de expressar isso é dizer que a segunda parte da sentença (o predicado) meramente repete ou contém o que já está implícito ou explícito na primeira parte (no sujeito). Tais proposições são conhecidas como "verdades analíticas", "verdades necessárias" ou *tautologias*. (Quine, porém, questiona essa tipologia das sentenças. Ver 4.3.)

Uma propriedade das tautologias é que elas são necessariamente verdadeiras. Negar sua verdade é uma contradição lógica. A proposição "nem todos os criminosos violaram a lei" é autocontraditória e, por conseguinte, necessariamente falsa, pois afirma que as pessoas podem ser criminosas, e portanto ter infringido a lei, sem haver violado a lei. Contudo, esse poderoso selo de verdade tem um preço. O preço da certeza contida em tais proposições, segundo Hume, é sua incapacidade de descrever o mundo. "Todos os criminosos violaram a lei", por exemplo, não descreve o mundo porque não nos diz nada acerca de se os criminosos existem, que pessoas são criminosas, que leis elas violaram, e assim por diante. A sentença nos diz meramente o que certas palavras significam. Saber que todos os criminosos violaram a lei é saber algo sobre o significado das palavras usadas, mas nada a respeito da maneira como é o mundo.

Segundo Hume, as verdades da matemática e da geometria pertencem à mesma categoria do conhecimento que as tautologias, uma categoria que ele denominou "relações de ideias". "1 + 1 = 2", por exemplo, é necessariamente verdadeiro, pois, de acordo com o significado de "1", "2", "+" e "=", a proposição é necessariamente verdadeira por definição. "1 + 1 = 2" só poderia deixar de ser verdadeiro caso os números e símbolos usados significassem algo diferente do que efetivamente significam, mas neste caso estaríamos lidando com uma proposição semanticamente diferente. A verdade da soma, portanto, deriva (o que quer que isso signifique, como Quine poderia dizer) inexoravelmente dos significados dos termos que a compõem.

Tais enunciados aritméticos partilham também com as tautologias a característica de não nos dizerem nada acerca de como o mundo é de fato. Por exemplo, eles não nos dizem se, ao adicionarmos uma gota d'água a uma outra gota d'água, teremos duas gotas d'água, uma grande gota d'água ou algo inteiramente diferente. O conhecimento de tais coisas diz respeito à segunda categoria de Hume, as "questões de fato".

O segundo tipo

A proposição "Reggie Kray é um criminoso" está contida nesta categoria, pois sua verdade ou falsidade não pode ser aferida simplesmente por meio do exame do significado das palavras contidas na sentença. Para descobrir se esta proposição é verdadeira, temos de examinar o mundo. Se é verdade que Reggie Kray infringiu a lei, então é verdade que é um criminoso. É aquilo que ocorre no mundo o que torna este enunciado verdadeiro ou falso, e não apenas o significado das palavras que o constituem.

Os "enunciados factuais", portanto, são informativos sobre o mundo de uma maneira que as "relações de ideias" não são. No entanto, eles carecem da certeza firme típica das verdades oferecidas pelas "relações de ideias". Enquanto a proposição "os criminosos violaram a lei" tem de ser verdadeira sob pena de se incorrer em contradição, não há nada de contraditório em dizer que "Reggie Kray não é um criminoso". Diferentemente do que ocorre no caso das relações de ideias, é *sempre* logicamente possível que o oposto de um enunciado factual seja verdadeiro. Por essa razão tantas teorias de matemáticos antigos permanecem ainda sólidas (não havia modo de estarem erradas) e tantas teses científicas antigas são completamente falsas (a possibilidade de erro é sempre inerente em enunciados que descrevem o mundo). Por isso também os juízes não discordam sobre o que seja um criminoso, mas às vezes cometem erros de justiça.

A forquilha de Hume, portanto, divide o conhecimento humano em duas esferas muito distintas: (1) a esfera das certezas lógicas das relações de ideias que não descrevem o mundo; e (2) a esfera dos enunciados factuais que descrevem o mundo sempre de maneira provisória.

Implicação cética

Caso se aceite a divisão de Hume, isso significa que nenhuma verdade sobre o mundo real pode ser demonstrada como logicamente necessária. Será sempre logicamente possível que o mundo seja diferente do que é. Esta implicação é um aspecto central do ceticismo humiano e um dos principais aspectos de seu pensamento, ao qual o filósofo alemão Immanuel Kant respondeu ao sustentar que algumas afirmações específicas fundamentais das ciências naturais são concomitantemente necessárias e não analíticas — ou, como Kant as denominou, "sintéticas *a priori*".

Todavia, a importância da forquilha de Hume é que dela deriva a conclusão de que todo argumento que pretender demonstrar que o mundo *tem de* ser de uma determinada maneira será forçosamente falho. A história da filosofia está cheia de tais argumentos: argumentos segundo os quais o universo tem de ter uma causa primeira, o tempo e o espaço têm de ser infinitamente divisíveis, tem de existir um deus. Se Hume está certo, nenhum destes argumentos é sólido. Por essa razão, a forquilha de Hume é um princípio muito importante que, embora não seja de modo algum inconteste, é ainda hoje considerado basicamente sólido por muitos filósofos.

Ver também

1.2 Dedução
1.3 Indução
2.1 Abdução

Leituras

˚David HUME, *Investigação acerca do entendimento humano*, 1748.
W. V. O. QUINE, Dois dogmas do empirismo, in ID., *De um ponto de vista lógico*, 1953.

3.15 A lacuna "é"/ "deve"

As crianças às vezes decidem que roubar brinquedos de seus colegas é mais rápido e fácil que economizar suas mesadas para comprá-los. Quando são orientadas a não o fazer, sua reação às vezes é perguntar: "Por que não?" — "Porque roubar é errado" é uma resposta perfeitamente boa, mas não irá satisfazer as crianças. Antes de recorrer a ameaças de punição, poderíamos ir mais fundo no detalhamento: "Pedrinho não gosta que você tome as coisas dele". Se é possível que isso ainda não satisfaça uma criança de 5 anos, certamente não satisfará um lógico. A asserção "Você não deve roubar os brinquedos de Pedrinho" parece conter algo que está ausente na observação "Pedrinho fica triste se seus brinquedos são roubados". Esta última é um enunciado factual, enquanto a primeira contém uma prescrição moral.

O problema lógico

Se você tivesse de construir um argumento adotando como sua primeira (e única) premissa o enunciado "Pedrinho fica triste se seus brinquedos são roubados", não teria um argumento logicamente válido caso concluísse: "Logo, roubar os brinquedos de Pedrinho é errado". Para tornar o argumento válido, você teria de acrescentar uma segunda premissa; "Roubar brinquedos é errado". Você poderia, por outro lado, acrescentar: "É errado deixar Pedrinho triste", mas ainda assim estaria acrescentando algo que não estava presente em sua primeira premissa — uma prescrição ou um juízo moral. Muitas vezes, considera-se que a necessidade dessa segunda premissa demonstra que não se pode derivar uma sentença de formato *deve* de uma sentença de formato *é*, ou seja, derivar um valor de um mero fato.

A questão metaética

O que foi dito acima é verdadeiro no que diz respeito à simples inferência lógica. Alguns filósofos, no entanto, extraíram a conclusão mais substantiva de que a ética é "autônoma" — ou seja, de que a lacuna "é"/"deve" prova que os fatos morais são fundamentalmente diferentes de qualquer outro tipo de fatos acerca do mundo e, por conseguinte, merecem um tratamento especial. Os filósofos que sustentam que as propriedades morais tais como "bom" e "mau" podem ser entendidas sem referência a estados subjetivos como crenças ou sentimentos são incluídos no chamado realismo moral. O filósofo inglês George Edward Moore (1873-1958) referiu-se àqueles que concebem o "bem" como uma propriedade natural das coisas como "naturalistas" e acusou-os de cometer a "falácia naturalista".

Os "antirrealistas", "céticos morais" ou "subjetivistas", por outro lado, comumente derivam seus argumentos de uma seção do *Tratado da natureza humana* de Hume na qual o autor observa que os moralistas "prosseguem algum tempo na forma ordinária de raciocínio" com respeito a observações concernentes a assuntos humanos, "quando, de repente, fico surpreso ao descobrir que, em lugar das concatenações usuais de proposições é e não é, não encontro nenhuma proposição que não esteja conectada com uma proposição deve ou não deve". Ele prossegue dizendo que "uma vez que este deve ou não deve expressa alguma nova relação ou afirmação, é necessário que se observe e explique; e, ao mesmo tempo, deve-se oferecer uma razão para o que parece inteiramente inconcebível, de que modo esta nova relação pode ser uma dedução a partir de outras que são completamente diferentes dela" (liv. 1, pt. 1, § 1).

Por vezes, considera-se que essa lacuna entre um "deve" e um "é" indica uma distinção fundamental no mundo entre questões de ética e quaisquer outras questões de fato. Alguns podem, por exemplo, usar a distinção para refutar a afirmação de que "bom" e "mau" possam ser reduzidos a aspectos subjetivos de prazer e dor — sendo essas qualidades temas que podem ser tratados por meio de enunciados puramente factuais destituídos de juízos de valor.

De volta à lógica

A noção de que as conclusões que contenham o termo "deve" não podem ser deduzidas a partir de premissas que não o contenham não é em si mesma uma asserção metaética, mas um ponto puramente lógico para o qual as questões éticas não representam um caso especial. O mesmo princípio pode ser aplicado a todos os tipos de conceitos, e não somente aos conceitos éticos. Por exemplo, conclusões que contenham referência a toranjas não podem ser logicamente derivadas de premissas que não se refiram a toranjas, mas isso não significa que exista uma diferença lógica fundamental entre fatos acerca de toranjas e quaisquer outros tipos de fatos. A ética é logicamente autônoma, e esta é a essência da lacuna é/deve, mas partilha esse traço com muitos outros tipos de discurso. As asserções metaéticas possuem fundamentos diferentes.

Ver também

1.4 Validade e solidez
4.16 Conceitos éticos densos e difusos

Leituras

°David HUME, *Tratado da natureza humana*, 1740, liv. 3.
°G. E. MOORE, *Principia Ethica*, 1903.

3.16 A lei leibniziana da identidade

O conceito que estabelece que as coisas são "idênticas" uma à outra no discurso usual é ambíguo. Podemos confrontar duas coisas diferentes que são idênticas em todos os aspectos discerníveis, tais como dois carros de mesmo modelo e cor que acabam de sair da linha de montagem etc. Ou podemos nos deparar com uma coisa que é identificada de duas maneiras, como Vênus e a estrela da manhã, ou Bill Gates e o fundador da Microsoft. Este último tipo de identidade — na qual associamos dois termos distintos com a mesma pessoa ou coisa — é a forma mais estrita de identidade e o objeto da lei de Leibniz. Essa ferramenta filosófica é atribuída ao filósofo alemão Gottfried Wilhelm Leibniz (1646-1716), como ele a formulou pela primeira vez em seu *Discurso da metafísica* (1686).

A lei de Leibniz estabelece, em termos simples, o que tem de ser verdadeiro caso X e Y sejam idênticos neste sentido estrito. Em sua formulação clássica, estabelece que

X é idêntico a Y se e somente se toda propriedade de X é uma propriedade de Y e toda propriedade de Y é uma propriedade de X.

Um princípio similar é conhecido como o *princípio da "identidade dos indiscerníveis"*:

Se X e Y são absolutamente indiscerníveis, então X e Y são idênticos.

Notemos, contudo, que esta segunda formulação define a identidade de acordo com o modo como as coisas são concebidas ou apreendidas pela mente (se a mente não pode discernir uma diferença, então as coisas não são diferentes), enquanto a primeira formulação define a identidade de acordo com propriedades possuídas pelos próprio objeto (se os objetos têm as mesmas propriedades, então são realmente o mesmo objeto). Qual destas formulações é considerada preferível pode depender de diferentes posições metafísicas e epistemológicas.

Em todo caso, para a maioria dos propósitos, os princípios parecem óbvios. Se, por exemplo, descobre-se que o que é verdadeiro acerca do assassino de Mai Loh é também verdadeiro acerca de Sam Smith, então Sam Smith tem de ser o assassino de Mai Loh.

O exemplo da mente e do cérebro

Nem sempre é tão fácil, porém, passar no teste da lei de Leibniz, e também nem sempre está claro o que é preciso para tanto. Isso se tornou mais evidente na filosofia da mente e na afirmação de que os estados mentais são idênticos aos estados cerebrais. Esta questão foi amplamente discutida, pela razão de que os estados cerebrais — sendo estados físicos — têm, por definição, somente propriedades físicas. Os estados mentais, por outro lado, são considerados possuidores de propriedades mentais que simplesmente não podem ser reduzidas a coisas meramente físicas. Por exemplo, não se pode descrever a sensação de dor em termos puramente físicos. Assim sendo, é claro que, de acordo com a lei de Leibniz, os estados mentais não podem ser idênticos aos estados cerebrais, uma vez que os primeiros possuem propriedades que os últimos não possuem. O argumento do filósofo francês René Descartes para uma distinção "real" ou metafísica entre substância pensante (mente) e substância extensa (corpo) apoia-se numa linha de raciocínio similar.

O debate, portanto, prossegue. Poder-se-ia concluir que a relação entre os estados mentais e os estados cerebrais não é de identidade. Poder-se-ia afirmar que, contrariamente às aparências, os estados mentais podem ter e efetivamente têm propriedades mentais. Ou podem-se empreender novos esforços para esclarecer o que a exigência de identidade de todas as propriedades contida na lei de Leibniz realmente implica. Contudo, embora o debate possa ser prorrogado, é certo dizer que ninguém efetivamente discute a veracidade da lei de Leibniz, mas apenas quais são suas implicações.

Espaço e tempo

Outro ponto a ser salientado é que, quando falamos aqui de propriedades, devemos incluir a situação espaciotemporal. Se Joana e Maria são fisicamente idênticas e têm os mesmos pensamentos e sentimentos, mas Joana está em Hong Kong e Maria está em São Paulo, então elas não podem ser idênticas. A posição temporal e espacial de X e Y tem de ser a mesma para que X e Y sejam considerados idênticos.

Problemas de identidade pessoal

A lei de Leibniz pode ser vista em ação em discussões recentes a respeito da identidade pessoal. Muitos filósofos argumentaram que a identidade pessoal é determinada pela continuidade e pela conexidade psicológicas: uma pessoa futura, X, é a mesma pessoa que uma pessoa presente, Y, caso sejam psicologicamente conexas e contínuas uma em relação à outra. Em termos simples, X e Y são "psicologicamente conexos e contínuos" se a pessoa X tem o mesmo tipo de continuidade de memória, intenção e personalidade da pessoa Y que uma pessoa normal tem ao longo do tempo.

Se isso é verdade, então, aparentemente, as pessoas podem sobreviver ao teletransporte — o modo ficcional de transporte no qual meu corpo é destruído mas toda a informação a seu respeito é retida e enviada, digamos, para Marte, onde meu corpo é recriado. Se este processo resulta em que a pessoa em Marte tem o mesmo tipo de relação psicológica comigo que eu tenho com meu eu passado, então os reducionistas psicológicos dizem que esta pessoa sou eu. Em outras palavras, se essa pessoa se recorda do que eu fiz, partilha minhas opiniões, meus planos e minha personalidade, então essa pessoa sou eu.

Os críticos apontam um contraexemplo: e se a máquina apresentar um defeito e criar dois de mim em Marte? Em tal situação, não pode ser que as duas pessoas em Marte sejam eu, como mostra uma aplicação simples da lei de Leibniz. Chamemos a pessoa anterior ao teletransporte de "A", e as duas pessoas em Marte de "X" e "Y". Se A é X e A é também Y, então deve ser verdadeiro que X é Y, porque X e Y teriam de ser idênticos em todos os aspectos a A, o que claramente significa que teriam de ser também idênticos um ao outro. Mas X não pode ser idêntico a Y, pois a lei de Leibniz afirma que se X = Y então X e Y têm de partilhar as mesmas propriedades. É evidente que, se X se cortar, Y não terá qualquer cicatriz, e que onde X estiver Y não poderá estar também. Deste modo, X tem uma propriedade que Y não tem e, por conseguinte, ambos não podem ser idênticos. E, se X e Y não são idênticos um ao outro, não podem ser ambos idênticos a A.

O problema da mudança

A lei de Leibniz também suscita questões heraclitianas. O filósofo pré-socrático grego Heráclito de Éfeso (c. 500 a.C.) sustentava que, devido à mudança contínua, não se pode entrar no mesmo rio duas vezes. Mas se a posição temporal é considerada uma propriedade relevante das coisas, então X, no momento T_1, é discernivelmente diferente de X no momento T_2. Mas se X é discernivelmente diferente nos dois diferentes momentos, então trata-se de duas coisas diferentes — X e, mais tarde, não-X. Disto segue-se que não há identidade pessoal ao longo do tempo. Portanto, a conclusão é que uma pessoa é uma pessoa diferente a cada momento — precisamente como o filósofo David Hume, do século XVIII, havia inferido. O problema, então, é reconciliar a não identidade ao longo do tempo que é aparentemente uma consequência da lei de Leibniz com a aparente identidade no decurso do tempo no que se refere às determinações psicológicas da memória, à intenção, ao senso comum e assim por diante.

Estas aplicações simples da lei de Leibniz não necessariamente destroem a visão de que a identidade pessoal está essencialmente ligada à continuidade psicológica, mas criam problemas que requerem respostas sofisticadas.

Ver também

3.17 A falácia do homem mascarado
4.17 Tipos e casos

Leituras

Gottfried Wilhelm LEIBNIZ, *Discurso da metafísica*, 1686.
Gottfried Wilhelm LEIBNIZ, *Novos ensaios sobre o entendimento humano*, 1704, liv. 2, cap. 27.

3.17 A falácia do homem mascarado

Mohammed, um estudante de filosofia, acaba de assistir a uma aula sobre a lei de Leibniz. Essa lei, como Mohammed a entende, afirma que, se X e Y são idênticos, então o que é verdade a respeito de X é também verdade a respeito de Y.

Essa tarde ele vai a um baile de máscaras. Ele julga que seu amigo Tommy estará lá. Ele vê um homem mascarado e se pergunta se poderia ser Tommy. Aplicando a lei de Leibniz, ele conclui que não pode ser. Por quê? Pelo seguinte raciocínio: "se o homem mascarado é idêntico a Tommy, então o que é verdadeiro a respeito de Tommy tem de ser também verdadeiro a respeito do homem mascarado. Eu *sei* quem é Tommy, mas não sei quem é o homem mascarado. Por conseguinte, não é o caso que o que é verdadeiro a respeito de Tommy é verdadeiro a respeito do homem mascarado. Portanto, eles não podem ser idênticos". Neste ponto, o homem mascarado retira sua máscara e se revela que é de fato Tommy. O que saiu errado?

O erro de Mohammed estava em seu uso de uma versão conveniente mas enganosa da lei de Leibniz: "X e Y são idênticos se aquilo que é verdadeiro a respeito de X é também verdadeiro a respeito de Y". Uma formulação apropriada do princípio, contudo, seria: "X e Y são idênticos se e somente se partilham todas as mesmas propriedades".

Nesta versão do princípio, para cometer o erro, Mohammed tem de aceitar que, se ele sabe quem é Tommy, mas não sabe quem é o homem mascarado, então Tommy tem uma propriedade — *ser conhecido por Mohammed* — que o homem mascarado não tem.

A propriedade de "ser conhecido"

Todavia, o fato de ser conhecido por alguém realmente consiste numa propriedade de uma coisa? Em caso afirmativo, seria uma propriedade muito estranha. Por exemplo, significaria que Monica Lewinsky poderia adquirir uma propriedade sem que tivesse mudado em absolutamente nada, simplesmente em virtude de que alguém viesse a saber quem ela é. O que deve ter sido adquirir tantas propriedades praticamente da noite para o dia?

Uma visão alternativa mais interessante é que o que é conhecido, pensado ou acreditado a respeito de um objeto não constitui uma de suas propriedades. Tommy pode ser o homem mascarado porque aquilo que Mohammed sabe a respeito dele não é efetivamente uma propriedade sua. (Por outro lado, poder-se-ia tentar sustentar a asserção de que "ser conhecido por" é uma propriedade das coisas mostrando que Mohammed cometeu a falácia da equivocação. Ou seja, poder-se-ia tentar mostrar que seu uso da palavra "saber" é semanticamente diferente nas sentenças [1] "eu sei quem é Tommy" e [2] "eu não sei quem é o homem mascarado".)

A falácia do homem mascarado, então, pode parecer uma hábil elucidação da lei de Leibniz, mas é muito mais que isso. Ela também ilustra por que seria errado classificar o que *sabemos, conhecemos, pensamos* ou talvez até *percebemos* de um objeto como uma *propriedade* desse objeto. Isso suscita todo um conjunto de novas questões sobre o que são exatamente as propriedades.

O exemplo de Descartes

Um famoso exemplo da falácia do homem mascarado encontra-se no argumento de Descartes de que a mente e o corpo têm de ser substâncias distintas. Ele chegou a essa conclusão por uma aplicação simples da lei de Leibniz. Consideremos primeiramente as propriedades da matéria: ela é espacial e temporal; tem massa, tamanho e solidez; e é divisível. Agora, consideremos as propriedades da mente. Ela não é espacial. Não se pode tocá-la nem medir seu comprimento. Ela não possui massa nem tamanho. (Como seria absurdo perguntar quanto pesa um pensamento!) Ela não é sólida e não é divisível. Por conseguinte, argumenta Descartes, como a mente e a matéria claramente têm propriedades essencialmente diferentes, não podem ser a mesma coisa. Logo, mente e matéria têm de ser duas substâncias diferentes.

Pode-se discordar deste argumento recorrendo-se à falácia do homem mascarado. A falácia mostra que aquilo que pensamos, acreditamos ou percebemos de algo não necessariamente corresponde àquilo que efetivamente são as propriedades de uma coisa. Certamente, a mente não *parece* (para nós) ter massa, tamanho ou solidez, mas isso significaria necessariamente que ela *de fato* não possui tais propriedades? A mente não poderia ser como o homem mascarado — quando a observamos de certo ponto de vista (como um cérebro) não a reconhecemos pelo que é? A substância física que é nosso cérebro não poderia também ser mente? A crítica de Spinoza a Descartes adota uma linha similar a esta.

O que o dualista precisa mostrar é não apenas que a mente não *parece* ter propriedades físicas nem propriedades mentais da matéria, mas que há uma distinção *real* entre duas substâncias diferentes. O dualista precisa mostrar por que a aparente distinção entre mentes e cérebros não é produto do fato de que percebemos cérebros e mentes de maneiras diferentes — ou de que simplesmente entendemos errado o significado de "mente". Ou, talvez, que o ônus da prova cabe aos contestadores. Talvez seja o crítico quem tenha de mostrar que mente e corpo apenas *parecem* possuir propriedades essencialmente diferentes — que estão "usando máscaras".

Talvez a resposta a estas questões dependa de que adotemos o ponto de vista do observador objetivo, examinando o cérebro, ou o sujeito, pensando e sentindo.

Ver também

3.16 A lei leibniziana da identidade
4.17 Tipos e casos

Leituras

°René DESCARTES, *Meditações*, 1641, Meditação Sexta.
Benedictus SPINOZA, *Principles of Descartes's Philosophy*, 1663.
Gottfried Wilhelm LEIBNIZ, *Discurso da metafísica*, 1686.

3.18 A navalha de Ockham

A tentativa dos pré-socráticos de reduzir os fenômenos diversos do mundo a uma base única ou *archē* mostra que, em certo sentido, o princípio conhecido como a Navalha de Ockham é tão antigo quanto a própria filosofia. Designado pelo nome do monge medieval Guilherme de Ockham (1285-1349), essa regra fundamental do pensamento filosófico determina que as entidades não devem ser multiplicadas sem necessidade. Em outras palavras, as teorias filosóficas e científicas devem postular a existência do mínimo possível de entidades. Há uma formulação mais ampla da Navalha, que enfoca não somente o número de entidades mas a economia global de uma explicação: quando duas teorias concorrentes podem explicar de modo igualmente adequado um dado fenômeno, deve-se dar preferência à mais simples delas. Desse modo, a Navalha de Ockham é também conhecida como o princípio da simplicidade. O próprio Ockham formulou o princípio de várias maneiras, entre elas com a seguinte formulação: "a pluralidade não deve ser assumida sem necessidade".

A Navalha de Ockham teve tantas aplicações na filosofia que com frequência não é mencionada explicitamente. O próprio Ockham a utilizou para prescindir das "ideias na mente do Criador", que alguns filósofos julgavam ser o corolário necessário dos objetos no mundo. Ele argumentou que as entidades correspondentes no mundo poderiam sustentar sua existência perfeitamente bem. Embora muitas vezes considerada uma teoria do "senso comum", o próprio Ockham usou a Navalha para argumentar que não há necessidade de postular a existência do movimento, uma vez que é uma explicação mais simples que as coisas simplesmente reapareçam num lugar diferente. Este argumento dificilmente constitui a melhor propaganda do valor dessa ferramenta.

O princípio relativo ao método

A Navalha de Ockham não é uma afirmação metafísica acerca da simplicidade essencial do universo, mas, antes, uma regra prática ou um método de operação. O fato de que, ocasionalmente, uma explicação mais complexa seja melhor não constitui, portanto, uma objeção à utilidade geral do princípio. No mínimo, é sem dúvida conveniente buscar a explicação mais simples antes de considerar alternativas mais sofisticadas. Por exemplo, onde temos cinco pontos num gráfico que podem ser unidos por uma linha reta, estes pontos poderiam também ser unidos por um número infinito de linhas tortuosas. Contudo, é aceito como um procedimento melhor assumir que os pontos possuem uma relação linear, ao menos até que novos dados introduzam outros pontos que estejam fora dessa linha reta.

O princípio como preceito metafísico

Todavia, alguns filósofos levaram a Navalha mais longe, empregando-a não somente como um procedimento metodológico, mas para justificar conclusões mais concretas sobre a existência ou o papel das entidades. Na filosofia da mente, por exemplo, alguns comportamentalistas argumentam que nossa linguagem e nosso comportamento podem ser explicados sem que se recorra a concepções relativas a estados mentais subjetivos — ou seja, o modo como os pensamentos, as emoções e as sensações são experimentados ou aparecem para aqueles que as têm. Portanto, com a Navalha de Ockham em mãos, eles negam a existência de tais estados subjetivos. Essa explicação é mais simples que as alternativas complicadas que tentam reconciliar as ações físicas e os estados mentais com os estados subjetivos não físicos. Os críticos alegaram que a explicação comportamentalista só é plausível se "simulamos anestesia" — em outras palavras, se fingimos para nós mesmos não ter emoções nem sensações.

Enquanto se possa estar indo longe demais ao afirmar que os estados mentais subjetivos não existem, comportamentalistas mais moderados argumentam que esses estados não desempenham papel algum na explicação de nossas ações. A maneira como as coisas se apresentam para nós e como as sentimos é meramente um produto ou um "epifenômeno" dos processos físicos que nos impelem a agir. Neste caso, a Navalha não é usada para negar a existência de determinadas entidades ou estados, mas para distinguir aqueles que desempenham algum papel nas explicações daqueles que não desempenham. Em outro exemplo desse uso do princípio da Navalha, é comum argumentar que embora a não existência de Deus não possa ser provada, não é necessário levá-lo em consideração ao considerar a maneira como o mundo natural e os seres humanos vieram a ser como são.

Simplicidade x completude

O exemplo do comportamentalismo sugere uma qualificação muito importante. Uma teoria mais simples não seria uma teoria menos completa. Uma explicação completa justificaria todos os fenômenos relevantes. No caso do comportamentalismo, muitos dos fenômenos relevantes, tais como a linguagem e o comportamento humanos, são explicados. Contudo, sua concepção mais simples dos estados mentais não explica o fenômeno da natureza subjetiva de estados mentais tais como a imaginação ou a sensação de dor. Esses estados requerem explicação, mesmo que se considere que não desempenham papel algum no comportamento. A única alternativa é, então, negar a realidade desses fenômenos, e neste caso é necessário demonstrar, antes de qualquer coisa, por que estamos errados ao supor que eles existem.

Está implícita no princípio de Ockham a subcláusula "todas as outras coisas permanecendo iguais". Obviamente, não se deve preferir uma explicação mais simples caso seja menos completa ou esteja menos de acordo com outras teorias aceitas que uma teoria mais complexa. Não se trata de promover a simplicidade meramente em nome da simplicidade.

Ver também

3.5 *Ceteris paribus*
3.10 Teoria do erro
3.26 Adequação empírica

Leituras

Guilherme de OCKHAM, *Summa totius logicae*, 1488.
Guilherme de OCKHAM, *Summulae in libros physicorum*, 1494.

3.19 Paradoxos

As pessoas que sabem pouco a respeito de filosofia mas querem parecer filosóficas gostam muito de paradoxos. Elas são capazes de apontar "paradoxos da condição humana" tais como "você só sabe o que teve quando já não tem mais". Elas podem proferir "paradoxos" vazios que parecem profundos, tais como "o único conhecimento verdadeiro é a ignorância". Às vezes, parece que observar que algo é paradoxal equivale a fazer filosofia.

Os paradoxos são importantes na filosofia ocidental, mas não por expressarem, de algum modo, verdades profundas. "Paradoxo" significa algo muito específico na filosofia, algo que em geral não é uma asserção enigmática nem contraditória.

Primeiro tipo de paradoxo: quando a razão contradiz a experiência

A palavra "paradoxo" provém do grego e pode ser traduzida como "contrário à crença". O primeiro tipo de paradoxo que pretendemos considerar, portanto, origina-se quando, desenvolvendo-se um raciocínio aparentemente perfeito a partir de premissas aparentemente verdadeiras, se chega a uma conclusão que contradiz ou vai de encontro àquilo que outro raciocínio comum ou a experiência nos dizem.

Clássicos desse tipo são os paradoxos desenvolvidos por Zenão de Eleia (c. 470 a.C.) para desenvolver as doutrinas de seu mestre Parmênides (c. 480 a.C.). Consideremos o seguinte paradoxo: imaginemos que Aquiles compete com uma tartaruga e concede a ela uma vantagem na saída. A tartaruga é lenta, mas se move a uma velocidade constante. Ora, na fração de tempo em que Aquiles chega ao ponto do qual a tartaruga partiu, a tartaruga terá se movido e estará em outro ponto (que designaremos por ponto A). Em seguida, na fração de tempo que Aquiles despenderá para chegar ao ponto A, a tartaruga terá se adiantado um pouco mais, e estará no ponto B. E na fração de tempo que Aquiles despenderá para chegar ao ponto B a tartaruga terá se deslocado até o ponto C, e assim por diante. Deste modo, Aquiles, aparentemente, não poderá ultrapassar a tartaruga.

Isto é um paradoxo porque parece não haver nada de errado com nosso raciocínio, mas sabemos que, contrariamente à conclusão, Aquiles teria ultrapassado a tartaruga. Portanto, parece que temos de aceitar que nosso raciocínio está errado (ainda que não saibamos por quê) ou que a ultrapassagem é impossível (ainda que pareça possível). Ambas as opções desafiam a experiência e o raciocínio — temos, por conseguinte, um paradoxo.

Segundo tipo de paradoxo: quando a própria razão conduz a uma contradição

Eis uma afirmação embaraçosa: "Esta sentença é falsa". Neste caso, o paradoxo se origina quando indagamos se esta sentença é verdadeira ou falsa. Se ela é verdadeira, então é falsa. Mas, se é falsa, é verdadeira! (Outro famoso exemplo é o paradoxo do mentiroso que diz: "Tudo o que eu digo é mentira".) Como uma sentença não pode ser ao mesmo tempo verdadeira e falsa, vemo-nos diante de um paradoxo. Aparentemente, não há nada na sentença que sugira que é mal formada; entretanto, aplique alguns raciocínios simples a ela e você terá conclusões estranhas e talvez até contraditórias (é verdadeira se é falsa e é falsa se é verdadeira).

Outro famoso paradoxo deste segundo tipo é conhecido como o Paradoxo de Russell. Ele evidencia um problema conceitual, apontado pela primeira vez por Bertrand Russell, que aparentemente subverte aquilo que é com frequência denominado na teoria dos conjuntos axioma da inclusão. Segundo esse axioma, tudo pertence a algum conjunto (por exemplo, o conjunto de todas as coisas vermelhas); mesmos os conjuntos são elementos de outros conjuntos (por exemplo, o conjunto de todos os conjuntos com mais de três elementos — que, de modo interessante, é também um elemento de si mesmo). O que Russell observou é que parece haver um conjunto especificável cuja categorização é paradoxal: a saber, "o conjunto de todos os conjuntos que não são elementos de si mesmos". Se este conjunto *não* é um elemento de si mesmo, então ele *é* um elemento de si mesmo! Os teóricos ainda estão às voltas com isso.

Terceiro tipo de paradoxo: quando a experiência contradiz a razão

A história da filosofia inclui ainda outro uso do termo paradoxo. Kierkegaard argumentou que as aspirações racionalistas de grande parte da filosofia moderna — especialmente as de Hegel — colidem com a doutrina cristã da encarnação. De acordo com a doutrina cristã, Jesus Cristo era/é simultaneamente o Deus eterno, todo-poderoso e onisciente *e* um homem mortal, finito e limitado. Segundo Kierkegaard, essa ideia é logicamente absurda, autocontraditória e paradoxal. É uma contradição que a razão e a filosofia sistemática não podem apreender. Contudo, essa é, para Kierkegaard, a própria força da doutrina, pois, ao refletir sobre a encarnação, podemos ver não somente o caráter excessivamente limitado da razão e do sistema, mas também o poder da fé. Não se pode, portanto, tornar-se cristão por meio de reflexões racionais; só se pode fazê-lo por meio de um "salto de fé" existencial.

A importância dos paradoxos

Por que os paradoxos são tão interessantes para os filósofos? Usualmente, não se deve ao mero fato de revelarem, acerca da realidade ou da lógica, algo espantoso de que ainda não se tinha conhecimento. Ninguém supõe que as lições contidas nas seções precedentes sobre os paradoxos, por exemplo, são as de que a ultrapassagem é impossível e que as sentenças podem ser verdadeiras e falsas ao mesmo tempo. Em vez disso, o interesse pelos paradoxos deve-se àquilo que revelam sobre a natureza e os limites do raciocínio. Somos forçados a examinar os argumentos e as premissas que geram os paradoxos porque essa é a única maneira de resolvê-los. Dado que tanto as premissas como o raciocínio parecem perfeitos, se tivermos êxito aprenderemos que algo aparentemente óbvio é, com efeito, profundamente desconcertante. Pode ser que uma premissa aparentemente óbvia contenha uma ambiguidade ou uma contradição ocultas. Pode ser que uma parte aparentemente válida de uma dedução possa parecer inválida ou mal formada. Ou pode ser que determinadas formas de argumentos não funcionem com determinados tipos de sentenças. Talvez não possamos, por exemplo, fazer lógica clássica empregando conceitos vagos. Podemos até mesmo constatar a natureza limitada do próprio raciocínio. O poder dos paradoxos, portanto, é o seguinte: eles nos forçam a investigar aquilo que parece tão manifestamente correto — o que já tem, em si, grande valor.

Ver também

1.4 Validade e solidez
1.12 Tautologias, autocontradições e a lei de não contradição
3.27 Argumentos autorrefutadores

Leituras

Nicholas RESCHER, *Paradoxes: Their Roots, Range, and Resolution*, 2001.
Wesley C. SALMON (Ed.), *Zeno's Paradoxes*, 2001 [1970].
R. M. SAINSBURY, *Paradoxes*, 1995 [1988].

3.20 Cúmplices no erro

Kant um dia escreveu que as pessoas devem ser tratadas como fins, e não como meios. Muitas pessoas concordaram com ele. Mais que isso: invocaram esse princípio em argumentos contra seus oponentes. Mas ao fazê-lo expuseram-se à objeção de que são "cúmplices no erro".

Os deontologistas acreditam que as ações são certas ou erradas, a despeito de suas consequências, enquanto os consequencialistas, como o próprio nome já diz, acreditam que as consequências de uma ação determinam se ela é certa ou errada. Com frequência se alega, contra os consequencialistas, que seus princípios permitem malfeitorias inaceitáveis. E se, por exemplo, pudéssemos, por um estranho conjunto de razões, salvar as vidas de dez pessoas inocentes assassinando somente uma pessoa inocente? Uma vez que a consequência desse assassinato é que uma única pessoa morrerá e as consequências de não cometer esse assassinato são que dez pessoas inocentes morrerão, muitos consequencialistas diriam que a ação moralmente correta é assassinar o indivíduo inocente.

Alguns deontologistas objetam que esse assassinato infringe o princípio de Kant: o que estaríamos fazendo seria usar esse indivíduo inocente como um mero meio para um bem maior. Ao assassiná-lo, não estaríamos respeitando sua vida como um fim em si mesmo.

No entanto, o consequencialista pode tentar voltar esta objeção contra o deontologista. Se nos recusarmos a matar essa pessoa inocente, não estaremos então ameaçando a vida das dez pessoas inocentes que morrerão como meios e não como fins? Não estaremos respeitando suas vidas como valiosas em si mesmas, mas ameaçando-as como meros meios para preservar nossa própria integridade moral. Para seguir a injunção de Kant, não deveremos considerar com equidade todas as partes envolvidas e buscar aquilo que beneficia a maioria, considerando todas as vidas envolvidas valiosas em si mesmas?

Qualidades e deficiências da ferramenta

O consequencialista está usando a estratégia dos cúmplices no erro como uma *defesa* contra o ataque. Isso significa esvaziar a objeção apresentada e mostrar que ela pode ser usada também contra aquele que a propõe: "se sua crítica é válida, então *todos nós* estamos incorrendo em malefício". Quando isso funciona, é certamente uma maneira poderosa de neutralizar objeções.

Contudo, a técnica envolve riscos. Ao devolver a crítica ao crítico, poder-se-ia mostrar que a crítica é vazia, pelo fato de que poderia recair sobre qualquer um. Se, de acordo com a crítica, todos estão errados, então não há como estar certo. Porém, isso pode também demonstrar não que você está certo, mas que *ambos* os lados estão equivocados. Se você está tão errado quanto eu, isso não faz que eu esteja certo.

Em nosso exemplo, a estratégia dos cúmplices no erro é eficiente porque faz com que a posição do crítico pareça mais fraca. Em outras palavras, o consequencialista tenta mostrar que, de fato, sua visão parece melhor não somente por seus próprios argumentos, *mas até mesmo conforme os argumentos do crítico* (kantiano). Este não é tanto um caso em que ambos lados são cúmplices no erro quanto o de virar a mesa de modo que o acusador se torne o acusado.

Ver também

1.6 Consistência
3.27 Argumentos autorrefutadores

Leituras

David BRINK, *Moral Reasoning and the Foundation of Ethics*, 1989.
Christine M. KORSGAARD, Skepticism about Practical Reason, in ID., *Creating the Kingdom of Ends*, 1996.

3.21 Princípio de caridade

Imagine que você está viajando por um país estrangeiro e não fala a língua nacional. Está um dia muito quente, e, ao chegar a um rio tranquilo, com árvores que sombreiam suas margens, você decide parar para um mergulho refrescante. Uma habitante local logo se junta a você e parece achar a água tão agradável quanto você. Pode haver outras razões menos óbvias para o seu regozijo do que simplesmente fugir do sol. Talvez o rio seja considerado sagrado em seu país e ela o esteja visitando ao fim de uma longa peregrinação, ou talvez esteja realizando uma espécie de batismo, ou pense que a imersão nas águas do rio resultará numa boa colheita. Nas condições de que tem conhecimento, porém, você provavelmente irá supor que ela tem os mesmos motivos que você.

Ora, se a mulher, em vez disso, tivesse pulado na água fria e saído imediatamente resmungando expressões que você conhecia como algumas das imprecações locais, você não iria supor que a mulher não gosta de se refrescar em dias quentes. Imaginemos que ela explique (ou pareça explicar) que acreditava "S" a respeito da água. De sua posição de ignorância, S poderia não significar nada; mas, como uma pessoa ponderada, você poderia imaginar que ela queria se banhar numa fonte quente, ou que ela havia julgado que o rio era seguro até que avistou um crocodilo a distância. Ao ser tão ponderado, você está obedecendo ao princípio de caridade.

A questão principal

O "princípio de caridade" estabelece que o interpretador deve buscar maximizar a racionalidade dos argumentos e afirmações alheios, interpretando-os da maneira mais razoável possível. Em outras palavras, quando há interpretações diferentes que possam explicar de modo razoável o discurso ou o comportamento de um indivíduo, deve-se escolher (*ceteris paribus*) aquele que os torne mais racionais nas circunstâncias relevantes. Essas circunstâncias poderiam incluir o cenário físico do caso, o conjunto de crenças mais amplo do sujeito ou, na exegese de um texto filosófico, outros escritos do pensador em questão. Acusações de vícios lógicos tais como tendenciosidades, preconceitos e autocontradições patentes devem, se possível, ser evitadas, a menos que as evidências conduzam a isso. Novamente, o princípio de caridade exige que a posição ou o comportamento do outro seja retratado à melhor luz possível.

O uso judicioso do princípio de caridade mantém as coisas simples, mas, em nosso exemplo, pode ser que tenhamos tido mais uma razão para excluir as interpretações mais fantasiosas do comportamento da habitante local. A menos que adotemos uma outra visão bem fundamentada de seu país, seremos cuidadosos ao atribuir ao habitante local crenças que nós mesmos consideraríamos falsas. O ocidental típico não acredita que um agricultor pode fazer suas colheitas crescerem mais rápido banhando-se num determinado rio, não importa quão sagrado ele seja. A agricultora pode, evidentemente, manter essa crença a despeito disso, mas nós faríamos bem em considerar a interpretação no mínimo provisória até que tivéssemos domínio da linguagem da agricultora. Similarmente, excluiremos interpretações segundo as quais consideraríamos suas declarações tendenciosas, preconceituosas, circulares ou sem sentido, ou autocontradições patentes, ainda que possamos posteriormente descobrir que esses vícios efetivamente elucidam seu discurso.

Poder-se-ia dizer que, de acordo com o princípio de caridade, deve-se presumir que os argumentos dos outros são fortes, suas visões são convincentes e seu comportamento sensato, até que se prove o contrário.

O problema do imperialismo interpretativo

Agora, os sentimentos que sustentam o princípio de caridade podem começar a parecer familiares. Há, contudo, muitos povos indígenas que podem considerar "caridade" um nome inadequado. O princípio parece requerer a crença de que todos os seres humanos partilham os mesmos interesses e desejos básicos, e este tem sido o pressuposto de muitas atitudes imperialistas. O que significa interpretar "à melhor luz possível", com efeito, pode variar nas diferentes culturas, e quem irá dizer qual visão deve ter preferência? Por outro lado, pode-se argumentar que a falha dos imperialistas está em não levar o princípio de caridade longe o suficiente, ou em ter uma visão equivocada do que seja "a melhor luz possível".

Há, por exemplo, mais de uma maneira de honrar os mortos. Se chegamos a uma tribo que celebra a morte de um ente querido com músicas e danças alegres, seus integrantes podem estar celebrando a entrada do morto no paraíso, em lugar de estar mostrando como estão contentes em ver-se livres dele. Repudiar o comportamento da tribo como perverso ou repugnante antes de conhecer os fatos certamente revelaria uma grande falta de imaginação e uma atitude pouco generosa.

Evitando o espantalho

Com efeito, renunciar ao princípio de caridade não apenas expõe o sujeito a esses tipos de acusações morais e políticas, mas também o candidata a cometer um erro lógico denominado "a falácia do espantalho", que consiste em criticar uma caricatura grosseira da posição do outro em lugar de criticar a posição como ela é. Ademais, tenha em mente que é em geral uma boa ideia considerar os argumentos de seu oponente na formulação mais forte possível, pois se pudermos derrotar a versão mais forte de seus argumentos, então certamente poderemos refutar versões mais frágeis. Portanto, há não apenas razões morais e políticas, mas também considerações lógicas para se adotar a ferramenta filosófica conhecida como princípio de caridade.

O exemplo de Platão

Devemos aplicar considerações similares ao abordar textos filosóficos. Na *República*, Platão fala de qualidades tais como grande e pequeno, pesado e leve como "contrárias", e afirma que é característico dos objetos que percebemos no mundo comum apresentar aparências contrárias, por vezes simultaneamente. Há, então, um problema pelo fato de que a natureza dos objetos sensíveis é às vezes indeterminada e até aparentemente autocontraditória — sendo uma coisa e, ao mesmo tempo, *não* sendo aquela coisa. Os filósofos modernos estão habituados a objetar que, com efeito, esses termos não são estritamente contrários, mas relacionais. Ou seja, não se trata de que um objeto exiba a propriedade de ser grande e outro objeto tenha a propriedade de ser pequeno, mas de que um objeto é "maior que" o outro, e o outro é "menor que" o primeiro.

Os críticos argumentaram que, se Platão houvesse reconhecido esse fato, teria percebido que não há antagonismo envolvido, pois o fato de que uma coisa seja maior que outra não é contrário a que seja menor que outra. Alguns comentadores decididamente descaridosos, citando evidências adicionais de outro diálogo, o *Fédon*, afirmaram que Platão julgava que um objeto poderia ser essencialmente "igual" sem ser, ao mesmo tempo, igual a nenhum outro objeto.

Se, contudo, pretendêssemos aplicar o princípio de caridade neste caso, então, em lugar de tentar interpretar os argumentos de Platão de modo a torná-los tão implausíveis quanto possível, tentaríamos maximizar sua racionalidade — interpretá-los da maneira que os tornasse mais, e não menos, razoáveis. Abordando-se os argumentos com esta atitude claramente caridosa, poderíamos notar que Platão, em outro ponto de seus escritos, exibe uma familiaridade perfeitamente lúcida com conceitos relacionais tais como "pai", "irmão", "senhor" e "escravo" (por exemplo, no *Banquete* e no *Parmênides*). Platão pode ter se equivocado ao negligenciar o papel das relações em favor de propriedades simples ao tratar da natureza dos objetos no mundo, mas não ignorava essa possibilidade — ainda que nas passagens em questão se possa ter esta impressão (*República* 479a-b e 523e-524a). Em outra passagem da *República* (523e-524a), Platão deixa claro que, quando podemos atribuir aquilo que pode ser chamado de "qualidade relacional" a um objeto, podemos fazê-lo sem conceber tal qualidade como relacional. Quando dizemos, por exemplo, que um travesseiro é macio, não estamos pensando ao mesmo tempo numa placa de mármore que é menos macia que ele. Os críticos de Platão, portanto, podem ser acusados de atacar um espantalho, e não o Platão real.

O princípio de caridade é, desse modo, uma mera regra prática que pode às vezes levar alguém a cometer erros. Porém, está fundado no senso comum, que exige uma certa restrição sobre o tipo de interpretação que podemos nos permitir de início, e nos ajuda a evitar alguns equívocos argumentativos. Como disse Quine, "a obtusidade do interlocutor, além de certo ponto, é menos provável que a má interpretação".

Ver também

3.18 A navalha de Ockham
3.5 *Ceteris paribus*

Leitura

Donald DAVIDSON, *Inquiries into Truth and Interpretation*, 1984.

3.22 Petição de princípio

Talvez a mais famosa citação na filosofia seja a frase de Descartes "Penso, logo existo". À primeira vista, parece tratar-se de um trecho de raciocínio tão incontestável quanto se pode imaginar. Todavia, alguns argumentaram que o argumento de Descartes é falho porque assume como ponto pacífico algo que necessita ser demonstrado. Como pode ser isso?

Argumentar por petição de princípio é, de alguma maneira, assumir em seu argumento precisamente aquilo que você está tentando provar por meio dele. Um exemplo flagrante seria o de alguém que pretendesse mostrar que bater numa criança é errado porque a violência contra crianças é errada:

1. A violência contra crianças é errada.
2. Bater é violência contra crianças. [suposição]
3. Logo, bater é errado.

Este argumento evita a questão, porque assume como certo algo crucial que é tema de controvérsia. Alguém que pensa que bater é às vezes permissível provavelmente não verá isso como uma forma de violência, ao menos não em todos os casos. Simplesmente assumir que bater é uma forma de violência, então, dificilmente produzirá um argumento convincente. É o tipo de argumento que só convence aqueles que já estavam convencidos.

O exemplo de Descartes

De que modo o argumento de Descartes (ao menos como é usualmente apresentado) foge ao que tem de provar? Talvez possamos ver isso dividindo o argumento em duas linhas:

Eu penso
Logo, eu existo

O que você deve notar aqui é que na primeira linha Descartes diz "Eu penso". (Ele poderia ter dito, por exemplo: "O pensamento existe".) Ora, ao usar "eu", ele presumivelmente já está assumindo a própria existência. Por conseguinte, o que ele deduz em seguida — "eu existo" — já havia sido assumido na premissa. Portanto, o argumento assume o que pretende provar.

É interessante notar que Descartes podia estar ciente disso. Em suas *Meditações*, ele não diz "Penso, logo existo", mas sim "Eu existo; eu penso". Isto não é apresentado na forma de um argumento. Trata-se, antes, de uma intuição incontroversa. Não se trata de que alguém possa deduzir que existe pelo fato de que pensa, mas, antes, de que é impossível pensar sem se estar ciente de que se existe.

Se um argumento incorre em petição de princípio, ele é totalmente falho. De modo geral, o propósito de um argumento é oferecer razões para que se aceite sua conclusão. Contudo, se essa conclusão é assumida já na razão oferecida, essas razões *não fornecem sustentação independente* para a conclusão. O argumento só irá persuadir aqueles que já partilham aquelas suposições — em outras palavras, aqueles que já concordam com ela!

Ver também

1.1 Argumentos, premissas e conclusões
1.2 Dedução
3.6 Circularidade
4.7 Implicação/implicação estrita

Leituras

°René Descartes, *Discurso do método*, 1637.
°Patrick J. Hurley, *A Concise Introduction to Logic*, ⁷2000.

3.23 Reduções

As comédias do cinema partilham algo em comum com uma forma de argumento filosófico conhecido como *reductio ad absurdum*. As comédias partem de premissas possíveis ou plausíveis; o filósofo parte de premissas defendidas por aqueles cuja posição pretende refutar. A comédia segue então as consequências lógicas daquela premissa chegando às suas conclusões (espera-se) hilárias; o filósofo segue a lógica das premissas chegando à sua conclusão absurda. A comédia visa entreter; o filósofo pretende mostrar que, se aquelas premissas conduzem a consequências absurdas, devem estar erradas.

Uma ferramenta poderosa

Platão era um mestre da *reductio ad absurdum*. No livro 1 de sua *República*, por exemplo, o protagonista, Sócrates, emprega a técnica da redução ao absurdo em sua discussão sobre a justiça. Em certo ponto, ele considera a visão de que a justiça equivale ao ressarcimento do que se deve. Ele mostra muito facilmente que a consequência lógica dessa visão é que é justo devolver armas a um louco, ainda que saibamos que ele as usou para matar pessoas. Isso não pode ser justiça, argumenta Platão. Portanto, a premissa original que levou à conclusão — de que a justiça consiste em ressarcir o que é devido — tem de ser falsa (*República*, 331e-332a).

Esta técnica é particularmente poderosa porque nos permite, pelo propósito do argumento, admitir temporariamente as crenças de nosso oponente. Nós dizemos: "Suponhamos que você esteja certo. Quais seriam as consequências?" Então, se pudermos mostrar que as consequências são absurdas, poderemos forçar o oponente a admitir que algo está errado em sua posição: "Se você acredita em X, você tem de acreditar em Y. Contudo, Y é absurdo. Neste caso, você realmente acredita em X?"

Em nosso exemplo, Sócrates tem o cuidado de não atribuir uma importância exagerada a essa sua primeira investida. Ele emprega o princípio de caridade e supõe que, ao afirmar que a justiça consiste em ressarcir o que é devido, seu oponente não poderia estar querendo dizer que devemos devolver armas a um louco. Desse modo, ele prossegue, e procura interpretar o princípio de uma maneira que não conduza a essa conclusão absurda. Este é um bom exemplo de como uma redução ao absurdo pode nos encorajar não a abandonar uma posição, mas a refiná-la.

Complexidades

As reduções são usadas com muita frequência, mas nem por isso deixam de ser problemáticas. O problema central é o seguinte: como podemos decidir quando devemos aceitar a consequência "absurda" de nossa posição e quando devemos abandonar ou modificar essa posição? Por exemplo, o argumento de Sócrates realmente mostra que a justiça não consiste em ressarcir o que se deve ou mostra que, contrariamente a nossas intuições iniciais, é justo devolver armas a inimigos e loucos? O problema aqui é que, ao que parece, temos de nos apoiar em nossas intuições para decidir se a consequência é absurda ou apenas surpreendente.

O problema é menos grave se a consequência é uma contradição lógica — esta subespécie de redução é chamada *prova por contradição* (ou *reductio ad impossibile*). Se um conjunto de premissas tem a consequência lógica de que os objetos esféricos são quadrados, isto demonstra decisivamente que as premissas são viciosas. Mas as reduções usualmente não funcionam dessa maneira; não é uma contradição dizer que é justo devolver armas a um louco — é meramente contraintuitivo.

As reduções, em geral, não são conclusivas, a não ser no caso da prova por contradição. Elas oferecem, mais propriamente, uma *escolha*: aceite a consequência, não importando o quão absurda ela pareça, ou rejeite as premissas. Esta é uma escolha difícil, mas não é, estritamente falando, uma refutação.

Ver também

1.8 Refutações

3.21 Princípio de caridade
6.6 Verdades autoevidentes

Leitura

˚Benson MATES, *Lógica elementar*, 1972.

3.24 Redundância

O grande matemático e astrônomo francês Laplace (1749-1827) provocou certo abalo com sua obra a respeito do movimento dos corpos celestes, empregando a mecânica newtoniana. Há uma historieta, possivelmente apócrifa, segundo a qual Laplace apresentou sua obra a Napoleão, que lhe perguntou qual o lugar de Deus em seu sistema. A resposta de Laplace foi: "Eu não preciso desta hipótese".

A observação de Laplace é um exemplo claro de redundância. Deus não tinha lugar em sua concepção do movimento dos planetas; não porque ele houvesse provado que Deus não existe, nem que Deus não possui certos poderes, mas simplesmente porque não havia lugar para Deus naquele sistema — Deus era redundante porque a explicação já era completa sem ele.

Redundância x refutação

Quando queremos argumentar contra algo, com frequência procuramos refutações. Queremos argumentos conclusivos que demonstrem que a posição à qual nos opomos é falsa, ou que a entidade cuja existência estamos negando não existe. Muitas vezes, porém, tornar um conceito ou uma entidade redundante constitui um método tão eficiente quanto o de removê-los do discurso. Se pudermos mostrar que não há razão para postular a existência de algo e que nossas explicações são completas sem este algo, eliminaremos os motivos para acreditar em sua existência.

Um exemplo clássico de uma tentativa de usar a redundância dessa forma encontra-se na resposta do bispo George Berkeley (1685-1753) a John Locke. Locke argumentara que os objetos possuem qualidades primárias e secundárias. Essencialmente, as qualidades secundárias são aspectos sensíveis como cor e cheiro. Um objeto só possui essas propriedades porque aqueles que o percebem têm uma maneira particular de fazê-lo. As qualidades primárias, por outro lado, são as propriedades que os objetos possuem independentemente do modo como são percebidos. Essas qualidades — tais como massa, dimensão e forma — não se alteram de acordo com os diferentes sentidos dos seres que as percebem.

O argumento de Berkeley contra Locke não demonstra diretamente que os objetos não possuem qualidades primárias, mas que elas são, em última análise, redundantes. Berkeley argumentou que aquilo que Locke denominava qualidades primárias era tão dependente dos sentidos quanto as qualidades secundárias. Não precisamos nos preocupar aqui com o modo como ele fez isso, ou se foi bem-sucedido. Para entender sua estratégia, é preciso apenas que vejamos como fica a situação das qualidades primárias caso o argumento de Berkeley tenha tido êxito. Observe-se que Berkeley não demonstrou que não há qualidades primárias; tudo o que ele demonstrou é que todas as qualidades primárias que Locke identifica são, efetivamente, qualidades secundárias. Isso, então, torna redundante a ideia de qualidades primárias. Pelo que sabemos, pode ser que haja qualidades primárias, mas, se todas as propriedades conhecidas dos objetos são qualidades secundárias, a noção de qualidades primárias simplesmente deixa de ter função.

Isso seria suficiente para atirar toda a ideia de qualidades primárias na lata de lixo. Se não há mais um papel a ser desempenhado pelas qualidades primárias e se a explicação das propriedades dos objetos é completa sem elas, por que continuar a sustentar que elas existem? Toda a sua razão de ser foi eliminada, e, por conseguinte, elas também devem ser eliminadas.

Evidentemente, é altamente discutível se Berkeley teve êxito em seu argumento. Embora ele tenha tentado mostrar que as qualidades primárias são redundantes, não devemos assumir que ele efetivamente o fez. Todavia, sua estratégia é instrutiva mesmo que tenha falhado, pois mostra que, demonstrando-se a redundância, se pode conseguir os mesmos efeitos obtidos com a refutação.

Ver também

1.8 Refutação

Leitura

°George BERKELEY, *Tratado sobre os princípios do conhecimento humano*, 1710.

3.25 Regressos

Ocasionalmente os filósofos ficaram conhecidos por começarem a se comportar como crianças quando os argumentos começavam a lhes escapar, mas não é isso o que geralmente se quer dizer quando se afirma que um argumento leva a um *regresso*. Um regresso é um defeito muito mais sério, embora muito menos divertido.

A ideia de um regresso, e a razão pela qual ele é problemático, pode ser representada pela antiga ideia de que o mundo está nas costas de um elefante. A questão que surge é: em que está apoiado o elefante? Se for em outro elefante, em que estará apoiado este segundo? Em outro mundo? Mas então em que se apoia esse mundo? Em outro elefante? — e assim por diante. A explicação requer sempre a postulação de alguma outra entidade, e esse processo não tem fim. Portanto, a explicação fracassa.

O exemplo de Fodor

O filósofo da linguagem Jerry Fodor (1935-) sofreu uma acusação de regresso dirigida a sua hipótese referente à linguagem do pensamento. Em linhas gerais, Fodor argumenta que não se pode aprender uma linguagem a menos que já se conheça uma linguagem que seja capaz de expressar tudo na linguagem que estamos aprendendo. Dizendo isto de um modo um pouco diferente, Fodor afirma que é preciso que possuamos uma linguagem interna — uma linguagem do pensamento — "tão poderosa quanto qualquer linguagem que possamos aprender".

Alguns suspeitaram de um regresso neste raciocínio. Fodor afirma que precisamos ter já de antemão uma linguagem do pensamento para que possamos adquirir outra linguagem, como o inglês, por exemplo. Contudo, como adquirimos a linguagem do pensamento? Segundo Fodor, para aprender qualquer linguagem, é preciso que já tenhamos uma linguagem no mínimo tão poderosa quanto ela. Isso significa que, certamente, só podemos aprender a linguagem do pensamento se já conhecemos outra linguagem (chamemo-la de pré-linguagem do pensamento). Mas como aprendemos essa linguagem? Certamente, já teríamos de conhecer previamente uma outra linguagem...

Este é um exemplo de *regresso infinito*. Tal regresso ocorre quando a lógica de uma posição ou de um argumento requer que se postule uma entidade ou um processo anterior àquele que se está tentando explicar; mas, então, esta mesma entidade ou processo, pela mesma lógica, requer a postulação de outra entidade ou processo anterior, e assim por diante, *ad infinitum*. Tal regresso gera grande comprometimento, por duas razões.

Em primeiro lugar, como multiplica as entidades ou os processos infinitamente, produz teorias altamente implausíveis. Podemos admitir a existência de uma linguagem do pensamento, mas a ideia de que é preciso um número infinito de linguagens do pensamento no interior da mente é demasiado disparatada.

Em segundo lugar, quando há um regresso a pretensa explicação é *protelada*. A hipótese da linguagem do pensamento, por exemplo, deve supostamente explicar como adquirimos a linguagem. Porém, se a hipótese conduz a um regresso, jamais explicamos de fato como adquirimos nossa primeira linguagem. Simplesmente nos é dito que, para adquirir qualquer linguagem particular, temos de ter aprendido previamente outra linguagem. Isso não explica de modo algum como adquirimos a primeira linguagem.

Evitar a "ladeira escorregadia"

Um regresso não é necessariamente infinito. Ele pode apenas antepor à explicação final uma, duas ou qualquer número *finito* de etapas. Com efeito, Fodor argumentaria que seu regresso não é infinito. Certamente, a tese de que para aprender uma linguagem é preciso ter uma linguagem prévia do pensamento significa que a explicação do modo como adquirimos a linguagem retrocede à questão de como adquirimos nosso idioma nativo para modo como adquirimos a linguagem do pensamento. Mas Fodor argumentaria que isso não nos obriga a um regresso infinito. Como a linguagem do pensamento não é aprendida, mas cunhada em nossos cérebros desde o nascimento (é "inata"), não cabe formular a questão de como aprendemos a linguagem do pensamento. Não precisamos aprendê-la: nascemos com ela; portanto, o regresso termina aí. A questão, no que se refere à teoria de Fodor, é se isso efetivamente interrompe o regresso ou se ele apenas introduziu estrategicamente um outro elefante filosófico.

Ver também

3.18 A navalha de Ockham
6.1 Crenças básicas

Leituras

Jerry FODOR, *The Language of Thought*, 1975.
SEXTO EMPÍRICO, *Esboços pirrônicos*, c. 200 d.C.

3.26 Adequação empírica

Quando Daniel Dennett escreveu sua obra com o ambicioso título *A consciência explicada*, seus críticos alegaram que ele não mencionava a consciência como com frequência a entendemos e que, como resultado, ele havia simplesmente "excluído" a consciência.

Dennett estava sendo acusado de violar uma regra capital na filosofia: que os fenômenos sempre devem ser mantidos. O que quer que uma explicação filosófica faça, ela sempre tem de justificar a maneira como as coisas "aparentam ser" para nós. Este princípio nos oferece uma poderosa ferramenta de crítica.

A questão crucial

Uma teoria da ética, por exemplo, é inadequada caso não explique nossa experiência concernente ao comportamento e ao julgamento morais. Uma teoria da percepção é inadequada caso não explique nossa experiência ordinária da visão e dos sons. Toda doutrina filosófica que pretender negar esses fenômenos estará travando uma batalha perdida.

As conclusões que extraímos de nossa experiência podem ser discutidas, mas o próprio fato dessa experiência não pode ser sacrificado ou ignorado em nome do interesse teórico. Parafraseando o físico Richard Feynman: se suas conclusões contradizem o senso comum, tanto pior para o senso comum; se elas entram em conflito com a opinião filosófica recebida, pior para a opinião recebida; mas, se elas negam os próprios fatos de nossa experiência, então você deve atirar ao fogo suas conclusões.

Os requisitos da explicação

A necessidade de manter os fenômenos torna-se óbvia por outra razão, se consideramos a relação de uma explicação com aquilo que ela explica — que os filósofos denominam, tecnicamente, *explanandum*. Para que haja um *explanandum* é preciso, antes de tudo, que exista algum fenômeno que possa ser "distinguido" ou "individualizado" em nossa experiência e, então, explicado. Contudo, se uma explicação não dá conta da existência do *explanandum*, ou da possibilidade de selecioná-lo, então não é possível que o tenha explicado.

No caso da ética, pode-se começar com dores de consciência, sentimentos de compaixão e laços de compromissos, passando-se em seguida à formulação de uma teoria moral. Entretanto, se essa teoria, em sua forma final, não tiver um lugar para essas experiências em nome das quais foi inicialmente produzida, então poder-se-á questionar em que sentido ela pode ser considerada uma teoria moral.

Limitações da questão crucial

Às vezes, porém, a acusação de que os fenômenos não foram mantidos tem pouca repercussão. Podemos ver, no caso de Dennett, que o fato de não mencionar os fenômenos não é o mesmo que deixar de mantê-los (ainda que a questão de se ele deixa de manter os fenômenos por outras razões constitua um outro problema). Dennett respondeu as críticas argumentando que, se uma explicação faz jus a este nome, o fenômeno que ela explica não pode aparecer em toda a sua glória no esquema dessa explicação. Seu argumento é forte. É como se alguém se dedicasse a resolver uma equação para desvendar o valor de x e depois afirmasse ter tido êxito, embora a variável x permanecesse em ambos os lados da equação.

Outra ilustração usada pelo autor é imaginar uma tabela que explique a consciência. Se a explicação ali contida for completa, certamente não se esperará encontrar incluído nela um quadro com o rótulo "consciência". Se existisse tal quadro, então todos os demais quadros no diagrama seriam supérfluos. É desnecessário dizer que, se o quadro restante não contivesse nada senão o fenômeno da consciência, então o diagrama não ofereceria explicação alguma.

Níveis de explicação

Julguem-se ou não os argumentos de Dennett convincentes, pode-se admitir que há diferentes níveis de explicação. Um aspecto de um fenômeno que seja aparente em certo nível pode não ser aparente em outro. O caráter líquido da água não é aparente em sua microestrutura, mas isso não significa que a descrição da água como H_2O seja inadequada ou errônea, ou que os químicos tenham negligenciado os fenômenos e a adequação empírica. Não há, em tal caso, negação dos fenômenos, pois atribuir uma estrutura química à água não implica negar sua liquidez — dado que a liquidez não é uma propriedade dos átomos individualmente. Uma vez que tenhamos descrito essa estrutura química, podemos prosseguir e mostrar como uma grande massa de tais átomos torna-se um líquido em determinadas temperaturas. Desde que a teoria possa explicar a passagem da microestrutura para a macroestrutura, ou da explicação para o *explanandum*, os fenômenos são mantidos e a explicação está indo bem.

Similarmente, mesmo a afirmação dos filósofos antigos Parmênides e Platão de que o mundo sensível é, em certo sentido, ilusório não consiste em deixar de manter os fenômenos. Explicar que os fenômenos são ilusórios já é em si uma explicação de tais fenômenos.

Ver também

2.8 Redução
3.10 Teoria do erro

Leituras

˚Daniel C. DENNETT, *Consciousness Explained*, 1993.
Bas VAN FRASSEN, *The Scientific Image*, 1980.
Maurice MERLEAU-PONTY, *Fenomenologia da percepção*, 1962.

3.27 Argumentos autorrefutadores

Deu um tiro no próprio pé. O tiro saiu pela culatra. O feitiço virou contra o feiticeiro. Há muitas maneiras expressivas de descrever atos de autodestruição acidental. Na filosofia, infelizmente, estamos presos à expressão "argumentos autorrefutadores".

Um argumento autorrefutador é um argumento que, se considerado válido, demonstra que é inválido. Essa denominação é frequentemente usada para posições, teses ou argumentos que, se o princípio proposto é aceito como verdadeiro, se autodestroem por sua própria lógica. Tais casos são mais propriamente descritos como posições autorrefutadoras.

Exemplos

Um famoso exemplo de posição autorrefutadora é o relativismo extremo. Tal relativismo sustenta que nenhum enunciado é universalmente verdadeiro para todos em todas as épocas e todos os lugares. Mas se isso fosse verdade, então o próprio princípio não seria verdadeiro em todas as épocas e todos os lugares. Contudo, o relativismo afirma esse princípio para todos em todas as épocas e todos os lugares. Por conseguinte, afirmar o princípio é, simultaneamente, negá-lo. A posição é, portanto, autorrefutadora.

Outro exemplo famoso de uma versão simples do verificacionismo estabelece que somente enunciados verificáveis pela experiência sensível são significativos, sendo todos os outros desprovidos de significação. No entanto, se aplicarmos o princípio a ele mesmo, veremos que não é verificável pela experiência. Logo, o princípio tem de estar incluído entre os desprovidos de significação. Desse modo, se tomarmos o princípio como verdadeiro, descobriremos que é contestado por ele mesmo.

Alvin Plantinga (1932-) criticou recentemente a teoria evolucionista puramente naturalista (que vê o processo evolutivo como puramente natural e destituído de propósito ou orientação inteligente) como autorrefutadora. Em linhas gerais, Plantinga sustenta que a teoria evolucionista naturalista defende que as crenças só se desenvolvem nos seres humanos devido ao fato de ajudarem os seres humanos individuais a se adaptar a seus ambientes e propagar seu material genético. Porém, se há apenas uma crença verdadeira acerca de qualquer tópico, há muitas crenças falsas (digamos, 99) que também cumprem os propósitos de adaptação e sobrevivência. Portanto, se nossas crenças são o resultado de processos evolutivos puramente naturalistas, nos deparamos com uma maior probabilidade de que as crenças sejam falsas (aqui, 99 por cento) do que de que sejam verdadeiras (1 por cento). Desse modo, com base nas premissas da teoria evolucionista, todas as nossas crenças são provavelmente falsas. Mas a teoria evolucionista é, ela própria, uma crença humana. Logo, segundo seus próprios termos, a teoria evolucionista naturalista é provavelmente falsa e autorrefutadora. (Se você não gostou da conclusão do argumento de Plantinga, sugerimos que examine os pressupostos acerca da verdade que o embasam.)

Identificar um argumento autorrefutador é um pouco como testemunhar uma combustão espontânea. É tão devastador porque há pouco espaço para discordar de uma crítica quando esta se baseia precisamente nas premissas centrais do argumento que ataca. Isso pode ser surpreendente, mas os argumentos autorrefutadores são muito comuns.

Lugar-comum na filosofia

Uma analogia pode nos ajudar a entender por que a filosofia é tão vulnerável a isso. Imagine que você é gerente de um clube e precisa estabelecer regras para definir quem terá permissão de tornar-se um membro. Em alguns clubes, essas regras serão muito claras, já que a permissão para a afiliação dependerá de algo preciso, como o fato de ser aluno de uma determinada universidade ou de residir em determinada área. Outros clubes, porém, têm regras mais difíceis de definir. Pensemos num clube de escritores, por exemplo. Se você excluir escritores que não têm obras publicadas, poderá estar excluindo escritores talentosos e dedicados. Mas se permitir a afiliação de pessoas em tal condição, talvez haja um excesso de pessoas pretendendo se afiliar. Ao tentar criar regras sutis e cuidadosamente elaboradas para contornar essas dificuldades, poderá constatar que, inadvertidamente, está diante de uma regra que, tecnicamente falando, torna você mesmo inelegível para a afiliação.

Os filósofos não definem regras para afiliação, mas tentam formular regras que determinem as coisas que incidem no âmbito de um dado conceito. Em nossos exemplos acima, trata-se de regras que determinam o que deve ser considerado significativo ou verdadeiro. É tarefa da filosofia manejar conceitos difíceis, e, portanto, como o clube que tem critérios imprecisos para a afiliação, há um risco inerente de se deparar com regras que podem se voltar contra si mesmas. O fato de que os argumentos autorrefutadores continuam a aparecer na filosofia não é um sinal da estupidez dos filósofos, mas da tarefa intrinsecamente difícil que tentam empreender.

Ver também

3.19 Paradoxos
3.20 Cúmplices no erro
4.2 Absoluto/relativo

Leituras

Alvin PLANTINGA, *Warrant*, 1992.
°A. J. AYER (1910-1989), *Linguagem, verdade e lógica*, 1936.
Theodore SCHICK, JR., Lewis VAUGHN, *How to Think about Weird Things*: Critical Thinking for a New Age, ³2002.

3.28 Razão suficiente

Qualquer um que se dedicar à filosofia por certo período de tempo encontrará ao menos uma pessoa que considere toda a ideia de filosofia desnorteante. Com muita frequência, esse embaraço se deve ao impulso da filosofia de explicar tudo. Às vezes, os filósofos parecem crianças que não param de perguntar: "Por quê? Por quê? Por quê?" Não filósofos exasperados provavelmente dirão algo como: "Nem tudo pode ser explicado", surpresos com o fato de que você não tenha conhecimento dessa verdade básica a respeito do universo.

É importante enxergar a verdade contida neste ponto de vista, mas é também importante entender o modo como uma concepção apropriada da busca filosófica de explicações acomoda essa verdade. Pode-se fazer isso considerando um princípio muito simples apresentado por Leibniz — o *princípio de razão suficiente*: "não há nenhum fato verdadeiro ou existente, e nenhuma proposição verdadeira, sem que haja uma razão suficiente para a sua existência tal como é, embora possamos não conhecer essas razões na maior parte dos casos" (*Monadologia*, 32). Ou, numa formulação um pouco mais pretensiosa, segundo Schopenhauer: *"Nihil est sine ratione cur potius sit quam non sit"* (Nada existe sem uma razão que explique por que existe em vez de não existir).

Este princípio apreende sucintamente a atitude filosófica no que concerne à explicação. Alude também a uma questão básica, capaz de nos surpreender de tempos em tempos, que motivou grande parte da filosofia. Por que, afinal, há algo além do nada?

Às vezes, o próprio fato de que qualquer coisa exista parece espantoso, e parece ser preciso que haja uma razão para isso. Ademais, o princípio, propriamente entendido, contém também a resposta ao crítico que pensa que os filósofos tentam explicar coisas demais.

Vale enfocar a última cláusula da formulação de Lebniz: "embora possamos não conhecer essas razões na maior parte dos casos". Leibniz admite que muitas vezes não sabemos quais são essas razões, mas isso não significa dizer que não há razões. Por exemplo, no milênio anterior à teoria geral da relatividade de Albert Einstein, as pessoas não tinham ideia — ou tinham ideias errôneas — de por que a gravidade atraía os objetos para a Terra. Contudo, os cientistas e filósofos pré-einsteinianos acreditavam, acertadamente, que havia alguma razão pela qual a gravidade atuava. Desse modo, pode-se admitir que há razões para que o mundo seja como é, admitindo-se ao mesmo tempo que não se possuem indícios de quais sejam essas razões.

A raiz quádrupla do princípio de razão suficiente de Schopenhauer

O filósofo alemão Arthur Schopenhauer (1788-1860) delineou quatro categorias de razão suficiente no mundo. Note-se que é possível que tenhamos pleno conhecimento das razões suficientes de uma categoria mas não o tenhamos de outra.

1. Razão suficiente para tornar-se
2. Razão suficiente para conhecer
3. Razão suficiente para ser
4. Razão suficiente para agir

Razões e causas

Seja a lista de Schopenhauer completa ou não, o princípio geral estabelece, em resumo, que tudo sempre tem de ter uma razão. Isso não é forçosamente o mesmo que dizer que sempre há de haver uma causa (equívoco que Schopenhauer acusa Spinoza de ter cometido). Há um extenso debate sobre quais tipos de razões não são, em última análise, explicáveis em termos de causas. Para nossos propósitos aqui, todavia, devemos apenas observar que o princípio de razão suficiente não pressupõe, em absoluto, que todas as explicações serão explicações causais. Isso torna o princípio mais forte, uma vez que deixa em aberto o tipo de explicação que poderia contar como razão suficiente e, por conseguinte, não se compromete com nenhuma visão particular de como deveriam ser as explicações últimas.

As dúvidas de Hume

Vale destacar que nem todos os filósofos concordam com o princípio de razão suficiente. O princípio é com frequência considerado uma característica central do racionalismo, mas, quando você pensa sobre ele, a própria ideia parece um pressuposto extraordinário. Como seria possível provar que é ou não é verdadeiro? Tratar-se-ia meramente de um artigo de fé ou de uma especulação metafísica? Atacando a doutrina da causação desenvolvida por racionalistas como Samuel Clarke (1675-1729) e Descartes (que sustentava que as causas são razões), Hume passou a ver o princípio como desprovido de base racional. Em seu famoso *Tratado*, Hume escreve: "A separação [...] da ideia de uma causa da ideia de um início da existência é perfeitamente possível [...] e, consequentemente, a separação efetiva desses objetos é também possível, de modo que não implica contradição nem absurdo; e, portanto, não é passível de ser refutada por nenhum raciocínio que parta de meras ideias; logo, é impossível demonstrar a necessidade de uma causa" (*Tratado da natureza humana*, liv. 1, pt. 3, § 3). Em outras palavras, não se pode provar que há uma razão para o modo como as causas se vinculam aos efeitos. O argumento de Hume modificou radicalmente a maneira como pensamos sobre a ciência, questionando em que medida podemos oferecer razões para o modo como a natureza opera. Muitos filósofos posteriores concordaram com ele.

Em todo caso, entender o princípio de razão suficiente da forma apropriada ajudará a dissipar a ilusão de que os filósofos não aceitam a incerteza ou de que são dogmáticos sobre que tipos de explicações são necessárias. Os filósofos têm consciência das dificuldades do princípio. Se ele tem algum valor, contudo, é como um profícuo estímulo à investigação. Onde quer que as pessoas tenham procurado razões e as tenham encontrado, ali compreenderam melhor o seu mundo e conquistaram uma posição mais favorável para manipulá-lo. Ninguém jamais compreendeu melhor uma coisa assumindo que não havia razão para que fosse da maneira como era. Mesmo os filósofos céticos enfatizam a importância de permanecer abertos e em constante busca. Talvez essa resposta, frágil em alguns aspectos, também seja capaz de corrigir um pouco o mito de que as razões citadas por um filósofo têm de ser sempre conclusivas.

Ver também

1.3 Indução
1.4 Validade e solidez
2.2 Método hipotético-dedutivo
4.1 *A priori/a posteriori*
4.7 Implicação/implicação estrita

Leituras

*David Hume, *Tratado da natureza humana*, 1739-40, liv. 1, pt. 3, § 3.
Gottfried Wilhelm Leibniz, *Monadologia*, 1714.
Arthur Schopenhauer, *Sobre a raiz quádrupla do princípio da razão suficiente*, 1847 [1813].

3.29 Testabilidade

Um indicador comum daquilo que alguém mais teme é aquilo a que uma pessoa afirma ser mais ferrenhamente contrária. Se isso é verdade também na filosofia, então, na era moderna, é provável que a filosofia tenha tido mais temor dos sofismas: o contrassenso disfarçado de pensamento sofisticado. Desde que Berkeley argumentou que deveríamos abandonar as concepções filosóficas acerca da substância material não por serem falsas, mas, literalmente, por serem *destituídas de significação*, os filósofos empenharam-se em purificar sua disciplina de todo contrassenso — ou daquilo a que Wittgenstein referiu-se como *unsinnig*.

Esse receio de que a filosofia seja contaminada pelo contrassenso que serve de obstáculo à reflexão frutuosa teve seu ápice no início do século XX. Os positivistas lógicos e seus sucessores no movimento que ficou conhecido como filosofia analítica buscaram purificar a filosofia do contrassenso por meio de um cotejo com regras simples que nos capacitariam a separar o joio vazio do trigo válido.

Uma dessas regras era o princípio de verificabilidade do significado, um princípio desenvolvido com particular detalhamento por Alfred Jules Ayer (1910-1989). O princípio de verificabilidade apareceu sob formas diversas. Pode ser formulado, sucintamente, do seguinte modo: *somente proposições que possam ser verificadas por referência à sensação são significativas*.

Todas as outras não são meramente falsas, mas literalmente desprovidas de significação. Desse modo, por exemplo, a ideia de que existe neste recinto um elefante cor-de-rosa invisível e intangível é desprovida de significação, dado que, por princípio, este enunciado não pode ser verificado pela experiência sensível, já que algo intangível é, por definição, algo que não pode ser experienciado. Deste ponto de vista, grande parte da metafísica, da teologia e da ética é desprovida de significação e deve ser excluída da filosofia.

O verificacionismo *como princípio de significado* malogrou, pois ninguém foi capaz de oferecer uma formulação que não excluísse o que pretendia permitir, ou que não permitisse o que pretendia excluir. O que é mais grave, uma vez que o próprio princípio não pode ser verificado pela experiência sensível, é, aparentemente, desprovido de significação por seu próprio critério. Este não é, entretanto, um simples problema de semântica, pois afeta também a filosofia da ciência.

Testabilidade e ciência

Os filósofos da ciência empenharam-se em articular as propriedades das boas explicações, especialmente no que se refere às teorias científicas. A testabilidade está entre as mais importantes de tais propriedades. Por exemplo, a hipótese de que tudo no universo dobra de tamanho todas as noites à meia-noite é inverificável (pois os padrões de medidas também se duplicariam) e, por conseguinte, não pode fazer parte de uma teoria sólida. Somente teorias passíveis de ser testadas podem ser boas teorias. Ao rejeitar hipóteses especulativas e que não podem ser testadas, diz-se que Isaac Newton proclamou: "Eu não invento hipóteses" — *hypotheses non fingo*.

Ou, mais recentemente, Imre Lakatos teria dito: "A testabilidade é uma propriedade das boas explicações e das boas teorias científicas".

Mas se é assim, o princípio de verificabilidade parece uma forma deficiente de conceituar a testabilidade. E, o que é ainda mais importante, é impossível verificar leis científicas da natureza. As leis científicas (por exemplo, "$E = mc^2$") fazem afirmações logicamente universais — afirmações sobre *todos* os casos de determinados fenômenos por todo o universo, no passado, no presente e no futuro. Mas ninguém pode verificar tais afirmações.

A *falseabilidade* como salvação?

Na trilha da verificação apareceu a *falseabilidade*, a tese de Karl Popper segundo a qual o fato de que uma generalização científica seja falseável é o que a torna (nas formulações originais de Popper) uma boa hipótese científica. Parafraseando Popper, poderíamos dizê-lo desta maneira: a ciência progride fazendo conjecturas (hipóteses), que são testadas e talvez refutadas; se são refutadas, são substituídas por outras, até que se encontrem conjecturas que não sejam refutadas pelos testes.

Afirmações universais tais como as leis científicas podem ser facilmente falseadas. Para se falsear a afirmação de que "todos os cometas descrevem órbitas elípticas", basta encontrar um único cometa que não se movimente numa órbita elíptica. Na ciência, esse processo de hipótese e refutação se repete muitas vezes, talvez *ad infinitum*. O problema do falseamento na ciência, porém, é que ele não funciona para a forma lógica particular de alguns enunciados, como, por exemplo, "alguns cisnes são vermelhos". O fato de examinarmos um milhão de cisnes e não encontrarmos nenhum espécime vermelho entre eles não falseia o enunciado, pois ainda assim é possível que exista um exemplar vermelho que não foi encontrado.

A relação entre os dois princípios

A verificação e o falseamento não são dois lados da mesma moeda. Os verificacionistas, como Ayer, pretendiam que seu princípio se aplicasse a toda a filosofia — na verdade a todo discurso —, enquanto Popper via o falseamento como um método distintivo da ciência. Mas o que a verificação e o falseamento têm em comum é a ideia de que uma proposição tem de ser, de algum modo, *testável* para fazer parte de uma boa teoria. Se esse teste tem de ser capaz de verificar ou de falsear a proposição — ou talvez as duas coisas — é um tema controverso, mas a tese central é a mais ampla no que concerne à testabilidade. (Na prática, a ciência emprega tanto a verificação como o falseamento.)

Testabilidade e holismo

Boa parte da filosofia mais recente — incluindo a obra de figuras como Wittgenstein, Quine e Kuhn — mostrou que o teste, para a maioria, só faz sentido no interior de um corpo já aceito de conceitos, crenças e práticas. Deste ponto de vista, o processo de testar não determina tudo e não resolverá questões cruciais que podem surgir entre as pessoas.

Não obstante, a ideia geral de que a testabilidade é importante tem se mostrado, ao menos de uma maneira tácita, notavelmente duradoura, embora seu âmbito seja objeto de controvérsia. Se, por um lado, a testabilidade pode ser vital para as hipóteses científicas, a ideia de que a ética, por exemplo, seja (ou deva ser) testável parece menos clara. E, como argumentam os holistas, a testabilidade não porá fim às controvérsias nem trará uniformidade às crenças. Contudo, o desafio apresentado pela primeira vez pelos verificacionistas é muito importante. Com efeito, nos instiga a indagar: "Se você não está dizendo algo que pode ser testado segundo a experiência, então o que você está dizendo? De que modo o que você afirma pode ser significativo? O que você diz é efetivamente uma parte justificável de uma teoria forte?" Há muitas respostas adequadas a estas questões, mas um fracasso em encontrá-las deve nos levar a considerar se nosso mais profundo temor filosófico veio a se concretizar, e se, afinal, não estaríamos caindo em sofismas.

Ver também

1.3 Indução
2.1 Abdução
2.2 Método hipotético-dedutivo
3.14 A forquilha de Hume

Leituras

°A. J. AYER, *Linguagem, verdade e lógica*, 1936.
°Karl POPPER, *Conjecturas e refutações* , 1963.
Imre LAKATOS, *The Methodology of Scientific Research Programs*: Philosophical Papers, 1978, v. 1.

capítulo quatro
Ferramentas de distinção conceitual

4.1 *A priori*/*a posteriori*

Quando aprendi geometria na escola, lembro-me de uma ocasião em que fiquei intrigado com a afirmação de que a soma dos ângulos internos de um triângulo é sempre 180 graus. Por um momento, o que me preocupava era que eu não conseguia entender como se podia ter certeza disso. Não seria possível que alguém, algum dia, encontrasse um triângulo, medisse seus ângulos internos e descobrisse que a soma chegava apenas a 179 graus ou a exorbitantes 182 graus?

O que eu ainda não havia entendido era que a afirmação de que a soma dos ângulos internos de um triângulo é de 180 graus é uma afirmação *a priori*. Isso significa dizer, segundo muitos filósofos, que se pode saber que a afirmação é verdadeira independentemente de (ou previamente a) experiências particulares. Eu pensava na geometria como se fosse um ramo de conhecimento *a posteriori*, no qual só sabemos se algo é verdadeiro ou falso por referência a experiências passadas relevantes.

O conhecimento a priori

Por que os enunciados da geometria são considerados como dados *a priori*? A razão é que os objetos da geometria — triângulos, quadrados, e assim por diante — não são, em certo sentido, objetos do "mundo real". Um triângulo no mundo real nunca é um triângulo perfeitamente geométrico, embora possa assemelhar-se a este o suficiente para que o tratemos como se fosse. Para começo de conversa, vivemos num mundo tridimensional, enquanto formas como triângulos e quadrados são puramente bidimensionais.

Em virtude disso, as propriedades dos triângulos *em geral* podem ser conhecidas sem nenhuma referência a experiências particulares no mundo, tais como medições de triângulos *particulares*. Não é preciso que examinemos triângulos reais; só precisamos pensar sobre o que faz que algo seja um triângulo, e, dadas as definições usadas, suas propriedades podem ser derivadas simplesmente pela razão. (Pode ocorrer, porém, como argumenta Kant, que saibamos isso sobre os triângulos, assim como outras partes de conhecimentos *a priori*, porque temos a capacidade da experiência *em geral*.)

Origem x método de prova

A distinção parece clara, mas as águas podem se tornar turvas, às vezes desnecessariamente, outras vezes devido a algumas reflexões sérias.

A turvação desnecessária ocorre quando há uma compreensão equivocada do significado de "conhecimento independente da experiência". Se você está tentado a dizer que só sabemos o que é um triângulo em virtude da experiência, já que isso nos é ensinado na escola, você não entendeu em que sentido a geometria é *a priori*. É por meio da experiência que descobrimos coisas como a geometria, a matemática e a lógica pura (todas ramos de um conhecimento *a priori*). Todavia, o que caracteriza um conhecimento *a priori* não são os meios pelos quais chegamos a ele, mas os meios pelos quais se pode demonstrar que ele é verdadeiro ou falso. Pode ser que precisemos da experiência para nos munir do conceito do triângulo, mas uma vez que tenhamos o conceito, não precisamos nos referir à experiência para determinar quais são suas propriedades. O conhecimento *a priori*, portanto, distingue-se por seu método de prova, e não pelo modo como é adquirido.

Um conhecimento a posteriori

Quando examinamos coisas como furacões, porém, muito de nosso conhecimento é *a posteriori*. Não se pode pretender descobrir muitas coisas factuais sobre furacões simplesmente analisando o conceito de furacão ou o significado da palavra "furacão". É necessário ver como são furacões reais e aprender com isso. Consideremos as seguintes afirmações sobre furacões:

1. Todos os furacões são tempestades.
2. Por definição, todos os furacões têm ventos com velocidade acima de 137 km/h.
3. O comportamento dos furacões é governado pelas leis naturais.
4. A velocidade média dos ventos registrada em furacões é de 201 km/h.

As sentenças 1 e 2 poderiam ser consideradas verdadeiras por definição e, por conseguinte, como não constituindo conhecimento *a posteriori*, mas coisas que podem ser conhecidas sem o exame efetivo de nenhum furacão real. A fim de saber se são ou não verdadeiras, é preciso apenas conhecer a definição de "furacão". A sentença 3 poderia ser considerada uma afirmação baseada em nosso conhecimento *a priori* de que todos os fenômenos naturais são governados por leis naturais, mas é plausível qualificar este conhecimento como *a posteriori*. A sentença 4, porém, requer a medição efetiva de furacões particulares e, portanto, é, definitivamente, uma afirmação *a posteriori*.

Importância histórica

Mas qual é a utilidade dessa distinção? Ao longo da história da filosofia, os pensadores discordaram a respeito de quanto de nosso conhecimento é *a priori* e quanto é *a posteriori*. A distinção é uma ferramenta útil, portanto, para a comparação e a apreensão das posições epistemológicas de diversos filósofos.

Racionalistas como Leibniz, Alexander Baumgarten (1714-1762) e Descartes, assim como empiristas como Hume, entendiam todos os juízos verdadeiros *a priori* como analíticos e todos os juízos verdadeiros *a posteriori* como sintéticos (ver 4.3). Eles discordavam, porém, acerca de que partes do conhecimento incidiam em cada uma dessas categorias. A distinção *a priori/a posteriori* proporciona uma maneira rápida de mostrar isso e também de descrever o novo problema de Kant.

1. Todos os eventos experimentados têm causas.
    a. Descartes: analítico *a priori*.
    b. Hume: sintético *a posteriori*.
    c. Kant: sintético *a priori*.

2. 7 + 5 = 12
    a. Descartes e Hume: analítico *a priori*.
    b. Kant: sintético *a priori*.

3. Paris é a capital da França.
    a. Leibniz: analítico *a priori*.
    b. Descartes, Hume e Kant: sintético *a posteriori*.

O debate desenrola-se hoje de novas maneiras, particularmente no debate acerca do naturalismo, que pode ser considerado o projeto de tentar fundar a filosofia nos métodos e nos dados fornecidos pelas ciências naturais. O fato de que esta forma de empirismo radical sofra resistência por parte de muitos que não se intitulam racionalistas mostra que o problema de onde fixar o limite entre o que é *a priori* e o que é *a posteriori* é ainda uma questão viva e difícil.

Crítica da distinção

A distinção entre conhecimento *a priori* e conhecimento *a posteriori* foi atacada, e a disposição geral da filosofia recente tem sido a de interpretar todo conhecimento como *a posteriori* ou de procurar uma terceira maneira de entender o que chamamos de conhecimento. Quine, assim como criticou a distinção entre *a priori* e *a posteriori*, declarou também que não existe conhecimento *a priori*, argumentando que todas as asseverações de conhecimento são, em princípio, passíveis de ser revisadas à luz da experiência (ver 4.3).

Ver também

4.3 Analítico/sintético
4.10 Necessário/contingente

Leituras

Immanuel KANT, *Crítica da razão pura*, 1781.
W. V. O. QUINE, Dois dogmas do empirismo, in ID., *De um ponto de vista lógico*, 1980.
Paul K. MOSER, *A Priori Knowledge*, 1987.

4.2 Absoluto/relativo

Em 1996, o físico Alan Sokal publicou na revista *Social Text* um artigo intitulado "Transgredindo as fronteiras: rumo a uma hermenêutica da gravidade quântica". Contudo, o artigo era uma trapaça, numa amostra deliberada de contrassenso e confusão, destinada a mostrar que um relativismo desleixado infiltrara-se nas humanidades e nas ciências sociais americanas, e que as ideias científicas estavam sendo equivocadamente utilizadas por pessoas que não as compreendiam. Sokal iludiu os editores da revista com uma combinação de ciência e filosofia relativista.

Os dois objetivos da fraude de Sokal estavam intimamente ligados, já que foi somente graças à ciência que toda a distinção entre o absoluto e o relativo ganhou relevo na vida intelectual. Acima de tudo, as coisas que mais ameaçaram uma concepção científica absoluta do mundo foram a obra de Einstein sobre o tempo e o espaço e as controvérsias acerca do significado de certas descobertas na mecânica quântica.

Duas visões do tempo

Na visão do senso comum, o tempo é absoluto. Isso significa que há um padrão, um relógio imaginário, que determina o tempo em todo o universo. Quando são seis horas em Nova York, é meio-dia no meridiano de Greenwich, e portanto são 12:00h GMT em todos os outros lugares do universo. Se eu bato palmas às 12:00h GMT, é possível que alguém em Alfa Centauro também bata palmas às 12:00h GMT, e nossas batidas serão simultâneas para todos em todos os lugares. Esta era a posição de Isaac Newton.

Com sua teoria da "relatividade especial" (1905), Albert Einstein (1879-1955) declarou que essa visão do senso comum está errada (e sua visão é hoje universalmente aceita entre os físicos). O tempo não é absoluto — como se houvesse um relógio que pudesse ser usado para todos os eventos do universo —, mas relativo. Ou seja, o tempo depende da velocidade em que algo se move em relação à velocidade da luz e a outro quadro de referência (ou ponto de vista). Para responder à questão "Quando?", você precisa saber também "a que velocidade". Por mais estranho que isso possa parecer, dois eventos em lados opostos da galáxia podem, portanto, ser simultâneos segundo um determinado quadro de referência mas não ser simultâneos segundo outro quadro de referência — e não podemos privilegiar um ponto de vista em detrimento do outro. Ambos são corretos — em relação a seus próprios pontos de vista.

Não há um paradigma mais claro para a distinção absoluto/relativo do que a obra de Einstein sobre espaço e tempo. Ela torna claro que o absoluto requer um padrão único que se aplique a todos os lugares e momentos, enquanto o relativo implica um padrão subordinado ao contexto. Todos os outros usos apropriados da distinção absoluto/relativo seguem este modelo.

Aplicação: ética e ciências sociais

Na ética, por exemplo, uma concepção absoluta é a de que os padrões do que é certo ou errado aplicam-se a todas as pessoas em todas as épocas — talvez, por exemplo, devido ao fato de serem determinados por Deus, ou pela razão, ou fixados pela natureza. Se matar seres inocentes é errado, então é errado se você é um habitante de Nova York do século XX, um legionário romano ou um príncipe vesuviano. Um relativista ético, por outro lado, dirá que o que é certo ou errado depende de onde você está, de quando você está ali, ou talvez até de quem você é. Uma das razões pelas quais o relativismo adota essa posição é o fato de entender os padrões de certo e errado como dependentes de ou internos a sociedades particulares, situações específicas ou vidas individuais. Fora disso, os padrões de certo e errado, bom e mau, belo e feio são simplesmente inaplicáveis.

A distinção absoluto/relativo também pode ser empregada em outros contextos. Economistas, sociólogos e filósofos políticos, por exemplo, preocupam-se com a ideia da pobreza. Assim como os padrões éticos, a pobreza pode ter um sentido absoluto ou relativo. A pobreza absoluta será definida de modo que se possa usar um mesmo padrão — seja na Berlim ou na Calcutá atuais ou na Roma e na Jerusalém do século I — para determinar se uma pessoa é pobre ou não. Uma concepção relativa da pobreza, por outro lado, permitirá que o proprietário de um apartamento e um televisor em Paris seja considerado pobre, ainda que, com as mesmas propriedades, não seja considerado pobre caso transposto diretamente para o Sudão.

Duas precauções

Ao empregar a distinção entre absoluto e relativo, deve-se levar em consideração duas precauções. Descrever algo como relativo não significa, como os exemplos oferecidos deixam claro, dizer que não há padrões pelos quais se possam fazer julgamentos, ou que "vale tudo"; significa meramente dizer que não há padrões *universais*. Não se pode presumir (embora com frequência se argumente isso) que abandonar um padrão absoluto equivale a ficar totalmente sem padrão nenhum. Em lugar disso, o relativismo implica que pode haver muitos padrões, nenhum dos quais universalmente superior aos outros.

Em segundo lugar, nem sempre se trata de escolher entre um padrão absoluto ou um padrão relativo. Às vezes, é apenas uma questão de deixar claro qual deles está sendo empregado. Assim, por exemplo, pode-se ter tanto uma concepção relativa como uma concepção absoluta da pobreza, mas usá-las para propósitos diferentes. O importante é deixar claro o padrão que se está usando, não fazer uma escolha entre eles.

Importância política

A multiplicidade de padrões, nenhum dos quais superior aos outros, pode ser considerada um tipo de igualdade. Em virtude disso, as pessoas com inclinações políticas democráticas e esquerdistas (isto é, para as quais a igualdade política e social é importante) muitas vezes consideram o relativismo atraente. Conservadores, que se sentem mais confortáveis com as hierarquias sociais e políticas, com frequência recorrem a absolutos que privilegiam um conjunto de asserções, práticas e padrões sobre os outros. Contudo, é preciso ter cuidado para não permitir que as inclinações políticas pessoais obscureçam o julgamento a respeito dessa questão, e para não assumir que o absolutismo é sempre conservador e que o relativismo é sempre o lugar natural da esquerda.

Ver também

4.10 Necessário/contingente
4.12 Objetivo/subjetivo

Leituras

˚Alan Sokal, Jean Bricmont, *Imposturas Intelectuais*, 1998.
Isaac Newton, *Philosophiae Naturalis Mathematica*, 1687.
Albert Einstein, On the Electrodynamics of Moving Bodies, in A. Einstein, Hendrik A. Lorentz, Hermann Minkowski, H. Weyl, *The Principle of Relativity*, 1923.

4.3 Analítico/sintético

Como ocorre com muitos conceitos filosóficos, a distinção analítico/sintético parece, à primeira vista, muito transparente, mas se torna mais e mais intricada, até que por fim indagamos se tem de fato alguma utilidade.

A distinção foi introduzida por Immanuel Kant. Um juízo *analítico*, na terminologia de Kant, é um juízo que não acrescenta nada àquilo que já está incluído no conceito. É com frequência definido como a relação entre o sujeito (aquilo de que fala a sentença) e o predicado (o que é dito sobre aquilo de que fala a sentença). Por exemplo, na sentença "A neve é branca", "neve" é o sujeito e "branca" é o predicado. Um juízo analítico, portanto, pode ser formulado como uma sentença na qual o significado do predicado está inteiramente contido no sujeito. Assim, o juízo simplesmente desdobra ou analisa o sujeito para produzir o predicado. Por exemplo:

1. Todos os solteiros são homens não casados.
2. Todos os celeiros são edificações.

Em ambos os casos, os predicados (homens não casados e edificações) já estão "presentes" nos sujeitos (solteiros e celeiros). Nos termos de Kant, os juízos como um todo não vão além do que já está contido nos conceitos que são os sujeitos dos juízos (solteiros e celeiros).

Esse tipo de análise também pode ser formulada na forma de argumentos. Por exemplo, se eu penso que Carlos é solteiro e então concluo que ele não é casado, produzi um juízo analítico, pois, ao dizer que ele não é casado, não disse nada que já não estivesse contido na informação de que ele é solteiro.

Se, contudo, penso que certo líquido é água, e concluo que esse líquido entra em ebulição à temperatura de 100 °C, estou produzindo um juízo *sintético*, pois não há nada na simples informação de que certo líquido é água que possa me dizer qual seu ponto de ebulição. (Leibniz, pelo contrário, sustentava que todos os juízos verdadeiros sobre as coisas são analíticos, pois um conceito completo de uma coisa conteria todas as suas propriedades.) O juízo acerca do ponto de ebulição da água vai além do que está contido no conceito da água, enquanto o juízo que afirma que um solteiro não é casado não vai além do que já está contido no conceito de solteiro. Em outras palavras, o predicado acrescenta algo ao sujeito. Por conseguinte, as seguintes asserções são sintéticas:

1. O tempo de vida médio dos escoceses solteiros é de 70 anos.
2. O celeiro do haras de Hugo é branco.

Isso pode parecer totalmente claro. Mas as coisas logo começam a ficar mais complicadas.

Psicologia ou lógica?

Antes de tudo, a definição de Kant pode parecer depender mais da psicologia de quem pensa que da lógica ou do significado do conceito.

Isso fica claro pela afirmação de Kant de que 7 + 5 = 12 é um juízo analítico. A ideia de "12" parece já estar contida na ideia de "7 + 5". Mas, psicologicamente, pode-se ter a ideia de "7 + 5" sem que se tenha a ideia de "12". Isso é ainda mais claro no caso de somas maiores, nas quais se pode ter a ideia de 1.789 + 7.457 sem ter a ideia de que a soma destes dois números seja 9.246, ainda que a operação contenha tudo o que é logicamente necessário para determinar o resultado.

Assim, é decisivo o modo como entendemos a ideia de Kant de que os juízos sintéticos vão além do conceito. Isso pode ser entendido logicamente ou psicologicamente, mas também semanticamente — segundo o significado da palavra. Às vezes, diz-se que os enunciados analíticos são aqueles que são verdadeiros em virtude dos significados das palavras, a despeito do que o enunciador entende por eles. Assim, "um solteiro é um homem não casado" é um enunciado analítico não porque o enunciador já *sabe* que "solteiro" significa "homem não casado" (ele pode muito bem não saber disso), mas simplesmente porque "solteiro" objetivamente significa "homem não casado" (independentemente de se o enunciador da sentença sabe disso ou não).

A existência desses usos sutilmente diferentes dos termos "analítico" e "sintético" causa confusão. Por essa razão, é aconselhável não recorrer a essa distinção sem deixar claro o que você entende por ela.

Essas são questões importantes, pois determinam a diferença entre a distinção analítico/sintético e a distinção *a priori/a posteriori*. A distinção *a priori/a posteriori* aborda a questão de se é necessária uma referência à experiência a fim de legitimar os juízos. A distinção analítico/sintético trata de se o enunciador acrescenta algo aos conceitos quando formula seus juízos, desse modo, possivelmente, expandindo o conhecimento, em lugar de meramente elaborá-lo.

Quine e o significado de "conter"

Quine apontou, em seu famoso artigo "Dois dogmas do empirismo" (1951), que parece impossível definir adequadamente qual o significado da metáfora "conter" que aparece na ideia de que, nos juízos analíticos, o predicado está contido no sujeito. De que modo um conceito "contém" o significado de outro? Aparentemente, não há uma formulação geral dessa ideia que mantenha o âmbito do conceito claramente definido. Por outro lado, certamente tem de haver uma distinção entre a simples explicação do significado de um conceito e a agregação de novas informações a ele. (Um problema similar incide sobre o conceito de "implicação estrita".)

A distinção analítico/sintético pode parecer simples, mas suscita algumas questões difíceis e fundamentais na filosofia.

Ver também

4.1 A priori/a posteriori
4.7 Implicação/implicação estrita
4.10 Necessário/contingente

Leituras

Immanuel KANT, Crítica da razão pura, 1781.
W. V. O. QUINE, Dois dogmas do empirismo, in ID., De um ponto de vista lógico, 1953.
H. P. GRICE, Peter F. STRAWSON, In Defence of a Dogma, Philosophical Review (1956).

4.4 Categórico/modal

Os críticos da filosofia de língua inglesa às vezes apontam que esta é excessivamente vinculada à lógica, e um dos problemas com a lógica é que ela simplesmente não captura a complexidade do mundo. Os críticos estão certos e errados.

Estão certos em dizer que a representação "categórica" da verdade efetuada pela lógica geral deixa de apreender muitas das sutilezas de nossa vida epistemológica. Para a lógica geral, a verdade ou a falsidade das sentenças só pode ser expressada de dois modos "categóricos" simples: verdadeira ou falsa. Contudo, consideremos todos os diferentes tipos de proposições verdadeiras existentes:

Algumas são verdadeiras em certas ocasiões e não em outras: "Está fazendo sol".

Algumas são indubitavelmente verdadeiras: "Existe alguma coisa".

Algumas são sabidamente verdadeiras: "O átomo de urânio pode ser dividido".

Algumas são possivelmente verdadeiras (embora sejam também possivelmente falsas): "O Partido Conservador vencerá as próximas eleições".

Algumas são necessariamente verdadeiras: "1 + 1 = 2".

Algumas são tidas como verdadeiras (mas talvez não o sejam realmente): "O marido de Jocasta não é o assassino de Laio — segundo Édipo".

Mas, embora os críticos estejam certos ao afirmar que tais elaborações da verdade não são abarcadas pela lógica clássica, estão errados em julgar que a filosofia como um todo é empobrecida por ela. Em primeiro lugar, simplesmente não é verdade que toda a filosofia seja feita dentro das fronteiras da lógica clássica. Em segundo lugar, os próprios lógicos estão cientes dessa questão e desenvolveram aquilo que é conhecido como lógica modal para lidar com ela. Os lógicos modais tentam acomodar várias "modalidades", tais como aquelas listadas acima: isso inclui a *modalidade temporal* (é verdade em tal ocasião), a *modalidade lógica* (é necessariamente verdade), a *modalidade epistemológica* (é verdadeiro com certeza; sabe-se que é verdade), e a *lógica intencional* (acredita-se ser verdade). Tais proposições modais contrastam com as proposições categóricas simples da forma "é verdadeiro" ou "é falso".

A lógica modal é, ela mesma, uma área especializada da filosofia. A lição importante para a maioria que não a estuda é simplesmente lembrar que, quando dizemos "é verdade que X", usualmente adotamos a forma categórica, ainda que pudéssemos encontrar numa forma modal uma expressão mais completa ou acurada da proposição. O desafio é ser capaz de reconhecer se uma proposição deve ser entendida como categoricamente ou modalmente verdadeira, e, no segundo caso, que tipo de modalidade se aplica a ela.

Observe que algumas vezes o termo "lógica modal" é usado para descrever lógicas que incorporam os conceitos de "possibilidade" e "necessidade", mas não os demais conceitos listados acima.

Ver também

4.8 Essência/acidente
4.10 Necessário/contingente

Leituras

G. HUGHES, M. CRESSWELL, *A New Introduction to Modal Logic*, 1996.
Richard PATTERSON, *Aristotle's Modal Logic*, 1995.
Nicholas RESCHER, A. URQUHART, *Temporal Logic*, 1971.

4.5 Condicional/bicondicional

Chas Chaplin disse a Dirk Dorking que, se fosse promovido, cantaria "Nessun Dorma" no centro da cidade de Oxford usando uma fantasia de coelho. Assim, um dia, quando Dirk estava passando pelo centro de Oxford e discerniu as notas melodiosas da ária de Puccini interpretadas por um homem fantasiado de coelho, que, numa inspeção mais minuciosa, constatou ser efetivamente Chas, foi até ele e parabenizou-o pela promoção.

"Promoção?", retorquiu Chas. "Você está brincando! Eu fui demitido e agora estou cantando na rua para me sustentar."

O erro de Dirk é compreensível, e se origina numa confusão entre dois usos da palavra "se" em nossa linguagem habitual, que no discurso filosófico constituem o condicional e o bicondicional. O condicional é um simples "se", enquanto o bicondicional significa "se e somente se" ("sse"). A diferença é crucial. Consideremos a diferença entre estas duas proposições:

1. Se eu for promovido, cantarei fantasiado de coelho.
2. Sse (se e somente se) eu for promovido, cantarei fantasiado de coelho.

Em cada um dos casos, podemos dividir as proposições em duas partes:

O *antecedente* — a parte que se segue imediatamente ao "se" ou ao "sse" ("eu for promovido")

O *consequente* — o que se segue caso o antecedente seja verdadeiro ("cantarei fantasiado de coelho").

Se a sentença 2 for verdadeira e você vir Chas cantando fantasiado de coelho, poderá deduzir que ele foi promovido. Isto ocorre porque numa asserção bicondicional o consequente só é verdadeiro caso o antecedente também o seja. Devido ao *"se e somente se"*, o consequente não será verdadeiro a menos que o antecedente o seja. Desse modo, você sabe que, se o consequente for verdadeiro, o antecedente também deverá ser, pois esta é a única circunstância na qual o consequente poderia ser verdadeiro.

Um exemplo claro disso é quando minha amiga diz: "Se eu ganhar na loteria, passarei férias nas Bahamas". Minha amiga não quer dizer que *só* passará férias nas Bahamas *se* ganhar na loteria. Caso ela herde uma grande fortuna, ou ganhe muito dinheiro de uma outra maneira, também poderá empreender a viagem. Portanto, se uma pessoa disser, "Se eu ganhar na loteria, passarei férias nas Bahamas", e você descobrir que esta pessoa viajou de férias para as Bahamas, não poderá ter certeza de que ela está lá por ter ganho na loteria.

Uma falácia

Este erro — assumir o antecedente como verdadeiro numa proposição condicional com base na verdade do consequente — é uma falácia conhecida como "falácia da afirmação do consequente". É um erro muito fácil de cometer, já que na linguagem comum distinguimos os condicionais dos bicondicionais apenas de modo implícito, pelo contexto, e não por estipulação explícita. Por conseguinte, é fácil entender que um "se" significa "se e somente se" ou até simplesmente "somente se", quando, de fato, deveria ser entendido como um simples "se".

A maneira de evitar esse tipo de equívoco é, naquilo que lemos e ouvimos, sempre conferir se um "se" está sendo usado como condicional ou como bicondicional, e, naquilo que nós mesmos dizemos, usar explicitamente "sse" ou "se e somente se" para o bicondicional. Desse modo, não se passará a conclusões precipitadas ao ver homens crescidos cantando óperas fantasiados de coelhos.

Ver também

1.4 Validade e solidez
4.11 Necessário/suficiente
4.7 Implicação/implicação estrita

Leituras

°Patrick J. HURLEY, *A Concise Introduction to Logic*, [7]2000.
Irving M. COPI, *Introdução à lógica*, [10]1998.
D. EDGINGTON, On Conditionals, *Mind* 104 (1995).

4.6 Revogável/irrevogável

No debate sobre a pena de morte, as pessoas com frequência indicam uma diferença crucial entre uma sentença de morte e uma condenação a um determinado prazo de pena. Ao julgar uma pessoa culpada, a lei permite que, caso surjam posteriormente novas evidências que ponham em dúvida o veredicto, este possa ser reconsiderado e, se necessário, a punição revogada. Contudo, se a sentença de morte é executada, esta possibilidade é eliminada. A punição não pode ser revogada porque é irreversível.

Os opositores da sentença de morte usam este fato em seus argumentos contra a pena de morte. Empregando a linguagem filosófica, o ponto crucial de seu argumento é que todo julgamento de culpa ou toda evidência apresentada num tribunal é revogável. Ou seja, sempre permanece em aberto a possibilidade — ainda que remota — de que o julgamento seja revisado à luz de evidências novas ou não consideradas. Como tais julgamentos são revogáveis, é, portanto, inapropriado sentenciar alguém a uma punição que não pode ser revogada. Essa atitude só poderia se justificar caso os processos judiciais fossem irrevogáveis. (Um termo filosófico relacionado, "corrigível", é frequentemente usado num sentido muito similar ao do termo "revogável". Os termos "corrigível" e "corrigibilidade" foram popularizados pelos pragmatistas.)

Falseabilidade e conhecimento

A questão de quais asserções são revogáveis e quais não são é um debate contínuo na filosofia. É uma característica central do debate sobre o conhecimento. Alguns argumentaram que toda pretensão de conhecimento tem de consistir na afirmação de conhecer algo que não seja revogável. Conhecer algo é acreditar que é verdadeiro algo que de fato é verdadeiro. Se algo é verdadeiro, não pode posteriormente revelar-se falso. Portanto, ter conhecimento é possuir a verdade, e, como a verdade não pode mudar, o conhecimento não é revogável.

Os opositores dessa visão argumentam que esse critério para o conhecimento é demasiadamente estrito. Se o conhecimento tem de ser não revogável, então simplesmente não podemos ter conhecimento de muitas coisas, se é que podemos ter de algo. Hume, por exemplo, teria argumentado (ainda que não tivesse usado estes termos) que somente as verdades simples da matemática e da geometria são, mesmo em teoria, não revogáveis — embora na prática as inferências matemáticas e geométricas permaneçam revogáveis. Todo fato a respeito do mundo é sempre passível de revisão à luz de experiências contrárias suficientes, e mesmo na matemática as pessoas estão sujeitas a cometer erros. No século XX, adeptos do holismo semântico, como W. V. O. Quine, argumentaram que mesmo juízos teóricos tais como "1 + 1 = 2" são revogáveis, já que não se pode excluir a possibilidade de que surja algum fato novo que nos leve a revisar essa asserção.

A distinção revogável/não revogável é particularmente útil agora que a distinção *a priori/a posteriori* foi problematizada (ver 4.1). É muito útil ser capaz de distinguir aquelas asserções que se acredita serem de algum modo provisórias e as asserções estabelecidas. É porém um tanto defasado acreditar que os enunciados *a priori* são todos não revogáveis e que os enunciados *a posteriori* são todos revogáveis. A distinção revogável/não revogável nos permite separar as questões acerca dos fundamentos mesmos das crenças — a experiência ou a razão — e as questões concernentes a se tais crenças estão ou não estão, em princípio, sujeitas a objeções.

Ver também

1.11 Certeza e probabilidade

2.1 Abdução
3.29 Testabilidade
4.1 A *priori/a posteriori*
4.3 Analítico/sintético

Leituras

George S. PAPPAS, Marshall SWAIN, *Essays on Knowledge and Justification*, 1978.
Keith LEHRER, *Theory of Knowledge*, 1990, v. 1.
G. P. BAKER, Defeasibility and Meaning, in P. M. S. HACKER, J. RAZ (Ed.), *Law, Morality, and Society*, 1977.

4.7 Implicação/implicação estrita

A relação entre os usos cotidianos e os usos filosóficos do termo "implicação" é similar à relação entre manchas de tinta numa parede e uma obra de arte abstrata: uma coisa pode ser feita de modo mais consciente que a outra, mas ambas são confusas e difíceis de manejar.

Implicação estrita

A implicação estrita é a mais simples das duas. Em geral, os filósofos dirão que uma conclusão será implicada pelas premissas de um argumento se a inferência for uma dedução formalmente válida (ver 1.4). Contudo, pode ser que você não se surpreenda em saber que as coisas ficam um pouco mais complicadas para os lógicos. Os lógicos descobriram que surgem paradoxos quando a implicação é formalizada de determinadas maneiras. Mas deixemos este tópico para os lógicos, pois é uma questão particularmente complicada.

Às vezes, todavia, os lógicos usam "implicação" num sentido bem diferente, referindo-se a uma conexão do *conteúdo* que vai além daquilo que os filósofos chamam de "função de verdade". Ou seja, do ponto de vista da lógica proposicional clássica, a relação, num argumento (e em certos tipos de condicionais), entre a conclusão e as premissas (ou entre o antecedente e o consequente) baseia-se somente no valor de verdade de cada um desses elementos. O problema é que às vezes duas sentenças podem ser verdadeiras mas desconectadas, e isso leva a coisas mais estranhas, logicamente falando. Por exemplo:

1. Se o verde é uma cor, o ferro é um elemento.
2. O verde é uma cor.
3. Logo, o ferro é um elemento.

Na lógica proposicional clássica, o argumento precedente é tecnicamente sólido (sua forma é denominada *modus ponens*, a forma da afirmação). Mas o problema é que não há uma conexão real entre "o verde é uma cor" e "o ferro é um elemento" — além do fato de serem ambas verdadeiras. A *lógica da relevância* exigiria mais da primeira premissa. A fim de se dizer que uma conclusão não deriva apenas formalmente de suas premissas, mas também que é *implicada* por elas, os teóricos da relevância requerem alguma conexão adicional. Consideremos como os conceitos do seguinte argumento estão conectados de maneira diferente:

1. Se o verde é uma cor, então é visível ao olho humano.
2. O verde é uma cor.
3. Logo, o verde é visível ao olho humano.

Como existe uma conexão interna entre a cor e a visibilidade, neste caso a lógica da relevância (assim como a lógica clássica) consideraria que a conclusão é implicada pelas premissas.

Implicação

A implicação em sentido amplo contrasta com a implicação estrita por ser um conceito mais abrangente que inclui não somente vários tipos de relações lógicas mas também casos nos quais uma ideia se liga a outra de maneiras diferentes. Poderíamos dizer que uma implicação é uma propriedade de *todo enunciado condicional verdadeiro* — enunciados da forma "Se X, então Y". (Observe-se que os argumentos podem ser formulados como enunciados condicionais nos quais, *se* as premissas forem verdadeiras, *então* a conclusão será também verdadeira.)

Por exemplo, "Se eu ficar na chuva sem um guarda-chuva ou alguma outra proteção, ficarei molhado" é um enunciado condicional verdadeiro. Isso significa que eu posso dizer que "ficar na chuva sem um guarda-chuva ou alguma outra proteção" implica "ficar molhado". Mas isso não ocorre porque "ficarei molhado" é a conclusão de um argumento válido cuja única premissa é "se eu ficar na chuva". Trata-se simplesmente de que vemos no enunciado que ficar molhado está intrinsecamente conectado com o fato de estar na chuva sem se proteger. Neste caso, o consequente é implicado pelo antecedente em virtude de um tipo de conexão causal, mas pode haver outras razões pelas quais uma ideia se conecta a outra ou decorre de outra.

Evidentemente, implicações como esta constituem a base de um argumento — isto é, de um caso de implicação estrita. Consideremos o seguinte argumento:

1. Se eu ficar na chuva sem um guarda-chuva ou alguma outra proteção, ficarei molhado.
2. Estou na chuva sem um guarda-chuva ou alguma outra proteção.
3. Logo: ficarei molhado.

E talvez se possa argumentar que admitimos as implicações apenas porque podem ser usadas na implicação estrita. O que é importante, porém, é que a sentença 1, por si mesma, *não* representa um argumento, mas apenas um condicional; a premissa 2 e a conclusão são necessárias para que se formule um argumento.

Bom conselho

O problema na distinção exposta é que ela é muitíssimo mais complicada. Tão mais complicada, que toda tentativa de resolvê-la num texto como este estaria fadada a resultar numa exposição prolixa e incongruente ou em absoluta confusão. Por exemplo, os filósofos notaram que a implicação aparece sob formas diversas, tais como a implicação material, a implicação formal, a teoria da L-implicação de Rudolf Carnap (1891-1970) e a concepção da implicação estrita de Clarence Irving Lewis (1883-1964).

Não obstante, muitas lições úteis podem ser extraídas dessa breve discussão. A primeira delas é evitar o emprego do termo "implicação" caso haja uma maneira alternativa e mais clara de expressar o que você pretende. Use "condicional verdadeiro" ou "dedução válida" em lugar de "implicação" ou "implicação estrita".

A segunda lição é que a distinção simplista apresentada é uma boa regra prática. Se você restringir seu uso de "implicação estrita" às deduções válidas e seu uso de "implicação" aos condicionais verdadeiros, não correrá grandes riscos. Estará apenas usando dois termos gerais que também possuem outros significados mais específicos, e, em algumas ocasiões, empregará um deles no caso a que o outro também se aplica. Em nenhum dos casos você estará errado.

Ver também

1.2 Dedução
1.4 Validade e solidez
4.5 Condicional / bicondicional

Leituras

C. I. LEWIS, The Calculus of Strict Implication, *Mind* 23 (1914).
J. M. DUNN, Relevance Logic and Entailment, in D. GABBAY, F. GUENTHNER (Ed.), *Handbook of Philosophical Logic*: Alternatives to Classical Logic, 1986.
Stephen READ, *Relevant Logic*, 1988.

4.8 Essência/acidente

A cantora e atriz Madonna é muito conhecida por sua contínua reinvenção. Em sua carreira, ela modificou sua imagem de garota moderninha do Brooklyn, passando pela *dominatrix*, pelo ícone sexual-religioso, pelo sofisticado, pela *cowgirl* — para apontar apenas algumas de suas *personae*.

Na terminologia de Aristóteles, todas essas mudanças são meros acidentes. Isso não significa que as mudanças não foram planejadas — com efeito, o sucesso de Madonna é, muito provavelmente, o resultado de um planejamento muito habilidoso. Para os aristotélicos, o *acidente* possui um sentido diferente.

Um *acidente* é uma propriedade de algo que não faz parte da essência dessa coisa — em outras palavras, que pode ser modificado sem destruir completamente aquilo que essa coisa é. (Pensadores posteriores também chamaram tais propriedades de "atributos" e "modos".)

A *essência* de uma coisa é aquilo que faz que uma coisa seja o que é; formular a essência de uma coisa significa, portanto, defini-la.

Por conseguinte, a essência de uma coisa perdura tanto quanto a existência da coisa que define. Os acidentes, por outro lado, podem ir e vir. Essa é a razão pela qual Aristóteles relacionava a essência de uma coisa àquilo que chamava de sua *substância* (*ousia*, em grego) — aquilo que subsiste (*hypokeimenon*) ou resiste à mudança. Para Aristóteles, seguindo mas modificando seu mestre Platão, a substância de uma coisa é, mais basicamente, sua *forma* (*eidos*). Logo, nestes termos, os acidentes de Madonna incluem seus estilos, sua pessoa pública, os cortes e as cores dos cabelos, enquanto sua essência é ser um ser humano. Em todas essas modificações de sua imagem e sua aparência, ela continuou sendo humana; e, caso se considere que a essência é particular, ela continuou sendo esse ser humano que chamamos de "Madonna". (A maioria dos filósofos das tradições aristotélica e platônica consideravam que a essência não é particular, mas universal.)

Modificações históricas

O contraste aparece de diferentes formas ao longo da história da filosofia. A ciência natural aristotélica pode ser resumidamente descrita como a tentativa de determinar os aspectos essenciais das entidades naturais. (A ciência natural moderna, em contraposição, concentra-se menos na determinação das essências que na formulação de leis que descrevam como os fenômenos naturais se comportam.) Vemos também essa busca nas famosas *Meditações* de Descartes, nas quais ele reflete sobre um pedaço de cera num esforço para determinar a essência do mundo material. Como um aristotélico, Descartes examina o que se modifica e o que não se modifica na cera quando derrete. Ele conclui que a forma, o odor, a textura e a dureza da cera são propriedades acidentais, enquanto sua essência é que é uma coisa extensa, flexível e mutável (*res extensa*).

Descartes prossegue considerando a si mesmo, e conclui que todo o seu corpo não é essencial àquilo que ele é, que sua essência é a de uma coisa puramente pensante (*res cogitans*).

Em Descartes, podemos discernir traços de uma variante comum da distinção de Aristóteles. A visão de Descartes parece próxima da visão segundo a qual a essência define a substância da qual a coisa é feita. No modelo escolástico ou aristotélico, os acidentes são os aspectos de uma coisa que não podem existir independentemente da substância, mas que não constituem, eles mesmos, substâncias. A cor, por exemplo, é um acidente, já que não é uma substância, mas uma propriedade das substâncias. (A cor não pode existir independentemente, pois sempre tem de ser a cor de algo.)

A mudança radical introduzida por Descartes ao examinar tais questões foi determinar que o mais importante na determinação das substâncias, das essências e dos acidentes é o modo como pensamos sobre eles. Portanto, para Descartes e Espinosa, assim como para grande parte da filosofia após eles, o que é substancial é aquilo que, quando nosso pensamento é claro e racional, somos forçados a *conceber* como existindo independentemente. Por exemplo, na Sexta Meditação de suas famosas *Meditações*, Descartes estabelece que a mente e o corpo são efetivamente distintos um do outro, pois podemos clara e distintamente conceber um sem o outro.

De Kant a Hegel, de Wittgenstein a Husserl, de Heidegger a Derrida, pensadores herdaram, de várias maneiras, esse método, mas o modificaram de diversas formas — mais recentemente, examinando como a *linguagem*, e não o pensamento, estrutura a maneira como compreendemos o que as coisas são.

Metafisicamente falando, a maioria dos filósofos hoje rejeita a ideia de essências — ao menos segundo o modelo antigo. As doutrinas da substância esfacelaram-se diante das críticas empiristas e linguísticas, cujo argumento é que as teorias tradicionais da substância envolvem postulados metafísicos que não podem ser verificados, são desnecessários para a compreensão da realidade e desprovidos de sentido em aspectos fundamentais.

Preocupações políticas

Muitos pensadores recentes rejeitaram a noção de essência como artificial, restritiva e até opressiva. Os existencialistas são famosos pela divisa: "A existência precede a essência". Com isso, pretendem dizer que somos o que quer que escolhamos ser, e que nem Deus, nem a natureza, nem a sociedade determinam o que somos. O feminismo mostrou habilmente como várias concepções que se propõem a definir o que significa, essencialmente, ser uma mulher foram usadas para manter as mulheres numa posição limitada e subordinada, excluindo-as de toda espécie de coisas (tais como o voto, o acesso à educação de nível superior e a titularidade de propriedade privada), supostamente não apropriadas para elas. Alguns pensadores chegaram ao ponto de sugerir que todas as determinações da essência humana deveriam ser rejeitadas por esses motivos.

Uma abordagem contextual

O que é considerado acidental e essencial também pode ser concebido como subordinado ao contexto. A cor de um metal pode ser acidental quando o metal é uma parte interna do motor de um automóvel, mas essencial numa escultura. Em termos técnicos, podemos dizer que a cor do metal é acidental *qua* partes de motor, e essencial *qua* escultura. Em casos assim, pode-se circunstanciar o uso de "acidente" e "essência", evitando questões metafísicas mais amplas sobre se a distinção é uma distinção fundamental ou apenas um recurso útil. Precisamente nesta linha, Linda Alcoff propõe a noção de "posicionalidade".

Madonna é um exemplo conveniente do debate sobre a distinção essência/acidente, já que muitos de seus admiradores afirmam que ela é o paradigma da personalidade pós-moderna, para a qual não há uma essência imutável, mas somente uma sequência de acidentes. Se considerarmos seriamente a habilidade aparentemente ilimitada de Madonna de se transformar, então, *pace* Aristóteles e Descartes, ela sugere que não existe essência alguma. Madonna pode não ser usada como exemplo pelos filósofos, mas saiba que alguns afirmariam que ela é a mesma em essência, mesmo que não nos acidentes.

Ver também

4.1 *A priori/a posteriori*
4.10 Necessário/contingente

4.11 Necessário/suficiente
4.13 Realista/não realista
5.3 A crítica empirista da metafísica
5.4 A crítica feminista

Leituras

°ARISTÓTELES, *Metafísica*, liv. 7 e 8.
°René DESCARTES, *Meditações*, 1641.
Saul KRIPKE, Identity and Necessity, in Milton K. MUNITZ (Ed.), *Identity and Individuation*, 1971.

4.9 Conhecimento por contato/conhecimento por descrição

As pessoas que falam línguas latinas têm uma vantagem filosófica sobre os anglófonos, pois já têm inerente em sua linguagem uma distinção que, na língua anglo-saxã, é preciso fazer explicitamente. Em inglês, usa-se a palavra *know* quando se fala de conhecer pessoas, fatos e como fazer coisas. Traduzindo-se para o francês, por exemplo, não se pode usar a mesma palavra para as três coisas. A língua portuguesa tem os verbos *conhecer* e *saber*. Em francês, ao falar de pessoas e fatos, usa-se *connaitre*, e ao falar de conhecer fatos, *savoir*. (*Savoir* é usado também como "saber como fazer algo": *savoir-faire*.) Você já notou que alguém pode saber *como* fazer algo (como tocar violoncelo) mas não ser capaz de transmitir esse conhecimento em palavras? Esta é uma distinção antiga, à qual Aristóteles, por exemplo, deu muita atenção. Em inglês, para se falar de *saber*, é preciso usar a expressão "conhecimento proposicional", que é o conhecimento *de que* algo se dá. Assim, há pelo menos três tipos de conhecimento:

Conhecer (*conhecimento como familiaridade*): conhecer um lugar, uma pessoa

Saber (*saber que*): saber fatos, proposições, teorias

Saber como: saber como fazer algo, como realizar certo ato de modo apropriado ou com perícia

Ferramentas de distinção conceitual | 195

Deixemos de lado, por enquanto, o "saber como", pois o verdadeiro interesse na filosofia anglófona foi uma distinção que tem suas raízes no contraste entre *conhecer* e *saber* (embora nada do que se segue deva ser entendido como uma descrição do significado efetivo destas palavras seja em francês, seja em português).

A *abordagem de Russell*

Bertrand Russell fez uma distinção filosófica entre dois tipos de conhecimento. A primeira forma de conhecimento (mais próxima do termo *conhecer*) é o "conhecimento por contato" ou "por familiaridade". É o conhecimento que adquirimos das coisas por termos ciência direta delas — ou seja, por meio da observação direta, e não de relatos feitos por outros. Os tipos de coisas que Russell acredita que conhecemos diretamente são percepções dos sentidos (sons, imagens, sabores, odores e sensações do tato), memórias, introspecções, universais (ideias gerais tais como figuras geométricas, números e fraternidade) e, possivelmente, nós mesmos.

O conhecimento por contato é, para Russell, a raiz de todo conhecimento. Ele torna possível, porém, um segundo tipo de conhecimento: o "conhecimento por descrição". Este aparece sob duas formas:

1. *Descrições definidas* (por exemplo, *o* gato)
2. *Descrições indefinidas* (por exemplo, *um* gato)

Em cada um desses casos, o objeto de que fala a descrição será algo que conhecemos por experiência.

Neste ponto, nós nos despedimos do *conhecer*, pois, para Russell, conhecer uma pessoa é ter conhecimento por descrição, porque aquilo de que temos conhecimento não é uma pessoa, mas percepções sensíveis de um corpo, uma voz, e assim por diante. Assim, quando digo "Eu conheço a rainha", "rainha", como todos os nomes próprios, é um tipo de abreviatura para uma descrição que denota uma única entidade e não outra: "a mulher de cabelos brancos com quem tomo chá toda semana". Observe que esta descrição contém apenas coisas conhecidas por experiência.

Junte tudo isto, e a teoria de Russel vem a ser basicamente o seguinte: nós conhecemos por experiência percepções dos sentidos e universais (branco, cabelo, mulher etc.). Com base nessas coisas, podemos adquirir o conhecimento por descrição (a mulher de cabelos brancos com quem tomo chá toda semana). Quando essas descrições são definidas em vez de indefinidas, podemos substituí-las por um nome próprio como uma abreviatura (a rainha).

Conhecimento como uso

No entanto, ser capaz de fazer isso — substituir uma descrição definida por um nome, e vice-versa — é conhecer? Esta questão se baseia num problema filosófico que interessou Ludwig Wittgenstein e, posteriormente, J. L. Austin. Será que "conhecer" é estar num determinado estado mental (talvez ter uma consciência direta da sensação, de uma ideia ou de uma relação de ideias), ou é ser capaz de fazer determinadas coisas (talvez dizer as palavras certas da maneira certa no contexto certo)? A visão de Wittgenstein parece ter se modificado ao longo de sua carreira filosófica, firmando-se porém no sentido da última. Outros, como Alvin Plantinga e Rudolf Carnap, opuseram-se à sua conclusão e tentaram manter uma versão da primeira concepção.

Usando essa ferramenta

Como ocorre com muitos dos conceitos e distinções de nossa caixa de ferramentas, temos uma teoria altamente específica que está sujeita às controvérsias que podemos imaginar. A teoria das descrições de Bertrand Russell está longe de ser isenta de problemas, e poderíamos passar toda uma vida (alguns de fato o fazem) tentando desemaranhá-la. Mas, por outro lado, há lições mais gerais que podemos extrair disso, independentemente de como nos posicionamos a respeito do êxito ou malogro dos argumentos de Russell.

Mais basicamente, retornando ao ponto de partida da discussão, a menos que possamos distinguir "saber *que*" (saber no sentido de ter familiaridade com algo) e "saber *como*" (saber como fazer algo), terminaremos numa irremediável confusão. Ademais, a distinção de Russell entre o conhecimento por contato e o conhecimento por descrição tem de ter alguma utilidade, ainda que a distinção esteja incorretamente delineada. Sabemos de algumas coisas porque estamos cientes delas, e de outras coisas sabemos por meio de algo que somos capazes de fazer — neste caso, oferecendo algum tipo de relato.

No que vai além disso, há muita discussão e divergência. Nesse sentido, a distinção entre conhecimento por contato e conhecimento por descrição é mais um ponto de partida que um ponto de chegada. Você precisa conhecê-la porque fazer filosofia sem isso é filosofar ingenuamente. Mas uma vez que está ciente da distinção, não pode simplesmente tomá-la e aplicá-la sem mais. Como uma trincheira numa guerra, você precisa dela não tanto para avançar, mas para evitar ser rechaçado e fatalmente derrotado.

Ver também

4.14 Sentido/referência
6.1 Crenças básicas

Leituras

°Bertrand RUSSELL, *Os problemas da filosofia*, 1912.
Ludwig WITTGENSTEIN, *Investigações filosóficas*, 1953.
J. L. AUSTIN, *Quando dizer é fazer — Palavras e ações*, 1962.

4.10 Necessário/contingente

Algumas distinções filosóficas parecem herméticas, mas outras estão mais próximas do senso comum. A distinção entre necessário e contingente está nesta última categoria. Essencialmente, é a distinção entre as coisas que têm de ser como são e as coisas que poderiam ser diferentes do que são. Mas de que tipos de coisas estamos falando? Os filósofos não demoram a começar a estabelecer distinções, então consideremos agora uma distinção muito importante.

Fatos e asserções

Normalmente, nas discussões sobre a necessidade e a contingência, os filósofos distinguem dois tipos de coisas necessárias e contingentes.

Asserções que são sempre verdadeiras, em todos os casos, infalivelmente, são *asserções necessárias*. Simplesmente não é possível que asserções que são necessariamente verdadeiras sejam falsas — e que asserções que são necessariamente falsas sejam verdadeiras. Enunciados contingentes, em contraposição, são asserções que podem ser verdadeiras (ou falsas) mas poderiam ser falsas (ou verdadeiras).

Estados de coisas necessários são fatos ou estados de coisas que simplesmente não poderiam ser diferentes do que são. Se um fato ocorre necessariamente, é impossível que não aconteça. Se, por outro lado, um fato é contingente, é possível que ocorra ou que não ocorra.

Como um caso de verdade necessária, pode-se tomar qualquer verdade matemática, por exemplo: 2 x 2 = 4. Isto é tradicionalmente visto como uma verdade necessária, visto que, dado o significado de "2", "4", "=" e "x", é sempre verdadeiro que 2 x 2 = 4. Não poderia ser de outra forma. (Evidentemente, é verdade que poderíamos ter usado os símbolos "2", "4", "=" e "x" como significando outras coisas, mas a necessidade que atribuímos a este caso não se deve ao fato de que estes símbolos particulares significam o que significam, mas de que, dado o significado que têm, a expressão "2 x 2 = 4" é necessariamente verdadeira.)

Se, contudo, considerarmos uma verdade histórica como "George W. Bush é o presidente dos Estados Unidos de 2001 a 2004", parece perfeitamente razoável dizer que esta asserção não é necessariamente verdadeira e que não há nada de necessário no estado de coisas que ela descreve. Se algumas coisas houvessem ocorrido de modo diferente na Flórida, antes, durante e após a eleição presidencial de 2000, seria Al Gore quem teria entrado na Casa Branca como presidente. Como não envolve necessidade, o fato de que George W. Bush é o presidente dos Estados Unidos de 2001 a 2004 é uma verdade contingente.

Determinismo, Spinoza e necessidade

Conceitualmente, a distinção é, por conseguinte, uma distinção clara. Como se pode supor, porém, as coisas se tornam mais controversas quando se trata de decidir o que é efetivamente necessário e o que é efetivamente contingente. Por exemplo, se você é um determinista estrito, então acredita que tudo o que acontece é a consequência inevitável do que ocorreu antes. Não há espaço para a sorte ou para o livre-arbítrio.

Deste ponto de vista, nada é contingente, e todos os fatos são necessários. "George W. Bush é o presidente dos Estados Unidos de 2001 a 2004" seria uma verdade necessária, pois, do modo como um determinista veria este fato, ele não poderia deixar de ser como é. Embora nos pareça que a eleição poderia ter tido qualquer um dos resultados, num universo determinista, o resultado ocorrido era inevitável. O filósofo Spinoza, do século XVII, é famoso por sustentar que *tudo* ocorre necessariamente, e, por conseguinte, todas as asserções inteiramente verdadeiras são verdades necessárias. O filósofo Immanuel Kant, do século XVIII, tentou contornar o problema sustentando que, de certo ponto de vista (da experiência humana), tudo o que acontece no curso do mundo que habitamos ocorre necessariamente, ao passo que de outro ponto de vista (do mundo metafísico que está além de nossa experiência) as ações humanas são às vezes livres e contingentes. Outros filósofos, por vezes chamados de "compatibilistas", sustentavam que, propriamente entendidas, as ações humanas podem ser legitimamente descritas simultaneamente como necessárias e livres.

Quine e a contingência

No outro extremo, se você assume o holismo semântico de W. V. O. Quine (ver 4.3), então tudo se torna contingente. É sempre o caso que o que julgamos verdadeiro atualmente poderemos julgar falso mais tarde. As verdades matemáticas tais como "2 x 2 = 4" parecem ser necessariamente verdadeiras, mas não podemos excluir a possibilidade de que surjam fatos a respeito do significado dos termos envolvidos que nos levem a revisar nosso julgamento.

Assim, embora seja muito fácil definir a diferença entre o necessário e o contingente, é muito difícil determinar precisamente que asserções pertencem a cada uma destas categorias.

Exemplo: a existência de Deus

A distinção aparece em muitas áreas da filosofia, incluindo argumentos concernentes à existência de Deus. Tomemos Deus como uma hipótese. Se ele existe, seria um ser necessário ou contingente? Deus certamente não poderia ser um ser contingente: não pode ser o caso que Deus exista mas pudesse não existir. Se Deus existe, Deus tem de ser necessário, e a asserção "Deus existe" é uma verdade necessária. De acordo com esta visão, uma maneira de conceber Deus é dizer que existir necessariamente é parte do conceito de "Deus". O que alguns filósofos tentaram argumentar é que isto significa que Deus existe de fato, uma vez que um Deus não existente seria uma contradição em termos: um ser necessário que não existe de fato. Dizer que Deus não existe seria tão autocontraditório quanto dizer que um triângulo não tem três lados. Este argumento pode ser encontrado na obra de filósofos racionalistas como Descartes e Spinoza. Até mesmo alguns filósofos contemporâneos, como Alvin Plantinga, aderiram a versões dele. Uma questão teológica relacionada é se é necessário ou não que Deus criasse o mundo.

Problema: o futuro e o terceiro excluído

Na seção 9 de *De Interpretatione*, Aristóteles aponta algo interessante com respeito a nosso discurso sobre o futuro. Considere-se o enunciado "Uma batalha naval ocorrerá amanhã" (proferido por alguém na noite anterior à batalha de Salamina no ano 480 d.C.). A maioria de nós diria que, naquela noite, a afirmação era verdadeira ou falsa. Mas eis o problema: se a afirmação era verdadeira ou falsa antes da batalha, então o futuro parece ser (e é!) previamente necessário e determinado. Esta parece uma conclusão inaceitável para muitos. Uma maneira de preservar a contingência do futuro, evidentemente, é sustentar que nossas afirmações sobre o futuro não são nem verdadeiras nem falsas até que os eventos que predizem efetivamente ocorram, mas esta opinião parece, para muitos, igualmente inaceitável. Parece ser não apenas impossível na prática (não poderíamos dizer que é verdade que alguém cumprirá uma promessa ou comparecerá a um compromisso); mas parece também violar um dos princípios fundamentais da racionalidade, a lei do terceiro excluído, que estabelece que um enunciado tem de ser verdadeiro ou falso, não havendo uma terceira alternativa (ver 3.3).

Você pode ver que, embora as coisas parecessem muito simples de início, há muito o que examinar a respeito desses conceitos. Embora a distinção entre o necessário e o contingente tenha suas raízes no senso comum, você pode ter certeza de que na mão dos filósofos ela se torna muito mais extraordinária.

Ver também

4.1 A *priori/a posteriori*
4.4 Categórico/modal
4.3 Analítico/sintético
4.11 Necessário/suficiente

Leituras

ARISTÓTELES, *De Interpretatione*, 9.
Alvin PLANTINGA, *The Nature of Necessity*, 1974.
Saul KRIPKE, *Naming and Necessity*, 1980.

4.11 Necessário/suficiente

O que significa ser uma pessoa? Quando tenho conhecimento e não uma mera opinião ou crença? Estas são duas questões capitais na filosofia. As respostas oferecidas com frequência estabelecem quais as condições necessárias e suficientes para ser uma pessoa ou para se ter conhecimento, ou seja, aquilo que *basta* para que algo se dê, e aquilo que é *indispensável* para que algo se dê.

Podemos ver as diferenças e as relações entre ambos por meio de alguns exemplos cotidianos.

Ser um cidadão do Reino Unido é uma condição necessária para se tornar o primeiro-ministro, mas não é suficiente. É preciso que o primeiro-ministro seja um cidadão do Reino Unido, mas se esta condição for satisfeita haverá ainda outras condições que precisam ser satisfeitas para ocupar o posto, entre elas vencer certo número de eleições.

Investir uma enorme quantia de dinheiro no país e não ter registro criminal são condições suficientes para obter o *green card* nos Estados Unidos, mas não são condições necessárias, pois há outras maneiras de obter o *green card*, tais como ser casado com um cidadão norte-americano ou ter certas habilidades extremamente importantes para o governo.

Um ou muitos, juntos ou separados

As condições podem ser singulares ou plurais, e algumas condições podem ser concomitantemente necessárias e suficientes. Ter a composição H_2O é uma condição necessária *e* suficiente para que algo seja água. Algo tem de ser H_2O para que seja água, e, se não for nada além de H_2O isso será suficiente para que uma substância seja água — não há outras condições. Mas para que algo seja gelo a fórmula de sua molécula tem de ser H_2O *e* esta substância tem de estar a menos de 0 °C em condições atmosféricas normais, ou o equivalente a isso. Estas duas condições — a estrutura molecular e a temperatura — formam o *conjunto* de condições necessárias e suficientes para que algo seja gelo.

Aplicação na definição

Especificar conjuntos de condições necessárias e suficientes é um método filosófico comum para definir um conceito. Por exemplo, sugeriu-se que as condições necessárias e suficientes para "saber que X" são: (1) que a pessoa acredite que X, (2) que a pessoa esteja justificada em sua crença, e (3) que X seja verdade. Para ter conhecimento, são necessários todos os três componentes. Por conseguinte, cada condição *separadamente* é uma condição *necessária*; *juntas*, no entanto, elas formam as condições *suficientes* para o conhecimento. Este grupo de três, portanto, compreende as condições necessárias e suficientes para "saber que" algo se dá.

Na identidade pessoal, há várias concepções concorrentes do conjunto de condições necessárias e suficientes para que uma pessoa seja, em momentos diferentes, a mesma pessoa, e não outra. Alguns afirmam que uma forma de continuidade psicológica é necessária e suficiente. Segundo esta visão, enquanto perdurarem, em certo grau, a memória, as crenças e a personalidade, a pessoa continuará a existir. Outros argumentam que isto é necessário, mas não suficiente, já que também é preciso ser fisicamente contínuo: a menos que o corpo (ou ao menos o cérebro) continue a existir, nenhum grau de continuidade psicológica será suficiente para que a pessoa subsista. O conjunto de condições necessárias e suficientes para a identidade pessoal inclui, portanto, a continuidade física e psicológica. Outros, porém, afirmam que somente a continuidade física é necessária e suficiente.

Entretanto, alguns filósofos rejeitariam todo o modelo de condições necessárias e suficientes, ao menos para algumas áreas de investigação. Wittgenstein considerava que não havia sentido em buscar condições necessárias e suficientes para que algo seja, por exemplo, um jogo. Muitas coisas são jogos, e aquilo que elas têm em comum não pode ser especificado por um conjunto de condições, mas é, antes, um tipo de "similaridade familiar". As regras que governam a aplicação correta do uso de qualquer palavra, incluindo conceitos como "conhecimento" ou "pessoa", não podem ser encaixadas no modelo restrito das condições necessárias e suficientes. Em vez disso, temos de nos apoiar no julgamento e na observação de como as palavras são usadas para determinar se alguém tem conhecimento genuíno ou se é a mesma pessoa ao longo do tempo.

Ver também

1.10 Definições
3.9 Critérios

Leituras

Ludwig WITTGENSTEIN, *Investigações filosóficas*, 1953.
*Patrick J. HURLEY, *A Concise Introduction to Logic*, ⁷2000.
*Theodore SCHICK, JR., Lewis VAUGHN, *How to Think abour Weird Things*: Critical Thinking for a New Age, ³2002.

4.12 Objetivo/subjetivo

As provas podem ser a desgraça da vida de um estudante, mas a maior parte das pessoas as aceita porque oferecem a possibilidade de uma avaliação objetiva do próprio empenho, enquanto a visão subjetiva acerca desse pode ser um tanto distorcida.

Fazemos distinções como esta o tempo todo. Dizemos que uma matéria de jornal é objetiva ou, se o ponto de vista do repórter é muito proeminente, que é muito subjetiva. Dizemos que o gosto é subjetivo, mas que a medição do nível de poluentes na atmosfera é objetivo. Mas será que compreendemos claramente a distinção entre objetivo e subjetivo?

Quando um julgamento ou um ponto de vista baseia-se inteiramente na perspectiva particular de um indivíduo sobre o mundo, com frequência o qualificamos como "subjetivo". Ao fazê-lo, assinalamos que suspeitamos que o julgamento é parcial, que provavelmente não leva em consideração todos os fatos, ou que não vai além do ponto de vista pessoal. Quando, porém, um julgamento leva em consideração todos os dados relevantes, a despeito dos interesses pessoais, e encontra respaldo em outras pessoas competentes e informadas, dizemos que é um julgamento objetivo. Assinalamos assim que o julgamento é imparcial, fundado em fatos e vai além do que é meramente pessoal.

O subjetivo é, portanto, aquilo que pertence ao sujeito (individual), à consciência ou à mente, enquanto o objetivo é aquilo que está além ou que é independente do sujeito (individual).

Uma ferramenta

Ao examinar questões relacionadas à subjetividade e à objetividade, consideremos este modelo, no qual S representa um sujeito, O representa um objeto, e a seta indica a relação entre eles.

1. $S_1 \leftrightarrow O_1$
2. $S_2 \leftrightarrow O_1$
3. $S_1 \leftrightarrow O_2$
4. $S_2 \leftrightarrow O_2$

Consideremos se todos os sujeitos forem os mesmos. Suponhamos que S_1 é, de modo significativo, diferente de S_2. Alguns pensadores, por exemplo, acreditam que o ser humano do sexo masculino S é diferente do ser humano do sexo feminino S, que o ser humano S é diferente dos outros animais e de Deus, e que cada indivíduo S é diferente dos outros indivíduos. Alguns sustentam que nenhum S é idêntico a si mesmo ao longo do tempo (veja Hume). Outros sustentam que a linguagem e seus significados em constante modificação deixam o S indeterminado (veja Lacan). Se alguma destas possibilidades for verdadeira, terá sentido afirmar que as relações entre os Ss e Os relevantes (ou mesmo entre os próprios Os) são as mesmas? Ou seja, os julgamentos acerca do que é verdadeiro, do que é bom e do que é belo podem ser os mesmos para diferentes sujeitos como S_1 ou S_2? Aquilo que os filósofos chamam de "intersubjetividade" ou "subjetividade comum" ou "compartilhada" é realmente possível?

Ainda que os sujeitos sejam os mesmos e a subjetividade exista, e quanto aos objetos? Compare as expressões 1 e 3 (ou 2 e 4). Sujeitos diferentes do tipo S_1 (ou S_2) provavelmente encontrarão na vida ambientes e circunstâncias diferentes (O_1 e O_2). Com efeito, duas pessoas nunca têm experiências idênticas do mundo. Assim sendo, pode-se esperar que quaisquer Ss dados cheguem a julgamentos partilhados? Os diversos sujeitos não estarão, na verdade, referindo-se a objetos diferentes? É realmente correto dizer que atuamos num mundo compartilhado?

Objetividade e ética

Esta distinção é importante em muitas áreas da filosofia. Tomemos a ética. Quando digo "Fraudar é errado", isto pode ser mais que meu próprio julgamento subjetivo? Em última análise, todos esses julgamentos morais não seriam expressões de como um ato me parece? Outros podem concordar comigo, mas isso nos dá apenas *consenso entre um grupo de julgamentos subjetivos*. Dúvidas similares surgem nos julgamentos estéticos: como pode um julgamento como "A pintura *Guernica* de Picasso é uma grande obra de arte" ser mais que meramente subjetivo?

Alguns filósofos sustentam que o que é objetivo não é senão aquilo que é comum a uma comunidade de sujeitos ou que foi abonado pelo consenso de tal comunidade. Outros sustentam que é objetivo aquilo que é contrário ou independente dos sujeitos, sejam individuais ou comunitários.

Conhecimento, perspectivismo e o círculo hermenêutico

Não apenas os juízos de valor enfrentam dificuldades em ir além do subjetivo. Consideremos o próprio conhecimento. Como pode ser possível o conhecimento objetivo? Podemos ser capazes de ir além de nossos pontos de vista individuais, mas ainda estamos confinados num ponto de vista especificamente humano — e num ponto de vista fundado num meio histórico e social. A condição que aparentemente enfrentamos de só sermos capazes de interpretar coisas novas com base em valores e crenças preexistentes é chamada de "círculo hermenêutico". É possível transcender essa condição e chegar a um ponto de vista verdadeiramente imparcial?

Thomas Nagel escreveu sobre esta questão num livro que capta a essência do problema: *Visão a partir de lugar nenhum*. Se a subjetividade é o ponto de vista de um mirante situado em algum lugar particular, a objetividade tem de ser então um tipo de visão que se situa em lugar nenhum. Mas faz sentido falar de uma visão de lugar nenhum? Toda "apreensão possível" da verdade tem de provir de uma perspectiva ou de outra? Esta é a questão que está por trás do que se tornou conhecido como o "perspectivismo" de Friedrich Nietzsche — a ideia de que todo conhecimento é sempre proveniente de uma perspectiva particular e de que, por conseguinte, a objetividade não existe.

Nagel responde a esse desafio de modo diferente. Ele nos convida a ver a subjetividade e a objetividade não como lados opostos da mesma moeda, mas como dois extremos de um espectro. Num extremo, temos a pura subjetividade: o ponto de vista baseado na natureza individual do sujeito. No outro extremo, temos uma objetividade quiçá inatingível, em que o conhecimento é purificado de todos os laivos de uma perspectiva particular. Entre estes dois extremos, podemos ocupar posições mais ou menos subjetivas e objetivas. Quanto menos nosso conhecimento depende dos aspectos particulares de nossa própria existência, mais objetivo se torna. Pode ser que nunca se torne plenamente objetivo, mas isso pode não ter importância. Se não estivermos convencidos de que a objetividade é uma questão de tudo ou nada, poderemos ver o proveito de adquirir uma visão mais objetiva, ainda que não sejamos capazes de eliminar completamente a subjetividade.

O tratamento dispensado por Nagel à questão do objetivo e do subjetivo é um exemplo de como os filósofos foram além de vê-la como uma dicotomia simplista, na qual a subjetividade é ruim e a objetividade é boa, porém difícil — se não impossível — de alcançar. O debate está, atualmente, mais sofisticado, mas os aspectos básicos de referência ainda são os mesmos.

Ver também

1.11 Certeza e probabilidade

3.11 Falsa dicotomia
4.2 Absoluto/relativo
5.2 Desconstrução e a crítica da presença

Leituras

°Thomas NAGEL, *Visão a partir de lugar nenhum*, 1985.
Crispin WRIGHT, *Truth and Objetivity*, 1992.
P. K. MOSER, *Philosophy after Objectivity*, 1993.

4.13 Realista/não realista

Em 1628, William Harvey inventou a circulação sanguínea.

Na escola, muitas crianças, num momento ou em outro, cometeram um erro como este. Ao abarrotarmos suas cabeças com informações sobre quem descobriu isto ou inventou aquilo, tudo se confunde e as descobertas e as invenções se embaralham.

Nossos pequenos alunos tropeçaram, no entanto, num importante erro filosófico. Quando examinamos uma grande área do conhecimento humano, da ciência à política, à ética e à estética, quanto é descoberto e quanto é inventado? A ética é a tentativa de descobrir o que é o bem, assim como Harvey descobriu o funcionamento do coração? Ou seria a tentativa de construir um sistema moral, assim como Stephenson projetou e construiu a primeira locomotiva a vapor?

Variedades do realismo

Um realista filosófico é alguém que acredita que a busca do conhecimento consiste essencialmente em descobertas. Mais especificamente, isso significa acreditar que há fatos sobre o mundo exterior que se dão independentemente de que os descubramos ou não. Essa atitude realista geral se manifesta ao longo de todo o leque de tópicos filosóficos. O *realismo ontológico* é a visão segundo a qual os objetos físicos existem independentemente de nossas mentes. O *realismo epistemológico* é visão segundo a qual as coisas são verdadeiras ou falsas independentemente do fato de sabermos ou acreditarmos que são verdadeiras. O *realismo moral* é visão segundo a qual os atos são moralmente certos ou errados independentemente de nosso julgamento acerca disso. O *realismo estético* sustenta que a beleza é uma propriedade real das obras de arte, que é descoberta pelo observador que a discerne. O *realismo metafísico* é a visão segundo a qual o que é real existe tal como é, independentemente dos sujeitos que o experimentam.

O realismo é frequentemente descrito como a posição do "senso comum", mas, neste caso, o senso comum pode ser muito diferente. Certamente, o senso comum concordaria em que os objetos físicos existem, quer os percebamos ou não, mas o senso comum pode não ser realista quando se trata de arte e moral, por exemplo. No caso da arte, é provável que mais pessoas concordem que a beleza está nos olhos do observador, e não que acreditem que a beleza é uma propriedade efetiva das obras de arte em si.

Variedades de não realismo

Há muitas formas de ser um não realista que significa afirmar que se pode acreditar que há muitas coisas positivas que são compatíveis com a negação de que a verdade ou a falsidade dos enunciados envolve o fato de representarem ou espelharem uma realidade independente (realismo epistemológico), ou com a negação de que aquilo que é real é independente de sua relação com os sujeitos que o experimentam (realismo metafísico).

Na ontologia, a principal posição não realista é o idealismo — a visão segundo a qual os objetos são, em sua essência, imateriais e não existiriam se não existisse a mente ou o espírito. Na epistemologia, pode-se ser um relativista, argumentando que o que é verdade e o que é falso sempre dependem de uma perspectiva histórica, social ou individual. Na ética, pode-se ser um subjetivista, e argumentar que os julgamentos do que é certo ou errado não passam de expressões de aprovação ou reprovação pessoal. Na estética, pode-se argumentar que os julgamentos acerca do que é belo nas obras de arte são meras expressões de gosto pessoal. Em todas estas áreas da filosofia, há muitas outras formas de ser não realista.

À la carte

Pode-se considerar que não é preciso decidir entre ser um ultrarrealista ou um não realista. Sua posição pode variar de acordo com a questão discutida. Muitas pessoas, por exemplo, são realistas no que concerne ao mundo exterior, mas não realistas quando se trata de ética e estética. Immanuel Kant chegou a descrever seu pensamento concomitantemente como "realismo empírico" e "idealismo transcendental". Outros movimentos filosóficos tentam navegar entre Cila e Caribde, formulando uma maneira alternativa de entender a questão do realismo e do antirrealismo. A fenomenologia é um exemplo disso. A distinção entre o realismo e o não realismo é uma distinção profunda, mas não é preciso fazer uma escolha definitiva entre ambos para determinar como se abordará a filosofia como um todo.

Ver também

4.8 Essência/acidente
4.12 Objetivo/subjetivo
6.7 Ceticismo

Leituras

Hilary PUTNAM, James CONANT, *Realism with a Human Face*, 1992.
Nelson GOODMAN, *Ways of Worldmaking*, 1978.
Roy BHASKAR, *A Realist Theory of Science*, 1978.

4.14 Sentido/referência

A moderna filosofia da linguagem, concorda-se amplamente, teve seu início com Gottlob Frege (1848-1925). Frege legou à filosofia uma distinção entre "sentido" e "referência" que, cem anos depois, ainda é usada, discutida e debatida.

O ponto básico da distinção pode ser ilustrado com um exemplo de Frege. Considerem-se os dois nomes: "a estrela da manhã" e "a estrela da tarde". Por acaso, a estrela da manhã e a estrela da tarde são o mesmo corpo celestial (o planeta Vênus). Neste caso, temos dois nomes com dois sentidos diferentes, mas a mesma referência. Eles têm a mesma referência porque se referem ao mesmo objeto. Mas têm sentidos diferentes porque o que se entende por um e por outro não é a mesma coisa: por "estrela da manhã", podemos entender um corpo refletor que aparece num ponto específico do céu pela manhã, por "estrela da tarde", um corpo que aparece num ponto específico do céu à tarde. Pode-se até não ter conhecimento de que se trata do mesmo objeto.

Frege estende suas concepções para que se apliquem não somente aos nomes, mas também a sentenças inteiras. Ele argumenta que as sentenças declarativas (aquelas que afirmam que é o caso que uma determinada coisa ocorre) devem ser consideradas como nomes, e, por conseguinte, devem ter um sentido e uma referência assim como os nomes.

Não tão simples

Até aqui, tudo bem. Mas o leitor deve ser alertado de que praticamente nada disso se desdobra da forma como se esperaria. Em primeiro lugar, pode-se ter a tentação de pensar que o sentido é de algum modo subjetivo, especialmente porque Frege afirma que o pensamento expresso numa sentença é o seu sentido, e não a sua referência. Portanto, o sentido é, de certo modo, igualado ao pensamento, que pode parecer subjetivo. Mas Frege não pensa que os pensamentos, neste sentido, sejam subjetivos. Com efeito, é o pensamento que muitas vezes se quer comunicar por meio da linguagem e que Frege pensa que pode ser comunicado pela linguagem. Mas a linguagem não é subjetiva. Logo, os pensamentos e o sentido, definitivamente, não são subjetivos.

A parte mais complicada da teoria de Frege, porém, é o que ele entende como sendo a referência das sentenças. A noção de referência parece perfeitamente clara no caso dos nomes: a estrela da manhã é *aquela*, poderíamos dizer, apontando para a estrela. Mas e quanto à referência de uma sentença como "Jimmy Jones faz a pior pizza de Charlottesville"? Simplesmente não é possível apontar para a referência disso.

Frege diz que a referência de tal asserção é o conjunto de circunstâncias que a tornam verdadeira. Frege chama isto de *valor de verdade*. Mas há apenas dois valores de verdade: verdadeiro e falso. Portanto — e aqui está a conclusão surpreendente —, as sentenças tem apenas duas referências: o Verdadeiro e o Falso. A referência de todas as sentenças verdadeiras é o verdadeiro, e a referência de todas as sentenças falsas é o Falso.

De certo modo, a distinção entre sentido e referência pode parecer uma ferramenta útil para ajudar a distinguir dois aspectos de palavras e sentenças. Mas no contexto da filosofia mais ampla de Frege é, na realidade, parte de uma metafísica muito singular. Portanto, como dizemos com frequência, use esta ferramenta com cautela, pois, se tentar ir longe demais com ela, poderá se comprometer com uma concepção muito específica da verdade com a qual pode não querer ser onerado.

Ver também

3.17 A falácia do homem mascarado
4.9 Conhecimento por contato/conhecimento por descrição

Leituras

Gottlob FREGE, Sobre sentido e referência, in *Lógica e filosofia da linguagem*, 1952.
Michael DUMMETT, *Frege: Philosophy of Language*, 1981.
Hans SLUGA, *Sense and Reference in Frege's Philosophy*, 1993.

4.15 Sintaxe/semântica

A linguagem dominou a filosofia durante o século XX. Questões sobre verdade, conhecimento, ética, a mente e praticamente tudo o mais foram abordadas via filosofia da linguagem. Se você queria entender o que era a consciência, por exemplo, precisava entender o que significa a palavra "consciência". E, para fazê-lo, tinha de entender em que consiste, para qualquer palavra, significar algo.

A "virada linguística", como foi chamada esta ênfase na linguagem, é hoje vista com certa ambivalência. Muitos consideram que se atribuiu à linguagem um papel demasiadamente central na filosofia e que isso é, no mínimo, um obstáculo ao progresso tanto quanto um auxílio. Qualquer que seja o julgamento que façamos sobre a virada linguística, o fato é que ela deixou para a filosofia contemporânea um legado que não pode ser descartado.

Uma parte fundamental dessa herança é a distinção entre sintaxe e semântica. Consideremos, primeiramente, a linguagem natural, comparando estas duas sentenças:

> O ódio amarelo chutou o algoritmo malvado.
> Meu velho doente cachorro ser posto para dormir tem de.

Em ambos os casos, há algo de errado. Mas o que está errado em cada uma das sentenças é muito diferente. A primeira sentença é, gramaticalmente, uma sentença perfeitamente bem formada. Mas o que ela significa? Provavelmente, nada. Os algoritmos não podem ser malvados, e não podem ser chutados pelo ódio, que tampouco pode ser amarelo. A segunda sentença, por outro lado, é gramaticalmente mal formada, mas podemos ver que ela provavelmente significa: Meu velho cachorro doente tem de ser posto para dormir.

As regras da linguagem infringidas em cada um dos casos são, portanto, muito diferentes. Enquanto a primeira sentença não comunica significado (a gramática é perfeita, mas há carência de sentido), a segunda é mal formada (o significado pode ser discernido, mas a construção é defeituosa).

Para classificar essas diferenças, podemos dizer que a *sintaxe* de "O ódio amarelo chutou o algoritmo malvado" é correta, mas a *semântica* não, ou é confusa: o problema é *semântico*. Do mesmo modo, a *sintaxe* de "Meu velho doente cachorro ser posto para dormir tem de" está errada, mas a *semântica* pode ser discernida: aqui, o problema é *sintático*.

Em suma, a sintaxe diz respeito às regras que governam a disposição correta de palavras e sentenças na linguagem, enquanto a semântica refere-se ao significado.

Às vezes, os filósofos referem-se às dimensões sintática e semântica da linguagem como suas dimensões *formal* e *material*, respectivamente. Por isso os filósofos muitas vezes falam de lógica "formal". Não é por estarem interessados em trajes finos!

Usos na lógica

Para os propósitos da lógica (em oposição, por exemplo, à poesia ou à retórica), a sintaxe diz respeito à construção formal da linguagem, enquanto a semântica não diz respeito simplesmente ao significado, mas à verdade e à falsidade. As linguagens simbólicas não naturais frequentemente empregadas na lógica incluem a mesma distinção. Com efeito, a lógica pura é inteiramente relacionada com a sintaxe: ela estuda quais construções são válidas na lógica e quais não são. Em certo sentido, não há semântica na lógica pura. Embora possamos dizer, por exemplo, que A v B significa "A ou B", a expressão "A v B" é puramente sintática, uma vez que não quer dizer especificamente nada sobre o mundo. Dizer que "A v B" é uma construção aceitável na lógica equivale a dizer que "artigo + substantivo + adjetivo + verbo intransitivo" é uma construção aceitável em nossa linguagem natural. Ambas as coisas tratam apenas de construções certas ou erradas, não de significado (verdade ou falsidade).

Importância na inteligência artificial

A distinção entre sintaxe e semântica é particularmente importante nos debates acerca da inteligência artificial. Pode-se fazer que computadores processem sentenças de acordo com regras sintáticas de modo que pareçam constituir significado. Mas o que permite que um usuário da linguagem tenha semântica é o tema de tal debate, e muitos, como John Searle, argumentaram que os computadores digitais têm somente sintaxe, e não semântica. Um computador, portanto, diferentemente de um ser humano, não pode discernir que "O ódio amarelo chutou o algoritmo malvado" e "O enorme e repulsivo bandido chutou o aterrorizado estranho" são sentenças de espécies muito diferentes. O cerne desta posição encontra-se no experimento do "quarto chinês" de John Searle (ver 2.6).

Ver também

1.4 Validade e solidez
2.6 Bombas de intuição
2.9 Experimentos mentais
4.7 Implicação/implicação estrita

Leituras

*John SEARLE, *Minds, Brains, and Science*, 1984.
Rudolf CARNAP, *Introduction to Semantics*, 1942.
Richard LARSON, Gabriel SEGAL, *Knowledge of Meaning*, 1995.

4.16 Conceitos éticos densos e difusos

Embora muitos dos conceitos e distinções contidos neste livro tenham sido formulados pela primeira vez já há muitos anos, os filósofos ainda estão criando ferramentas novas e úteis. Na filosofia, muitas vezes se tem a experiência de ler uma distinção que está sendo feita pela primeira vez e perguntar como foi possível passar sem ela até aquele momento.

Uma dessas contribuições recentes é a distinção feita por Bernard William entre conceitos éticos densos e difusos. Os conceitos éticos difusos são conceitos como "bom", "mau", "certo" e "errado". Tais termos são muito gerais e deixam em aberto sua abrangência precisa. Neste aspecto, funcionam quase como curingas a serem posteriormente definidos por uma teoria específica.

Por exemplo, se digo "deve-se maximizar o bem", eu não disse efetivamente o que se deve fazer. Isso depende do que seja o bem. Se o bem é a felicidade humana, então devo maximizar a felicidade humana. Mas se o bem é uma vida isenta de pecados, provavelmente terei de me comportar de um modo bem diferente de como me comportaria para maximizar a felicidade — ao menos nesta vida.

Os conceitos difusos, por conseguinte, permitem amplas variações na maneira como são entendidos. Os conceitos densos, por outro lado, trazem consigo um significado mais substantivo (mas não necessariamente completo).

Podemos discordar a respeito de quando a "gratidão", por exemplo, é eticamente necessária, mas todos entendemos que a gratidão é o reconhecimento apropriado de uma boa ação para com um indivíduo ou um grupo, e que a gratidão é um sentimento moralmente virtuoso. Isto é o que torna a gratidão um conceito ético denso.

Outro exemplo de um conceito ético denso seria "logro". O logro é uma maneira moralmente errada de enganar. Ainda que possamos discordar acerca de se um determinado ato deve ser classificado como "logro" ou, digamos, como uma "mentira piedosa", o termo "logro" traz em si mesmo uma ideia bastante clara do que seja e se é moralmente bom ou mau.

Uso na teoria moral

A distinção é extremamente útil em discussões sobre teoria moral. Alguns debates requerem conceitos difusos, outros, conceitos densos, e esta é uma ferramenta útil para distingui-los e identificar qual deles é apropriado. Por exemplo, a metaética é o estudo da natureza geral da ética e dos enunciados éticos. Um exemplo de questão metaética poderia ser: a ética trata de aspectos objetivos do mundo real? Para responder a esta questão, precisamos considerar se asserções como "matar é errado" descrevem fatos sobre o mundo ou algo diferente, como por exemplo nossos sentimentos em relação ao mundo. Nessas discussões, os conceitos éticos difusos são tudo de que se precisa, já que não se está discutindo se este ou aquele julgamento moral é correto, mas sim a natureza dos próprios julgamentos morais.

Quando, porém, estamos discutindo questões substantivas da ética, os conceitos densos são necessários. Por exemplo, se quero argumentar que o suicídio assistido é eticamente injustificável porque tirar uma vida humana é sempre errado, tenho de ser capaz de dizer por que é errado e o que, especificamente, entendo por "errado". Para fazê-lo, necessito de uma concepção substantiva de conceitos éticos tais como "errado" e "assassinato". Concepções gerais acerca do que seja a ética e o uso de meros curingas não serão satisfatórios.

Uma vantagem dos termos "difuso" e "denso" sobre outras distinções (tais como metaética *versus* ética normativa ou substantiva) é que não presumem uma distinção radical. Difuso e denso não são dois lados de uma mesma moeda, mas extremos opostos de um *continuum*, entre os quais os termos podem ser mais difusos ou mais densos. Isso significa que esta ferramenta capta uma diferença entre dois pontos extremos do espectro e admite os matizes de cinza entre ambos.

Ver também

3.11 Falsa dicotomia

Leituras

°Bernard WILLIAMS, *Ethics and the Limits of Philosophy*, 1985.
Clifford GEERTZ, Thick Description: Toward an Interpretive Theory of Culture, in ID., *The Interpretation of Cultures*: Selected Essays, 1973.
Michael WALZER, *Thick and Thin*: The Moral Argument at Home and Abroad, 1994.

4.17 Tipos e casos

Se você descobrir que eu tenho o mesmo carro que você, suponho que você não se preocupará muito com isso. Por outro lado, se você descobrir que tenho a mesma namorada que você, poderá não ficar tão sereno.

O que este exemplo mostra é que falar do "mesmo" X é *ambíguo*. No exemplo do carro, trata-se do mesmo modelo. Os dois carros são construídos da mesma forma, têm a mesma aparência e funcionam de modo similar. Quando saem da linha de produção, são (ou devem ser), do ponto de vista qualitativo, praticamente idênticos. Isto é, um carro deve ter quase todas as qualidades do outro. Se um deles tem um motor de 16 válvulas, então o outro também deve ter. Se não tem, então não é o mesmo carro.

O caso da namorada é um pouco diferente. Dizer que temos a mesma namorada não significa dizer que há duas namoradas que têm praticamente as mesmas qualidades; significa dizer que há uma namorada que inadvertidamente partilhamos. Neste caso, minha namorada e a sua não são apenas qualitativamente similares, elas são quantitativamente (numericamente) idênticas. Elas são, literalmente, a mesma pessoa.

A maneira mais comum de distinguir estes dois sentidos de "mesmidade" é por meio daquilo que os filósofos chamam, frequentemente, de "tipos" e "casos". Os tipos são formas abstratas, das quais os objetos individuais são casos particulares. Assim, por exemplo, o tipo "bola de bilhar" não se refere a nenhum objeto particular, mas a uma noção abstrata do que seja uma bola de bilhar. Todas as bolas de bilhar particulares são casos deste tipo.

Origens

A distinção tem suas origens formais em considerações sobre a linguagem. Toda palavra particular é um tipo, e toda ocorrência desta palavra, na fala ou na escrita, é um caso. Portanto, quando Hamlet murmurou "palavras, palavras, palavras", estava proferindo três casos do tipo "palavra".

Platão, claramente, tinha algo semelhante em mente em sua teoria das formas (*eidē*). Há uma boa medida de divergência a respeito do que essa teoria implica, mas sua principal ideia motivadora é bem simples. Se pergunto, por exemplo: "O que é um triângulo?", para responder não é suficiente apontar para nenhum triângulo particular. Um triângulo retângulo certamente é um triângulo, mas há muitos outros triângulos de diferentes tamanhos e com diferentes ângulos internos.

A solução de Platão foi dizer que cada uma das "muitas" coisas diferentes do mundo sensível "participam" de uma "unidade" ou de uma "forma" (*eidos*) que faz delas o *tipo* ou a *classe* de coisas que são. Há muitos triângulos diferentes, mas apenas uma forma do triângulo. Esta forma contém a essência da "triangularidade", e os triângulos particulares são o que são porque, de algum modo, partilham a forma do triângulo. Logo, embora haja um número infinito de triângulos efetivos ou potenciais, há apenas uma forma do triângulo, e entender esta forma é o que nos possibilita reconhecer os triângulos particulares.

Platão às vezes parece sugerir que acreditava que estas formas eram uma espécie de entidade não física que existiria em algum outro mundo transcendente. Mas, na terminologia de tipos e casos, essa extravagância metafísica parece desnecessária. Todos os triângulos particulares são casos do tipo singular "triângulo". Este "tipo" não precisa ser nenhuma estranha entidade não física; é simplesmente o conceito abstrato no qual formas geométricas particulares podem ser categorizadas. Evidentemente, isso ainda deixa questões em aberto, particularmente acerca dos próprios conceitos abstratos. Mas a distinção tipo/caso tem o mérito de não implicar, por si mesma, nada de metafísico, misterioso ou sobrenatural.

Identidade

A distinção tipo/caso é importante também no que concerne à identidade. Duas coisas que são iguais em todos os aspectos, mas que não são, de fato, um único objeto, são ditas *tipo-idênticas*. Cada objeto ou pessoa tipo-idênticos são considerados casos daquele tipo determinado. Quando temos dois termos — por exemplo, minha namorada e sua namorada — mas somente um referente, dizemos que os dois se referem a uma única coisa que é *caso-idêntica*.

A distinção pode parece óbvia, mas é crucial. Tomemos, por exemplo, a asserção de que os estados mentais são estados cerebrais. Isso pode significar duas coisas. Em primeiro lugar, pode significar que os estados mentais são um tipo do qual os estados cerebrais são casos particulares. Deste ponto de vista, é possível que possa haver outros casos de estados mentais, tais como estados vegetais. Uma afirmação mais forte é que os estados mentais e os estados cerebrais são caso-idênticos. Como nossas namoradas, não há um único tipo e vários casos dele andando por aí. Antes, o caso é o tipo — não há estados mentais que não sejam estados cerebrais.

Ver também

3.16 A lei da identidade de Leibniz
3.17 A falácia do homem mascarado

Leituras

Charles Sanders PEIRCE, On the Algebra of Logic, in *Collected Works of Charles Sanders Peirce*, ed. C. Hartshorne, P. Weiss, 1931-35.
D. ARMSTRONG, *A Materialist Theory of the Mind*, 1968.

capítulo cinco
Ferramentas de crítica radical

5.1 A crítica de classe

Uma das mais importantes ferramentas desenvolvidas pelos críticos de uma situação sociopolítica foi a que chamaríamos de "crítica de classe". Por isso, entende-se a crítica de conceitos e teorias filosóficos com base na maneira como servem ou subvertem a hierarquia de classes ou a luta de classes.

Embora certamente tenha havido precedentes, a formulação clássica dessa ferramenta crítica encontra-se na obra dos filósofos alemães Karl Marx e Friedrich Engels. Antes de Marx e Engels, a maioria dos filósofos sustentava que a filosofia e outros elementos da cultura humana desenvolviam-se pela livre ação da mente, independentemente da ordem econômica na qual fossem produzidos. Marx e Engels contestaram essa ideia, afirmando que o modo de produção (por exemplo, feudalismo ou capitalismo) característico de uma ordem social age como uma espécie de "subestrutura" que baseia e determina os atributos da "superestrutura" cultural erigida sobre ela. Para Marx e Engels, não é a dinâmica das ideias que determina a sociedade; é a dinâmica da base econômica que determina nossas ideias. É isso o que se quer dizer quando se afirma que Marx virou Hegel de ponta-cabeça.

Poderíamos dizer que, para Marx e Engels, a subestrutura econômica funciona quase como o inconsciente freudiano, determinando os conteúdos de nossa mente consciente sem que cheguemos a perceber. Críticos de classe posteriores, como Antonio Gramsci (1891-1937), rejeitaram a tese marxista clássica de que essa determinação é unidirecional, sustentando que a cultura pode também afetar a subestrutura econômica.

Em todo caso, como se pode usar essa ferramenta no pensamento filosófico?

Política e religião

Por exemplo, você poderia argumentar (como fizeram muitos críticos marxistas) que a Reforma não foi fundamentalmente uma inovação religiosa, mas uma mudança no pensamento requerida pelas instituições capitalistas recentemente advindas na Europa. Como o capitalismo precisava romper os vínculos comunitários locais característicos do feudalismo, provocou o desenvolvimento de novas superestruturas religiosas que enfatizavam a consciência individual sobre a autoridade eclesiástica corporativa feudal. Com efeito, o próprio Marx é famoso por ter argumentado que, essencialmente, a religião é uma ferramenta usada pela classe dominante para amansar aqueles que explora, e, pela classe explorada, para aliviar a dor das feridas que lhes são produzidas pelas mãos de seus governantes. A religião, diz Marx, é "o ópio das massas".

Similarmente, Marx argumentou que as massas nas sociedades capitalistas supostamente democráticas foram logradas por diversas formas de "falsa consciência", como a crença de que os direitos políticos liberais — tais como a liberdade de expressão e de reunião — foram desenvolvidos para elas e são efetivamente usufruídos por elas. Na realidade, diz Marx, tais direitos foram criados para a classe dominante, são efetivamente usufruídos somente por essa classe, e, na prática, só são realmente protegidos para essa classe ou em prol de seus interesses. A guerra civil norte-americana, que Marx cobriu como jornalista, não foi, portanto, uma batalha pelo fim da escravidão, mas sim para deixar o caminho livre para a intervenção capitalista na América do Sul. Similarmente, poderíamos argumentar que a segregação racial não terminou simplesmente em virtude dos sensatos e inteligentes argumentos de Martin Luther King e outros, mas porque seu término servia aos interesses capitalistas. Do mesmo modo, a Guerra do Golfo não foi travada em prol dos direitos de pequenas nações como o Kuwait, mas para proteger o acesso europeu e norte-americano ao petróleo do Oriente Médio.

Desse modo, ao usar essa ferramenta para escrutinar um conceito ou uma teoria filosóficos, faça-se as seguintes perguntas:

1. Em que esse conceito ou essa teoria ajudam a classe econômica dominante a manter sua posição? Como servem a seus interesses econômicos?
2. De que forma esse conceito ou essa teoria ajudam a manipular ou a atenuar o sofrimento da classe oprimida?
3. Como essa terminologia é usada na prática, e não apenas na teoria?

Se você descobrir que o conceito ou a teoria parecem efetivamente servir aos interesses das classes dominantes contra as classes oprimidas, isso, por si, não mostrará que o conceito ou a teoria estão errados. Mas, no mínimo, deverá levá-lo a questionar se se baseiam no poder e no interesse da classe dominante em vez de se basearem com solidez na racionalidade.

Ver também

2.3 Dialética

Leituras

Karl MARX, *Teses contra Feuerbach*, 1845.
Karl MARX, Friedrich ENGELS, *Manifesto do Partido Comunista*, 1848.
Antonio GRAMSCI, *Our Marx*, 1919-20.

5.2 A desconstrução e a crítica da presença

Quase todas as concepções da verdade na história da filosofia centraram-se na ideia de que o sujeito cognoscente está, em certo sentido, *presente* ao objeto do conhecimento. Contra essa tradição, Jacques Derrida (1930-), líder do movimento desconstrucionista (um movimento muitas vezes incluído com outros sob a vaga rubrica *pós-modernismo*), vê o primado da presença como uma das mais graves falhas da filosofia ocidental. Para Derrida, o que *não* está presente é mais importante em nossa vida intelectual. Ademais, diz ele, a pura presença do tipo normalmente imaginado na filosofia nunca é alcançada.

Derrida extraiu sua inspiração da invocação do fenomenólogo Martin Heidegger (1889-1976), em *Ser e tempo* (1927), por uma *Destruktion* da tradição metafísica ocidental. Para Heidegger, a dificuldade que enfrentamos por mais de dois mil anos de pensamento filosófico foi nosso repetido encobrimento do ser (*Sein*), pondo, em nosso pensamento, entidades ou seres particulares em lugar do ser. Em outras palavras, em vez de entender o ser como ele é efetivamente (o ser de todos os seres particulares), erroneamente concebemos o ser como se ele fosse simplesmente mais uma coisa. A tarefa heideggeriana, portanto, é descartar as sobreposições deturpadoras de nossas tradições e tornar a voltar nosso pensamento para aquilo que foi amplamente esquecido, a apreensão primordial do próprio ser — uma espécie de apreensão que era mais comumente alcançada entre os pensadores pré-socráticos (ver 5.6).

Para Derrida, o problema é um pouco diferente. De acordo com ele, nosso erro foi pensar acerca da verdade e do ser seguindo o modelo da "presença". Neste modelo, o que consideramos verdadeiro tem de ser de algum modo baseado naquilo que é ou pode estar imediatamente, plenamente e transparentemente presente para nós — por exemplo, uma observação direta, uma sensação ou uma impressão (empirismo), uma ideia clara e distinta (Descartes), uma forma inteligível, uma essência (Platão, Aristóteles, Tomás de Aquino), ou a voz humana ou Deus.

Contudo, Derrida sustenta (usando ideias extraídas de Hegel, Nietzsche, Husserl e Heidegger) que um exame mais minucioso mostrará que nada é nem pode ser imediatamente presente para nós da maneira requerida pelos teóricos. Embora aspirasse a uma compreensão do todo, Hegel admitia que as asserções suscitam um "momento negativo" — afirmar X é, ao mesmo tempo, afirmar que não é o caso que não-X. Na terminologia de Edmund Husserl, o significado só aparece em contraposição a um "horizonte" ou mundo (ou conjunto de outros significados) que diferem dele.

As filosofias que afirmam se basear na presença do verdadeiro e do real, portanto, são equívocas (mesmo a tentativa de Heidegger de recobrar um retorno a uma compreensão autêntica e resoluta do ser). Com essa afirmação, Derrida criticou a filosofia passada por privilegiar a fala sobre a escrita, por sustentar que a voz falada nos põe na presença direta do outro e do sentido de suas palavras. Para Derrida, a fala não pode tornar o sentido mais presente que a escrita. A condição de que o sentido tem de perdurar sem alcançar a pura presença, despojada da ausência, é denominada por Derrida *différance*.

Importância mais ampla

Derrida ocupa-se também das implicações sociais, políticas e éticas das formas de pensamento supostamente baseadas em afirmações da presença. Como Derrida as interpreta, as alegações de haver apreendido e privilegiado a presença dependem de uma exclusão da diferença, da impureza, da ausência e do não-ser. Esse momento de exclusão, para os seguidores de Derrida, rapidamente se traduz em atos de exclusão política e social. A prática discursiva acarreta determinadas formas de conduta e prática política. Por conseguinte, as formas políticas que alegam ser fundadas, por exemplo, na lei natural, em direitos transcendentes, na vontade de Deus, na vontade do povo, nas demandas da história ou nos ditames da razão inevitavelmente excluem, oprimem e tiranizam.

Embora alguns críticos literários ligados à desconstrução, como Paul De Man, a tenham usado principalmente como uma técnica de crítica literária, a obra de Derrida e dos desconstrucionistas derridianos tem um âmbito mais amplo. Ela visa nos guiar rumo a formas de pensar e agir que reconheçam a *différance* e evitem se basear em pretensões à presença pura, clara, unívoca, universal, anistórica e imediata.

Usando a ferramenta

Para efetuar uma crítica desconstrucionista, faça as seguintes perguntas:

1. A base da teoria ou da prática em foco demanda de algum modo a presença?

2. Há uma maneira de desconstruir essa teoria, em seus próprios termos, mostrando que a presença alegada por ela não é nem pode ser alcançada?

Se você encontrar respostas afirmativas a estas perguntas, então terá formulado uma crítica poderosa.

Ver também

2.3 Dialética
5.6 A crítica heideggeriana da metafísica

Leituras

Jacques DERRIDA, *A escrita e a diferença*, 1967.
Christopher NORRIS, *Derrida*, 1988.
°Peggy KAMUF (Ed.), *A Derrida Reader: Between the Blinds*, 1998 [1991]

5.3 A crítica empirista da metafísica

As pessoas dizem todo tipo de coisas: algumas estranhas, outras triviais. Considere-se a seguinte seleção:

1. Meu gato está no tapete.
2. A atmosfera de Júpiter contém amônia.
3. Há um campo magnético em torno deste objeto.
4. Os unicórnios têm um único chifre na testa.
5. Todo o universo, incluindo todas as memórias e todas as evidências de um pretenso passado, surgiram do nada há apenas um segundo.
6. Um número é uma coisa da qual é impossível, por princípio, que os seres humanos tenham experiência.
7. Existe um Deus, e Ele é uma Trindade.
8. As formas (*eidē*) descritas por Platão existem.
9. É possível que você experimente como azul o que eu experimento como vermelho, e vice-versa, ainda que as estruturas físicas de nossos olhos, nervos e cérebros sejam as mesmas naquilo que é relevante.

O que os filósofos notaram sobre estes e outros tipos de enunciados é que alguns fazem afirmações sobre o mundo da experiência humana, outros não. Seu pensamento sobre as implicações filosóficas desta distinção conduziu ao refinamento de uma das mais poderosas ferramentas críticas já desenvolvidas — a crítica empirista.

O termo "empirismo" deriva do grego *empeiria*, que significa "experiência". A crítica empirista, em seu cerne, sustenta que as asserções filosóficas provenientes do domínio da experiência humana são inaceitáveis. Em geral, essa crítica assume duas formas: (1) uma crítica do significado e da inteligibilidade e (2) uma crítica da verdade.

A *crítica do significado e da inteligibilidade*

Uma estratégia desenvolvida pelos empiristas foi, primeiramente, argumentar que os enunciados só são *significativos* se são enunciados sobre a experiência humana ou se de algum modo se baseiam nela, e, em seguida, procedem ao exame de diversas teorias, termos e asserções para verificar se são, segundo essa concepção, significativos. Se o enunciado não é acerca daquilo que os seres humanos podem experimentar, é desprovido de significado.

Asserções como a asserção 1 acima tratam certamente de tópicos da experiência — por meio dos sentidos da visão e do tato posso experimentar meu gato deitado no tapete em frente à porta. As asserções análogas à asserção 2 podem não ter sido vinculadas à experiência humana antes do advento dos telescópios, das viagens espaciais e da química moderna. Contudo, o enunciado 2 nunca esteve, *por princípio*, além da experiência humana; estava apenas além da experiência de um momento histórico específico. O enunciado 3 fala de algo que não experimentamos propriamente, mas cuja presença ou ausência está rigorosamente vinculada ao comportamento da limalha de ferro e de vários utensílios — em outras palavras, coisas que podemos experimentar.

Já as asserções 5 e 6 são diferentes: elas não estão de modo algum relacionadas com a experiência e são, portanto, destituídas de significado, de acordo com alguns empiristas. Filósofos importantes também argumentaram que os enunciados 7, 8 e 9 têm pouca ou nenhuma conexão com a experiência. Grande parte disso depende da questão do que seja, precisamente, a experiência. Os seres humanos têm ou podem ter "experiência" de um ser infinito, eterno e transcendente, como Deus é descrito por alguns?

A *crítica da verdade*

Você poderia argumentar — e alguns de fato argumentaram — que *todos* os enunciados acima são significativos. O problema não é realmente de *significado*, mas de possibilidade de *teste*. Parece impossível que os seres humanos algum dia venham a produzir um teste ou um *procedimento de decisão* confiável para determinar se enunciados como os de 5 a 9 são verdadeiros ou falsos. Isto levou alguns a propor o princípio de que, se uma asserção filosófica não pode ser disciplinada pela experiência ou usada para deduzir asserções que possam ser disciplinadas pela experiência, então esta asserção não vale nada.

Talvez a aceitação ou rejeição destas asserções seja uma questão de fé, e pode ser que seja mesmo assim, mas será que esses saltos de fé podem ser filosoficamente justificáveis? Se não disciplinarmos nossas crenças por meio de procedimentos que as testem contrastando-as com a experiência que temos em comum, não serão todas as crenças aceitáveis? Sem a disciplina e a orientação da experiência, tudo tem de ser aceito.

Estas linhas de argumentação foram devastadoras para grande parte da metafísica (e até para parte da ética e da estética), de modo que muitos filósofos, atualmente, veem a maior parte da metafísica como contrassenso. O empirismo, com frequência — embora não exclusivamente —, esteve associado ao materialismo e aos ataques políticos e filosóficos contra antigas tradições como o platonismo, o aristotelismo e a religião.

Ver também

3.14 A forquilha de Hume
3.29 Testabilidade
6.3 Experiência mística e revelação

Leituras

Paul K. MOSER, *Knowledge and Evidence*, 1989.

Harold MORICK (Ed.), *Challenges to Empiricism*, 1980.
David HUME, *Tratado da natureza humana*, 1739-40.

5.4 A crítica feminista

Dentre os mais importantes aspectos da vida humana estão o gênero e a sexualidade. Por mais estranho que seja, porém, só recentemente os filósofos começaram a avaliar as teorias uns dos outros empregando o gênero e a sexualidade como categorias de análise. Mas como o sexo e o gênero podem ser usados como ferramentas filosóficas? Consideremos os exemplos a seguir.

Muitas teorias filosóficas da ética descrevem as paixões como forças ingovernáveis, perigosas e amorais que têm de ser contidas, subjugadas, ordenadas ou dominadas pela razão. Ora, uma coisa é criticar tais teorias como empiricamente infundadas, cheias de incoerências e inconsistências — mostrar que tais teorias refletem concepções do masculino e do feminino pertencentes às culturas nas quais se originaram, entretanto, já é uma coisa inteiramente diferente. Outra coisa diferente é mostrar como tais teorias foram usadas pelos homens dominantes para manter as mulheres em posições subordinadas. Pode ser acidental que, por exemplo, na época de Platão, quando os homens dominavam e controlavam as mulheres, as teorias filosóficas associassem a razão aos homens, as paixões às mulheres, e sustentassem que uma vida moral apropriada envolvia o domínio das paixões pela razão? O padrão do predomínio masculino se reproduz ao longo de toda a história ocidental, e também o padrão das teorias éticas que depreciam as paixões e valorizam a razão. Poderia a concepção da racionalidade das tradições filosóficas ocidentais funcionar como um instrumento de controle social?

Implicações de grande alcance

E, então, talvez o mesmo se dê em outras dimensões da teoria filosófica. Seria possível que diversas concepções da justiça contivessem uma tendenciosidade masculinista? Sim, diz Carol Gilligan. Talvez a qualidade binária de muitas categorias filosóficas (bem/mal, verdadeiro/falso, ser/não-ser) seja, ela mesma, masculina? Sim, diz Hélène Cixous. Será que nossa adoração pela autonomia e pela independência refletiria algo acerca dos homens que articularam tais conceitos? Sim, afirma Nancy Chodorow. Nossas relações de gênero de algum modo poderiam ser emparelhadas com a dinâmica da alienação e da exploração capitalista? Com certeza, dizem Margaret Benston e Heidi Hartmann. Poderíamos dizer que nossa concepção de Deus e do ser funcionam de uma maneira estreita, masculina e opressiva? Indubitavelmente, diz Mary Daly. E quanto às diversas concepções usadas na determinação da verdade, do conhecimento e da ciência? Estas, sem dúvida, estão isentas da contaminação do gênero ou do sexo, não é? Errado, afirmam Ruth Hubbard e Loraine Code. Em suma, praticamente todas as áreas do pensamento humano podem ser submetidas à crítica feminista.

Usando a ferramenta

Ao usar esta ferramenta, faça as seguintes perguntas:
1. O conceito ou a teoria em questão reflete, de algum modo, as concepções de homem e mulher, masculino e feminino, daqueles que os desenvolveram ou adotaram?
2. Seria possível que, de algum modo, ainda que contra a intenção de seus autores, este conceito ou esta teoria funcione para subjugar as mulheres ou privilegiar os homens?

Como no caso da crítica de classe (ver 5.1), o fato de que um conceito ou uma teoria favoreça os homens em detrimento das mulheres não significa necessariamente que sejam falsos. Todavia, isso deve provocar suspeita, pois não esperamos que a razão objetiva seja tendenciosa nesse sentido. Alguns vão além e argumentam que a igualdade é mais importante que a verdade, e que, se uma teoria ou um conceito privilegiam os homens, devem ser rejeitados. E ponto final.

Ver também

5.1 A crítica de classe
5.5 A crítica foucaultiana do poder
5.7 A crítica lacaniana

Leituras

°Miranda FRICKER, Jennifer HORNSBY (Ed.), *The Cambridge Companion to Feminism in Philosophy*, 2000.
°Rosemarie Putnam TONG, *Feminit Thought*: A More Comprehensive Introduction, ²1998.
Simone DE BEAUVOIR, *O segundo sexo*, 1949.

5.5 A crítica foucaultiana do poder

Você usa a linguagem ou a linguagem usa você? Se suspeita que a linguagem pode estar no comando é provável que você simpatize com uma forma imensamente influente de crítica desenvolvida nos últimos trinta anos com base na obra do filósofo e historiador das ideias francês Michel Foucault.

O método arqueológico

Em textos como *História da loucura* (1961), *O nascimento da clínica* (1963), *As palavras e as coisas* (1966) e *A arqueologia do saber* (1969), Foucault incumbiu-se de mostrar como nossas palavras e nossos conceitos ajustaram-se a camadas históricas de pensamento e ação (às vezes chamadas de "formações discursivas") que, de muitas maneiras, determinam nossas vidas e nosso pensamento. Esta visão contestou aqueles que acreditavam que o que ocorre é o contrário — que somos nós quem, conscientemente, determinamos e controlamos aquelas estruturas. Em suma, a teoria foucaultiana diminui a importância (talvez até a própria existência) do eu e do agente humano individual.

A visão de Foucault foi também polêmica em sua afirmação de que é por meio dessas formações discursivas polimorfas que o poder é exercido. Assim, por meio do conceito de "loucura", a autoarrogação de "racionalidade" das formações sociais dos séculos XVII e XVIII excluía aqueles que nelas não se encaixavam. No século XIX, o conceito de "loucura" também foi empregado contra aqueles que não aderiam às normas da moralidade burguesa, como os de comportamento promíscuo.

De que modo outros conceitos e instituições da prática — como a família, as mulheres, a castidade, a escola, a beleza, a virtude, a verdade

— servem de instrumentos da ordem e do controle social? A quem oprimem ou excluem? De quem debilitam o poder?

O método genealógico

Em *Vigiar e punir* (1975), Foucault tenta mostrar como os conceitos acerca da criminalidade e das técnicas para lidar com os chamados "criminosos" mudaram ao longo do tempo. Ao traçar a história de um conceito, de suas modificações e dos propósitos por trás dele, Foucault desenvolve o que Friedrich Nietzsche chamava de método "genealógico" — um método que Nietzsche usou ao explorar os conceitos e práticas da moralidade cristã. O método, no entanto, não é simplesmente histórico; é também subversivo, pois visa desvelar os efeitos e os propósitos triviais, frívolos, arbitrários e, por vezes, torpes daquilo que investiga. Se, por exemplo, muitos julgaram as mudanças no sistema da justiça criminal esforços para torná-lo mais humano, Foucault argumenta que, em vez disso, as mudanças organizaram-se em prol da elaboração de técnicas de controle social novas e mais eficientes. (Posteriormente, Foucault fez uma genealogia dos conceitos e das práticas ligados à sexualidade.)

Se nós fôssemos examinar através da história os motivos, propósitos e lutas que determinaram a origem e o desenvolvimento dos aparentemente inocentes conceitos, instituições e práticas, nós iríamos achar desagradáveis os esquemas de controle, manipulação e opressão?

A *microfísica do poder*

Diferentemente de outras formas de crítica social, porém (tais como as do marxismo e da psicanálise), Foucault sustenta que não há um sistema abrangente da ordem social (como o capitalismo, por exemplo). Antes, Foucault argumenta que há muitos sistemas de poder diferentes entrelaçados e que operam simultaneamente. Por conseguinte, ele evita desenvolver um sistema único e completo da dinâmica social e conceitual, e, em contraposição, denomina seu projeto "microfísica do poder".

Entre os mais famosos objetos do escrutínio de Foucault está o plano do filósofo Jeremy Bentham para uma prisão-modelo denominada "panóptico". (Uma prisão assim foi efetivamente construída e posta em funcionamento em Cuba.) A prisão não tem celas com grades. Em vez disso, é construída de modo que os prisioneiros acreditam que estão todo o tempo sob a vigilância dos guardas — e, assim, disciplinam-se a si mesmos.

Foucault nos desafia a indagar se não vivemos em panópticos que nós mesmos construímos. Como os cartões de crédito, registros do governo e de empresas, computadores, câmeras de segurança e técnicas de gerenciamento nos colocam sob constante vigilância (incluindo a autovigilância) ou sob o receio constante da vigilância? E como isso afeta nosso modo de pensar, agir e sentir?

Normalização

Outra poderosa ferramenta da crítica foucaultiana é a análise da normalização. Foucault argumenta que, de várias maneiras, ordens de poder buscam diminuir o leque das possibilidades humanas, privilegiando certas crenças e práticas como "normais". Desse modo, práticas sexuais, estruturas familiares, religiões, modos de falar e agir que diferem do "normal" são qualificados de "desvios" e, por meio de diversas técnicas opressivas, anulados, reduzindo os indivíduos a "massas dóceis" necessárias para servir à sociedade industrial emergente.

Foucault, então, oferece vários acréscimos para nossa caixa de ferramentas. Ao avaliar uma teoria, uma ideia ou uma prática, Foucault encoraja a indagar quais jogos de poder podem estar à espreita nelas — pois o poder é sutil. Ele também nos previne a não confiar em nenhum sistema de crítica isoladamente — pois o poder nos aparece sob diferentes aparências, usando muitas técnicas diferentes.

Ver também

5.1 A crítica de classe
5.4 A crítica feminista
5.8 A crítica nietzschiana da cultura platônico-cristã

Leituras

Michel FOUCAULT, What Is an Author?, *Bulletin de la societé française de philosophie* 63 (1969).

Michel FOUCAULT, *História da sexualidade*, 1976, v. 1-3.
Paul RABINOW (Ed.), *The Essential Works of Michel Foucault*, 2000.

5.6 A crítica heideggeriana da metafísica

De acordo com Martin Heidegger, o curso da história filosófica ocidental caracterizou-se por uma série de equívocos, e a esses equívocos ele chama "metafísica". Na opinião de Heidegger, a metafísica começou quando Platão abordou o ser como um objeto do conhecimento conceitual e cometeu o erro de pensar sobre o ser *per se*, tratando-o como se fosse um ser ou uma entidade individuais. Quer tenha sido nas teorias das formas de Platão e Aristóteles, nas teorias da substância antigas e modernas, ou nas várias concepções da matéria que pontuaram a história filosófica ocidental, repetimos inúmeras vezes esse erro. Mais recentemente, fomos sujeitados a uma forma especialmente perniciosa dele. Heidegger denomina a atual forma deste erro *das Gestell*, do verbo alemão *stellen* (pôr ou situar). Viemos a pensar, equivocadamente, que somos nós seres humanos que pomos ou determinamos ou controlamos o significado e os usos das coisas. De modo ainda mais destrutivo, por meio das diversas tecnologias que permeiam nossos modos de pensar e agir, terminamos por pensar no mundo como transparente, como estando sob o nosso controle, e como pouco mais que um amontoado de matérias-primas das quais podemos nos apropriar, que podemos consumir, com as quais podemos construir coisas e que podemos queimar como combustível para nossas máquinas.

O esquecimento do ser

Nossa condição, contudo, não é simplesmente de erro. Antes de Platão, tínhamos uma apreensão mais clara do ser (embora nunca inteiramente transparente), logo, nosso estado atual é realmente uma espécie complexa de esquecimento. As próprias atividades da vida cotidiana nos distraem dele. E, assim como podemos jamais reparar num martelo e nossa imersão num mundo de instrumentos humanos até que este instrumento se estrague, nossa imersão distrativa no mundo que construímos para nós mesmos permanece invisível para nós até que, de algum modo, venha abaixo. Mas nossa incapacidade não é completa. Mantemos, em tudo isso — enterrada sob séculos de metafísica equívoca e do ocultamento intrínseco do ser —, uma compreensão "primordial" do ser. A crítica de Heidegger, portanto, tem dois objetivos:

1. Mostrar que nossas tradições metafísicas foram errôneas e desatentas.
2. Ajudar-nos a reencontrar, recuperar e recordar o próprio ser.

Não uma coisa, mas não-coisa

O ser, como o revela Heidegger, não é uma entidade nem uma coisa. Poderíamos dizer que é "nada" — ou uma não-coisa. Sendo uma não-coisa, os seres humanos — ao menos aqueles imersos na metafísica — constroem erroneamente o "fato" de ser e tentam, espalhafatosamente, encobri-lo conceitualmente, pondo suas próprias invenções em seu lugar. Geralmente, fazem-no tentando apreender algo que está supostamente e inteiramente *presente*. Ou, vendo a impossibilidade deste tipo de ato fundacional, desesperam-se e tornam-se niilistas, negando todo sentido e todo ser.

Para Heidegger, o ser é o lugar, a clareira, a iluminação, o "aí" (*da*) no qual as entidades ou os seres particulares aparecem ou se revelam. (Por conseguinte, em suas primeiras obras, Heidegger chama a permanência dos seres humanos de "ser-aí" ou *Dasein*.) Heidegger sustenta que o ser é essencialmente temporal. Com efeito, o *Dasein* é a própria temporalidade (*Zeitlichkeit*).

Usando a ferramenta

O pensamento de Heidegger não é fácil, e aplicá-lo como ferramenta é, portanto, difícil. Mas pode-se começar formulando algumas das questões que Heidegger suscita a respeito das teorias filosóficas:

1. Esta teoria expressa ou depende de uma metafísica que confunde o ser com alguma espécie particular de ser?
2. Como esta teoria contribui para a continuação de nosso esquecimento do ser?

3. Como nossa apreensão primordial do ser se expressa nesta teoria, a despeito de sua incorreção?
4. Esta teoria tenta evitar ou encobrir o ser substituindo-o pela suposta apreensão de alguma presença?
5. Esta teoria é, de algum modo, uma expressão do niilismo causada pelo desespero da metafísica?

Ver também

4.8 Essência/acidente
5.2 A desconstrução e a crítica da presença

Leituras

Martin HEIDEGGER, *Ser e tempo*, 1927.
Joseph P. FELL, *Heidegger and Sartre*: An Essay on Being and Place, 1979.
Rüdiger SAFRANSKI, *Martin Heidegger: Between Good and Evil*, 1998.

5.7 A crítica lacaniana

Em que medida nossa linguagem determina quem somos e como nos relacionamos ou deixamos de nos relacionar uns com os outros? Para o filósofo francês Jacques Lacan (1901-1981), a resposta é que a linguagem o faz de maneira profunda. Lacan desenvolveu e modificou as teorias de Sigmund Freud (1856-1939), à luz de desenvolvimentos na lógica, na matemática e na linguística estrutural do pensador suíço Ferdinand de Saussure (1857-1913), a fim de produzir uma nova forma de psicanálise orientada para a linguagem. Suas teorias mostraram-se influentes na filosofia e são profícuas na reflexão sobre tópicos filosóficos.

Para Lacan, em contraste com pensadores como Descartes, o sujeito não é fixo nem transparente. Os sujeitos não podem se comunicar uns com os outros (ou até consigo mesmos) diretamente, mas somente por meio de *significadores* chamados "palavras" na linguagem. Como disse Philip Hill, é muito semelhante ao que ocorre nas negociações legais. Os clientes (sujeitos) não se comunicam diretamente uns com os outros, mas somente por meio de seus advogados (significadores) que os representam. Portanto, numa frase famosa, Lacan diz: "O significador representa o sujeito para outro significador".

As coisas, porém, tornam-se mais complicadas, pelas seguintes razões. Em primeiro lugar, a linguagem não representa o sujeito passivamente, mas, por sua vez, estrutura o sujeito. Com efeito, o sujeito só adquire existência ao ser iniciado na linguagem. Em segundo lugar, os significados das palavras não são fixos nem sequer plenamente compreendidos por alguém. Em terceiro lugar, a repressão é necessária para que um sujeito assimile as regras ou a ordem que constituem uma linguagem — ou aquilo que Lacan denomina "ordem simbólica".

O resultado de tudo isso é que a comunicação nunca é perfeitamente clara e completa, que os eus são, ao mesmo tempo, unidos e separados pela linguagem, e que o sujeito é sujeito para "demandas" que permanecem insatisfeitas e "desejos" que não se fundam no indivíduo, mas na ordem simbólica da qual ele faz parte. Dado que o sujeito tem de suportar essa condição, Lacan simbolizou-o por meio de um S cortado por um traço de cima a baixo, da direita para a esquerda: $. Para Lacan, nossa linguagem é nosso inconsciente.

Uma ferramenta crítica

Mas como essas ideias podem nos servir como ferramentas filosóficas? Há várias estratégias.

Ao analisar um texto filosófico, Lacan pede que olhemos além do significado superficial das palavras a fim de avaliar a psicodinâmica imersa nelas. Como nossos desejos são estruturados por meio da ordem simbólica da qual fazemos parte, pode-se inquirir um texto para avaliar o que ele apresenta como objetos de desejo, de necessidade e de temor. Consideremos, por exemplo, como Platão parece desejar, em suas formas, algo fixo, algo que esteja além do corpo e das paixões associadas a ele. Pensemos na ânsia de Nietzsche pelo *Übermensch*. Consideremos o anseio de Sartre pela boa-fé, pela liberdade, e, de certo modo, por um Deus ausente; consideremos quão ameaçadoras as mulheres lhe pareciam.

Quais são os "desejos" que animam e que são gerados pelo texto? Seriam as imagens e doutrinas do texto "sintomas" de "demandas" psíquicas encobertas de culpa, vergonha ou temor? Onde está, oculto neste texto, o prazer secreto, quase sexual que Lacan denomina *jouissance*? Qual é aqui o "real" recalcado — ou seja, o que este texto gostaria de dizer mas julga impossível dizer?

Na verdade, uma vez que a linguagem e a ordem simbólica requerem repressão, a crítica lacaniana nos oferece uma maneira de descobrir precisamente como funciona a dinâmica opressiva de nossa sociedade. A identificação, por parte de Lacan, de diversos aspectos da ordem simbólica como "fálicos" forneceu ao feminismo um ponto de alavancagem para desestabilizar as instituições e as práticas masculinistas. Por exemplo, Luce Irigaray (1930-), em *Speculum of the Other Woman* (1974) e *This Sex which Is Not One* (1977), sugeriu que a *jouissance* feminina inclui formas de prazer que são conturbadoras para as maneiras masculinistas de envolver-se no mundo. Como a *jouissance* feminina não pode, por definição, ser acomodada nos modos de pensar, agir e sentir ordenados e regrados da ordem simbólica, podemos esperar que as maneiras de viver das mulheres nos ofereçam modelos de libertação. A *jouissance* feminina aponta para uma poética policlimácica em lugar do clímax único em torno do qual se centram as obras de arte que têm como modelo a *jouissance* (orgasmo) masculina. As práticas das mulheres de partilhar, consultar e de organização não hierárquica constituem lampejos de formas potencialmente mais livres de vida social e política. O filósofo contemporâneo Slavoj Zizek (1949-) tomou e modificou a abordagem lacaniana da genealogia da cultura.

Ver também

5.4 A crítica feminista
4.12 Objetivo/subjetivo
5.2 A desconstrução e a crítica da presença

Leituras

Jacques LACAN, *Écrits: A Selection*, 1977.
Slavoj ZIZEK, *Looking Awry*: An Introduction to Jacques Lacan Through Popular Culture, 1992.
Elizabeth GROSZ, *Jacques Lacan: A Feminist Introduction*, 1990.

5.8 A crítica nietzschiana da cultura platônico-cristã

O que os platônicos, cristãos e muitos adeptos do *punk rock* têm em comum? De acordo com uma perspectiva desenvolvida por Nietzsche, o que eles têm em comum é o fato de serem niilistas (do latim *nihil*, "nada") — e o niilismo é o resultado natural da dinâmica deturpada de nossa cultura platônico-cristã. Como pode ser isto?

Para Nietzsche, nós sofremos sob o ônus de três exigências filosóficas, profundamente enraizadas pela filosofia platônico-cristã no modo como pensamos, sentimos e agimos.

Por meio de pretensões à *transcendência*, a tradição platônico-cristã torna o valor deste mundo derivado, já que ele encontra sua origem num mundo transcendente superior — o paraíso, Deus, as formas, a utopia comunista ideal.

Com o *ressentimento* que a permeia, esta tradição requer que os fracos sejam igualados aos fortes, e derruba os fortes para conseguir isso sob a fachada de doutrinas como a democracia, o socialismo ou o igualitarismo.

Em sua *vontade de verdade*, essa tradição propaga um desejo e um anseio por uma verdade absoluta, fixa, universal, literal, não temporal, singular, inequívoca, completa, consistente e irretocável.

O que há de errado com o paraíso, a igualdade e a verdade? Bem, o problema é que eles são inumanos e insalubres. Eles nos enfraquecem e corroem as forças que trazem poder, alegria, criatividade e vitalidade reais à nossa existência.

Segundo Nietzsche, acreditar num domínio superior nunca-presente — do qual nosso mundo ou nossa sociedade de algum modo carecem porque não se equiparam a um mundo ou a uma sociedade "ideais" — leva, inevitavelmente, a desvalorizar nosso mundo e a condição humana. Exigir que os fortes sejam diminuídos destrói os espíritos livres, individuais, criativos que sustentam, revigoram e lideram a cultura. A impossibilidade de alcançar uma verdade universal, objetiva e única para toda a humanidade, em última análise, nos esgota e nos leva a rejeitar a verdade e o valor de *qualquer* espécie — até os de uma espécie mais humana, provisória e parcial. Em suma, a cultura platônico-cristã nos leva a um niilismo que odeia a si mesmo, que se opõe à vida e que consome o mundo. Para o niilista, não apenas Deus está morto, mas tudo o mais pode estar morto também.

A cura

Felizmente, para Nietzsche há uma cura para o niilismo — basta que sejamos capazes de reunir a extraordinária força necessária para adotá-la. Temos de "superar" a cultura platônico-cristã. Há três maneiras de fazê-lo.

A primeira é o *amor fati*: temos de rejeitar os apelos à transcendência e aceitar este mundo, o corpo, a natureza, as verrugas e tudo o mais, incluindo a luxúria, a competição, o orgulho e o fato de que sofreremos e morreremos. Temos de amar nosso destino e rejeitar o "Deus" transcendente.

Na segunda, temos de *ser fortes ou seguir os fortes*: temos de deixar de odiar o especial, o diferente e o culturalmente poderoso e encorajar aqueles que possuem a vitalidade criativa individual dos líderes culturais. A vida deve ser arte e nós, os artistas — ou, ao menos, os amantes dos artistas. Bem-aventurados os fortes.

Na terceira, devemos adotar o *perspectivismo*. Temos de esquecer a verdade e admitir as verdades — muitas perspectivas diferentes, a inconsistência, um envolvimento literário no mundo. Temos de rejeitar "Deus" ou a verdade absoluta e a moralidade.

Usando a ferramenta

As ferramentas da filosofia nietzschiana não podem ser aplicadas por qualquer um. Se você discordar do diagnóstico básico de Nietzsche sobre onde nós erramos, achará suas ferramentas ruins. Mas, se você deu crédito à crítica nietzschiana, pergunte-se em que medida uma dada filosofia é platônico-cristã. Em que medida ela depende de uma visão da verdade como singular, objetiva e universal? Em que medida nega todo significado e todo valor que não possam estar enraizados em algo divino, ideal ou transcendente? Em que medida debilita os especiais e fortes em nome da virtude, da moralidade, da igualdade e do (falso) amor?

Ver também

5.1 A crítica de classe
5.5 A crítica foucaultiana do poder

Leituras

°Friedrich NIETZSCHE, *Genealogia da moral*, 1887.
°Friedrich NIETZSCHE, *Vontade de poder*, 1901, 1904, 1906.

5.9 A crítica pragmatista

Com base em que devemos aceitar ou rejeitar certas crenças? Talvez a resposta mais comum que se dê a esta questão seja: "Com base no fato de que a crença seja verdadeira ou falsa, é claro". Mas como podemos entender melhor o significado de "verdadeiro" aqui? Tradicionalmente, muitas pessoas responderam que as asserções verdadeiras de algum modo expressam ou espelham a natureza da realidade, e a realidade é o que é, independentemente do que pensemos ou digamos sobre ela. O trabalho da filosofia e da ciência, deste ponto de vista, é, de algum modo, produzir teorias que retratem ou captem ou reflitam ou representem essa realidade independente.

Os pragmatistas, porém, pensam que há algo de errado com essa maneira de conceber a verdade, a filosofia e a ciência. De acordo com os pragmatistas, um exame mais minucioso poderá convencê-lo de que é difícil precisar o que significa "espelhar" ou "representar" ou "apreender" uma realidade independente. Além disso, ao ponderar sobre a história da filosofia, vemos que essa espécie de posição *representacionista* acarreta mais problemas do que seria razoável aceitar.

Uma opção melhor, dizem os pragmatistas, é considerar as asserções verdadeiras aquelas que concordamos serem as mais eficientes para nos ajudar a progredir no mundo; e devemos abrir mão totalmente da preocupação acerca de se elas representam ou não uma realidade independente. Portanto, as teorias da ciência natural são verdadeiras não porque expressam a natureza da realidade independente, mas porque possibilitam que manipulemos objetos em experimentos e tecnologias de formas que aprovamos. As teorias morais são "certas" quando nos permitem conviver uns com os outros e agir como queremos. As ideias estéticas devem ser pensadas como nada mais que convenções sobre o que devemos considerar belo (ou, em todo caso, uma obra de arte), e como devemos projetar, sentir e pensar sobre as dimensões sensíveis de nossos ambientes. Em suma, o que devemos adotar como verdade é aquilo sobre o que estamos de acordo quanto ao fato de resolver problemas e nos ajudar a lidar melhor com o mundo.

Não precisamos mais nos preocupar com o modo como as coisas parecem a Deus, ou de algum ponto de vista ideal imaginário e inalcançável. Não precisamos mais nos preocupar com o que está por trás ou o que está subjacente a nossa experiência e nossas ações no mundo. Desse modo, dizem os pragmatistas, muitos problemas podem ser simplesmente deixados para trás.

Metafísica e religião

Muitos pragmatistas julgam que ficaríamos melhor sem alguns dos aspectos de nossa vida intelectual. Entre eles, é preciso incluir a metafísica e grande parte da religião dogmática — se não toda ela. Muitas práticas e crenças religiosas comuns encontram respaldo entre os pragmatistas como recursos úteis para conferir significado e comunidade à vida das pessoas. Por outro lado, muitos veem a doutrina religiosa como geradora de violência, divisão e intolerância. Quer Deus seja uma trindade ou não, quer a hóstia consagrada da comunhão contenha ou não a verdadeira presença, quer existam ou não as formas substanciais, quer Ele desça ou não em três hipóstases — todas estas são questões cujas respostas não servem a propósito algum e que se mostraram ou inúteis ou francamente nocivas.

Usando a ferramenta

Ao avaliar uma teoria filosófica empregando a crítica pragmatista, portanto, faça as seguintes perguntas:

1. Considerando todas as suas implicações e as práticas efetivamente associadas a ela, a adesão a esta teoria torna nossa vida melhor?
2. Algo concernente a esta teoria é inútil ou, pior, um obstáculo a uma vida melhor?

Mudar nosso pensamento segundo estas linhas pode parecer estranho a princípio. Mas, diz Richard Rorty (1931-), assim como os protestantes encontraram uma religião perfeitamente aceitável e até superior ao abandonar a doutrina da presença real, do mesmo modo consideramos a filosofia e a vida em geral aceitável e até superior quando abandonamos a metafísica e a concepção da verdade como representação. Ou talvez, por outro lado, nos vejamos inclinados a uma posição como a articulada pelo autor católico Flannery O"Connor, que exclamou, quando um amigo lhe disse que a Eucaristia era um lindo símbolo, mesmo que não incluísse a presença real de Deus: "Bem, se for apenas um símbolo, então ao diabo com ele!"

Ver também

5.2 A desconstrução e a crítica da presença
5.3 A crítica empirista da metafísica
5.5 A crítica foucaultiana do poder

Leituras

Charles Sanders PEIRCE, *Pragmatism and Pragmaticism*, 1934.
William JAMES, *Pragmatism and the Meaning of Truth*, 1907.
°Richard RORTY, *Philosophy and the Mirror of Nature*, 1979.

5.10 A crítica sartriana da "má-fé"

Você já teve em suas mãos algo de valor — digamos, um vaso, um artefato raro, uma criança — e, sem razão aparente, apavorou-se com a ideia de deixá-lo cair? Você já ficou numa sacada à beira de um altíssimo despenhadeiro e teve medo de cair ou de algum modo passar pelo parapeito? Você já esteve no meio de uma cerimônia solene e silenciosa e teve receio de gritar uma horrível exclamação? Se você respondeu que sim, saiba que não é o único. O filósofo existencialista francês Jean-Paul Sartre (1905-1980) vê nestas experiências comuns algo mais que um fenômeno psicológico. Para Sartre, elas apontam para algo extremamente profundo acerca da existência humana: nossa liberdade absoluta.

Para Sartre, o que é aterrorizante em segurar uma criança ou estar à beira de um despenhadeiro não é simplesmente que alguma força externa ou um acidente poderia nos surpreender e nos *forçar* a fazer algo horrendo, mas algo mais profundo que isto: ficamos aflitos porque não há nada que nos impeça de largar livremente a criança ou de nos lançarmos livremente à morte. A única coisa que nos impede em tais situações (com efeito, em qualquer situação) de executar os mais terríveis atos somos nós mesmos — nossa própria *escolha* absolutamente voluntária de não fazê-lo.

A questão é que ser absolutamente livre é aterrorizante para as pessoas, e, em face disto, muitas vezes sentimos emoções como *angústia* (ou o que os existencialistas chamam de *Angst*), náusea e temor. Como a liberdade pode ser angustiante, as pessoas fogem dela e tentam se esconder de sua própria liberdade, afirmando que *não* são realmente livres. Ao fazê-lo, quando as pessoas tentam negar sua própria liberdade, Sartre descreve-as como agindo de *má-fé (mauvaise foi)*. A má-fé, por conseguinte, caracteriza muitas posições filosóficas.

Exemplos

Por exemplo, os marxistas que argumentam que o comportamento humano, em qualquer época dada, é determinado fundamentalmente pelos imperativos da história e pelas condições econômicas de uma situação negam que a história e a economia se desenvolvam unicamente por atos de liberdade humana. O determinismo econômico marxista, portanto, seria uma filosofia de má-fé. (Tenha em mente, porém, que Sartre julgava que o marxismo podia ser reconciliado com sua filosofia da liberdade, e que despendeu muito esforço explicando como isso poderia ser feito — veja sua *Crítica da razão dialética*, 1960).

Também o naturalismo, para os sartrianos, é um exemplo típico de má-fé. Muitos filósofos, tais como o Barão d'Holbach (1723-1789), sustentaram que os seres humanos têm uma relação de continuidade com a natureza. Uma vez que os eventos do mundo natural são determinados segundo leis causais, e dado que, como argumentam esses filósofos, as ações humanas são simplesmente eventos naturais, elas são necessárias dentro de cadeias causais, e, portanto, não somos livres. Para Sartre, entretanto, a consciência humana (o que, seguindo Hegel, ele chama de *pour-soi*) é descontínua em relação ao mundo natural (que ele chama de *en-soi*). A consciência *nega* e se distingue dos objetos e processos naturais. E sustentar algo diferente disso é má-fé.

Usando a ferramenta

A má-fé, segundo Sartre, nunca é completa. De algum modo, as pessoas sempre sabem que são livres, e os sinais dessa consciência não de todo ignorada emergem de tempos em tempos. Para usar esta ferramenta crítica, portanto, faça as seguintes perguntas:

1. Esta teoria expressa uma negação ou uma afirmação da liberdade absoluta do ser humano? De que modo?
2. Se ela nega a liberdade, de que modo, a despeito de sua negação, a teoria afirma — talvez implicitamente e em oposição à sua intenção explícita — a liberdade humana?

Há contudo uma importante ressalva a se ter mente. A força da crítica se perde se os seres humanos não são, de fato, livres da maneira como Sartre sugere. Esta ferramenta, portanto, fundamenta-se na pressuposição da liberdade absoluta do ser humano. Não basta denunciar que alguém está negando essa liberdade — você também tem de estar preparado para mostrar que existe uma liberdade para ser negada.

Ver também

5.1 A crítica de classe
5.5 A crítica foucaultiana do poder
5.6 A crítica heideggeriana da metafísica

Leituras

Jean-Paul SARTRE, *O ser e o nada*, 1943, pt. 1, cap. 2.
Joseph S. CATALANO, *A Commentary on Jean-Paul Sartre's Being and Nothingness*, 1980 [1974].
Thomas R. FLYNN, *Sartre and Marxist Existencialism*, 1984.

capítulo seis
As ferramentas no seu limite

6.1 Crenças básicas

O projeto da filosofia é com frequência descrito por meio de uma analogia arquitetônica. Nosso conhecimento é como um edifício, e se queremos estar seguros neste edifício temos de ter certeza de que nossas fundações são seguras e não construídas sobre areia.

Esta abordagem "fundacionalista" da filosofia requer que algumas crenças funcionem como fundações. Mas que tipo de crenças básicas servem para isso? Que premissas devemos selecionar para constituir a pedra angular sobre a qual o edifício de nossas demais crenças será construído?

Variações de um mesmo tema

A ideia de uma crença básica apareceu sob várias formas. Os antigos estoicos, como Cleantes e Crisipo, afirmavam que nosso pensamento e nossas experiências incluem as "impressões catalépticas", cuja veracidade é autoevidente. Mais tarde, René Descartes ressuscitou esta posição em sua doutrina das "ideias claras e distintas", certas e indubitáveis. A. J. Ayer falou de *enunciados básicos*, que definiu como enunciados cujo valor de verdade determina o valor de verdade de pelo menos mais um enunciado, mas que, por outro lado, não têm seu valor de verdade determinado por nenhum outro enunciado. Em outras palavras, um enunciado básico é aquele que pode ser invocado para demonstrar a verdade ou a falsidade de outro enunciado, mas cuja verdade ou falsidade não pode ser demonstrada por meio do recurso a nenhum outro enunciado.

Para Ayer, os enunciados básicos são, tipicamente, enunciados de observação. Eu observo que a água pura é um líquido claro e muito fluido, e esta observação pode ser usada em argumentos para mostrar a verdade ou a falsidade de outros enunciados. Por exemplo, se alguém se afogou numa substância densa, opaca e turva, podemos recorrer a nosso enunciado básico para mostrar que a pessoa não se afogou na água pura.

Mais recentemente, Alvin Plantinga definiu as "crenças propriamente básicas" como as crenças nas quais não se acredita em virtude de outras crenças, mas que formam, elas mesmas, a base de nossas crenças. Uma crença é propriamente básica quando (1) é básica e (2) minha crença nela é justificada.

Por conseguinte, segundo Plantinga, se acredito em fadas simplesmente porque decidi acreditar, e uso esta crença como base para outras crenças, minha crença não é propriamente básica, pois embora não seja baseada em outras crenças, não estou de nenhum modo justificado em acreditar nela.

Deus pode ser básico?

Há mais que uma mera semelhança entre as crenças propriamente básicas de Plantinga e os enunciados básicos de Ayer no que se refere ao modo como essas crenças servem como fundamentos do conhecimento. Mas os dois filósofos diferem consideravelmente quanto ao que consideram propriamente básico. Para Plantinga, as crenças propriamente básicas não incluem apenas enunciados observacionais e verdades autoevidentes. Mais incisivamente, Plantinga sustenta que a crença no Deus de Abraão é propriamente básica. Não é que ninguém possa estar errado em acreditar que Deus existe, mas que, para algumas pessoas, a existência de Deus é tão evidente quanto a crença em que as outras pessoas têm mentes, ou em que nós enxergamos as coisas, ou em que existe um mundo independente. Em todos estes casos, é possível estar errado. A infalibilidade, segundo Plantinga, não é uma propriedade das crenças propriamente básicas.

O argumento de Plantinga explora uma limitação comum na filosofia. David Hume argumentou que não temos razões dedutivas e racionais para acreditar na relação de causa e efeito, nem, estritamente falando, jamais observamos a causação operando. Todavia, somos compelidos a acreditar e a agir como se a causação fosse real. A crença na causação é, portanto, propriamente básica: não se baseia em nenhuma outra crença, mas é ela mesma base de outras crenças, e as pessoas aceitariam que estamos justificados em acreditar nela. Plantinga tenciona mostrar que a crença em Deus é, para muitas pessoas, exatamente assim. Pode-se indagar aos ateus que argumentam que não há razões para se acreditar em Deus por que acreditam na causação, já que também não há justificação demonstrativa para tal. O ateísmo pode responder que, segundo esta lógica, a crença nas fadas também deveria ser propriamente básica. Ademais, há muitas variações da crença em Deus, diferentemente da crença em objetos externos; então, em que sentido as crenças teológicas podem ser básicas? E assim prossegue o debate.

Filósofos antifundacionalistas como o pragmatista Richard Rorty, o pós-estruturalista Michel Foucault e o teórico literário Jacques Derrida argumentam que não existem crenças ou enunciados básicos. Mas toda abordagem *fundacionalista* da filosofia requer algo que funcione como os enunciados básicos ou as crenças propriamente básicas. Se você pretende buscar um caminho fundacionalista, a dificuldade é decidir o que é uma crença básica legítima, já que, por definição, esta não se funda em nenhuma outra crença.

Ver também

1.9 Axiomas
4.13 Realista/não realista
5.2 A desconstrução e a crítica da presença
5.6 A crítica heideggeriana da metafísica
6.6 Verdades autoevidentes

Leituras

Bertrand RUSSELL, *Significado e verdade*, 1940.
'James F. SENNETT (Ed.), *The Analytic Theist*: An Alvin Plantinga Reader, 1998.
Julia ANNAS, Stoic Epistemology, in Stephen EVERSON (Ed.), *Epistemology: Companions to Ancient Thought, 1,* 2001.

6.2 Gödel e a incompletude

Certa vez, o físico Alan Sokal disse numa entrevista: "Alguém, não me lembro quem foi, disse que tinha a seguinte regra prática: sempre que alguém nas humanidades ou nas ciências sociais cita o princípio da incerteza de Heisenberg, esta pessoa deve ser considerada culpada até prova em contrário. Eu acho que isso está totalmente certo".

Há uma tendência, na escrita filosófica, particularmente por parte de não profissionais e estudantes, de selecionar uma das grandes teorias da ciência e extrair dela conclusões filosóficas especiosas. Quando professores universitários e orientadores leem palavras como "Usarei a teoria da relatividade de Einstein para mostrar que...", seus corações desfalecem.

O problema é que as grandes teorias são, usualmente, muito mais complicadas do que parecem, e é somente quando se dedica muito tempo a aprendê-las em detalhe que as entendemos bem o suficiente para extrair delas conclusões acuradas. Sokal, pessoalmente, exasperava-se com a tendência das pessoas de extrair conclusões filosóficas da teoria quântica, o que é particularmente temerário, visto que até mesmo físicos profissionais a consideram desnorteante.

O que é, precisamente?

O teorema da incompletude do filósofo da matemática Kurt Gödel (1906-78) sofre de um destino similar. A realidade é que, a menos que você tenha estudado matemática num nível muito avançado, provavelmente não entende o que significa o teorema de Gödel, menos ainda suas implicações para outras áreas da filosofia. De início, há, na verdade, dois teoremas, sendo o segundo um corolário do primeiro.

Uma versão mais abrangente, mas já um tanto simplificada, desse teorema é que em todo sistema lógico formal consistente capaz de descrever a aritmética há ao menos uma sentença que não pode ser nem provada nem refutada no interior do sistema.

Por que isso é tão espantoso? A explicação é parcialmente histórica. Na virada do século XIX para o século XX, Gottlob Frege e Bertrand Russell haviam, ambos, produzido obras do mais alto padrão e reputação como parte de um projeto para demonstrar que toda verdade matemática podia ser provada precisamente do modo como Gödel mostrou ser impossível. Por conseguinte, o teorema de Gödel provocou a devastadora e fatal demolição do projeto russelliano de subsumir a matemática à lógica.

Aplicação geral

De modo mais geral, considera-se, com frequência, que a lição a ser aprendida com o teorema de Gödel é que você simplesmente não pode provar tudo. Está bem até onde se consegue ir. Mas a teoria de Gödel não diz a você o que você não pode provar, exceto para as áreas específicas da matemática às quais o teorema se aplica. Até mesmo a asserção de que toda teoria consistente tem de conter ao menos um enunciado que pode ser provado no interior desta mesma teoria vai além dos limites estritos do teorema de Gödel, que só se aplica à formalização da aritmética. É tentador extrair todo tipo de implicações do teorema de Gödel para a filosofia em geral, mas é com frequência temerário e difícil fazê-lo.

Assim, o filósofo em geral será sensato em não ver coisas demais no teorema de Gödel, adotando-o simplesmente como uma recomendação de cautela contra as grandes ambições da filosofia.

Ver também

1.6 Consistência
4.7 Implicação/implicação estrita

Leituras

Kurt GÖDEL, On Formally Undecidable Propositions of *Principia Mathematica* and Related Systems, *Monatshefte für Mathematik und Physik* 38 (1931).

Bertrand RUSSELL, Alfred North WHITEHEAD, *Principia Mathematica*, 1910-13.
Michael DUMMET, The Philosophical Significance of Gödel's Theorem, in
   ID., *Truth and Other Enigmas*, 1978.

6.3 A experiência mística e a revelação

A filosofia tem tido uma relação no mínimo ambígua com o místico. Muitos pensadores conhecidos como filósofos tiveram suas vidas e suas obras essencialmente baseadas na experiência mística — como os pensadores medievais Mestre Eckhart (1260-1327), Hildegarda de Bingen (1098-1178) e Juliano de Norwich (1342-1416). Até mesmo certos elementos de alguns dos mais proeminentes filósofos canônicos podem ser descritos como místicos. Uma famosa seção do *Banquete* de Platão denominada "A escada dos amores" (210a-211a) inspirou muitos como uma descrição da revelação mística — sem mencionar a maneira como ele descreve a própria atividade principal da alma em seu famoso texto "Linha dividida" na *República* (532d-534a). Nesta mesma linha, filósofos neoplatônicos como Plotino (c. 205-70), Proclo (410-85) e o cristão Santo Agostinho (354-430) apelaram, todos, a experiências de tipo místico em suas obras filosóficas. Certas dimensões da obra de Martin Heidegger — tais como o *Augenblick* e o "chamado da consciência", que aparecem em *Ser e tempo* (1927) — foram consideradas um tanto místicas. De acordo com Wittgenstein, o "mostrar" de ele que fala em seu *Tractatus logico-philosophicus* (1921) revela o místico (*das Mystiche*; 6.44, 6.45, 6.522). E muitos filósofos falaram de "intuição" e "intelecção" — mas de que modo estas seriam diferentes das experiências e revelações místicas? (Ver, por exemplo, a *scientia intuitiva* de Spinoza; *Ética*, pt. 2, 40, 2.)

Hostilidade em relação ao misticismo

Mas, em geral, a filosofia não foi muito receptiva em relação ao misticismo, e há boas razões para isso. De modo amplo, podemos dizer que os filósofos rejeitam a experiência mística porque ela não parece subscrever à explicação ou ao conhecimento. Em particular, é acusada de ser ininteligível, inconfiável e inconsistente.

É *ininteligível* porque, por definição, a experiência mística não é, em certa medida, plenamente compreendida, nem mesmo por aqueles que alegam ter tido a experiência. A experiência mística é tipicamente descrita em termos vagos como estando além da apreensão da sensação, da observação pública, do intelecto e da razão. Também se afirma, frequentemente, que ela é *inefável* ou que está além da linguagem. Mas como algo inefável, privado e sobrenatural pode ser considerado uma boa explicação? Como poderia sequer servir como explicação?

A experiência mística *não é confiável* porque é quase sempre privada e pessoal, e é impossível que outros a testem ou investiguem. A experiência pessoal individual provou ser, numerosas vezes, uma base não confiável para o conhecimento. Um dos mais importantes aspectos do estabelecimento do conhecimento sobre questões de fato tem sido a corroboração por meio de testes e do exame das asserções por parte de outros. Parece ser impossível corrigir ou verificar a experiência mística desse modo, mas sem essa espécie de disciplinamento literalmente tudo tem de ser aceito.

A experiência mística é *inconsistente* porque as teorias nela baseadas revelam muito pouca consistência, como o demonstra a ampla variedade de religiões e modas espirituais. As teorias das ciências natural e social exibem notável consistência e uniformidade em comparação com as da religião e da metafísica. Poucos físicos questionam as leis da termodinâmica. Poucos biólogos questionam a evolução. Quando surgem controvérsias, parece haver formas consensuais e eficazes de resolvê-las. Os sistemas de crenças baseados na revelação e na experiência mística, em contraposição, foram extremamente variados e contraditórios. Consideremos, por exemplo, o judaísmo, a cristandade ortodoxa, o catolicismo, o quacrismo, o budismo, o islamismo, o zoroastrismo, os hinduísmos, o Ba'hai, a religião egípcia, a religião olimpiana grega, as religiões nativas americanas e a New Age. Ademais, suas disputas parecem insolúveis, e não há procedimentos definidos para resolvê-las. Isso não mostra que a experiência mística não deve ser usada como orientação na busca do conhecimento e da compreensão do mundo?

E se...?

Por outro lado, a experiência mística tem aparecido há muito tempo. Muitas pessoas atestaram seu poder, e, se William James está certo em sua obra *As variedades da experiência religiosa* (1902), parece haver, em diversos casos de experiência mística, uniformidade suficiente para sugerir que pode haver algo ali. Talvez, parafraseando Shakespeare (*Hamlet*), haja mais coisas entre o Céu e a Terra do que sonha a filosofia. Ou talvez não.

Ver também

3.29 Testabilidade
5.3 A crítica empirista da metafísica
6.6 Verdades autoevidentes

Leituras

Elmer O'BRIEN, *The Essential Plotinus*, 1964.
AGOSTINHO, *Confissões*, p. ex., liv. 7, cap. 16.
*Theodore SCHICK, JR., Lewis VAUGHN, *How to Think about Weird Things*: Critical Thinking for a New Age, ³2002.

6.4 Possibilidade e impossibilidade

Os filósofos devem ser restringidos por pensamentos do que é possível? Afinal, de acordo com o explorador Fridtjof Nansen (1861-1930), "a dificuldade é aquilo que exige um pouco de tempo; o impossível é aquilo que exige um pouco mais".

A possibilidade e a impossibilidade são importantes na filosofia, como logo veremos. Mas, primeiramente, é necessário distinguir diferentes *tipos de possibilidade*. Há vários modos de fazê-lo, mas a exposição a seguir abarca as principais distinções usualmente feitas.

Impossibilidade lógica

Algo é logicamente possível desde que não contenha nenhuma contradição — ou, de modo mais geral, desde que não viole as regras da lógica. Por exemplo, um círculo quadrado é logicamente impossível, pois tal conceito é uma contradição em termos. Mas um porco voador não é logicamente impossível, pois não há nada nos conceitos de porco e de algo que voa que torne a ideia de um porco voador incoerente. (Isso explica por que você pode ver um filme de ficção no qual um porco voa, mas não um filme no qual há um círculo quadrado.)

Impossibilidade física

Quando, porém, pensamos no que é impossível, normalmente não pensamos somente no que é logicamente impossível. Temos uma outra ideia de possibilidade, que poderíamos chamar de "possibilidade física". Algo é fisicamente possível se não contradiz nenhuma lei natural, quer haja ou não tecnologias ou meios para levá-lo a efeito no momento. Por conseguinte, viajar até Marte é fisicamente possível, mas (de acordo com a maioria dos físicos) viajar para Marte mais rápido que a velocidade da luz é fisicamente impossível.

Praticamente impossível

Poderíamos acrescentar uma terceira categoria, a de "praticamente impossível", para descrever coisas que, embora sejam fisicamente possíveis, estão além de nossos recursos no momento e num futuro próximo. Poderíamos incluir nesta categoria as noções de tecnologicamente ou financeiramente possível e impossível.

Aplicação

É importante ter distinções claras acerca desses diferentes sentidos de possível e impossível porque muitos argumentos filosóficos operam considerando situações que não são reais. Os argumentos sobre a identidade pessoal consideram casos tais como o teletransporte e o transplante de cérebro. Os argumentos morais às vezes consideram situações tais como ser capaz de destruir o mundo inteiro apertando um botão ou de salvá-lo matando uma pessoa. H. Paul Grice (1913-1988) propôs um argumento na filosofia da linguagem que envolvia a possibilidade de que os usuários da linguagem inverteriam seus usos de azul e verde num momento futuro arbitrário.

Em cada um destes casos, pode-se indagar se os cenários descritos são possíveis ou não. Mas é preciso decidir quão relevante é essa possibilidade ou impossibilidade. Às vezes, argumenta-se que não importa se o cenário é fisicamente possível ou não; ele tem de ser apenas logicamente possível.

Isto porque um dos mais importantes usos das ferramentas conceituais filosóficas é o esclarecimento e a exploração conceituais, examinando o significado e as implicações de uma posição, de um argumento ou de um conceito. Pode-se fazer isto investigando de que modo os conceitos em foco se aplicam a qualquer situação logicamente coerente, independentemente de que esta seja fisicamente ou praticamente possível ou impossível.

Em outras ocasiões, porém, pode-se argumentar que a contingência de nosso mundo atual é vital, e que, portanto, qualquer argumento que vá além do que é possível neste mundo é irrelevante. Por exemplo, retornando à filosofia da identidade pessoal, pode-se argumentar que temos de partir do fato de que somos a espécie de seres físicos que somos. Argumentar com base no que *poderia* ser o caso se o universo operasse sob leis naturais diferentes seria, portanto, ilegítimo. Como seres humanos, somos governados pelas leis da natureza e, conforme esta linha de raciocínio, é irrelevante considerar como poderíamos usar a palavra "pessoa" se estas leis fossem diferentes.

Todas estas questões são complexas e estão em aberto. O importante é sermos claros sobre o sentido de possibilidade e impossibilidade que estamos empregando e ter certeza, em qualquer argumento particular, de por que pensamos que a possibilidade da situação considerada é relevante ou não.

Ver também

1.11 Certeza e probabilidade
1.12 Tautologias, autocontradições e a lei da não contradição
2.9 Experimentos mentais
4.4 Categórico/modal
4.10 Necessário/contingente

Leituras

Michael J. Loux, *The Possible and the Actual*, 1979.

*Theodore SCHICK, JR., Lewis VAUGHN, *How to Think about Weird Things*: Critical Thinking for a New Age, ³2002.

6.5 Primitivos

Certa vez, na Espanha, e com um escasso conhecimento da língua, eu (Julian Baggini) me encontrava num restaurante diante de uma escolha de sobremesa, uma das quais era *helado*. "O que é *helado*?", perguntei ao garçom. Ele deu de ombros e respondeu: *"Helado es... helado"*.

Meu *camarero* foi apressado em decidir que não poderia fornecer nenhuma outra descrição do que é um sorvete. No entanto, haveria palavras cujo significado simplesmente não pode ser explicado por outras palavras?

Tais palavras podem ser denominadas "primitivas". Elas são primitivas no sentido de serem primárias (ou primeiras), não por serem antigas ou subdesenvolvidas. São palavras que não podem ser analisadas nem definidas por outras palavras. Ou você entende o que elas significam, ou não.

Exemplo de "bom"

Na teoria do "bom" de G. E. Moore, este seria um conceito primitivo. Moore acreditava que o "bom" não podia ser explicado ou definido com base em outras propriedades do mundo natural, tais como o prazer, o aprazível ou a beleza. O bom é uma característica moral básica da realidade e tentar defini-lo por meio dos aspectos do mundo natural não moral é cometer o que ele chamou de "falácia naturalista". O bom é portanto um conceito primitivo, porque não pode ser explicado ou definido com base em nenhuma outra coisa. Outro exemplo oferecido por Moore foi "amarelo". A "amarelidade" de uma laranja não pode ser definida por meio de mais nada, é um aspecto básico de nossa experiência.

Isso não significa dizer que não se pode dizer nada sobre o que é o bom, ou que este não pode afinal ser definido. Podemos ajudar alguém a entender o que é o bom apontando exemplos, explicando como contrasta com o mau, e assim por diante. Mas em todas as atividades não estamos analisando o bom em seus elementos constitutivos básicos. Estamos simplesmente usando outras palavras ou exemplos para ajudar alguém a perceber ou reconhecer o bom pelo que é.

Os primitivos podem parecer inevitáveis. Afinal, se não houvesse conceitos primitivos, então todo conceito poderia ser decomposto em outros conceitos mais básicos, que, por sua vez, seriam decompostos em outros, e assim por diante, *ad infinitum*. Aparentemente, em algum ponto, tem de haver alguns termos básicos que não admitem análises adicionais. Sem os primitivos, a análise conceitual se estenderia para sempre, e nunca teríamos um fundamento adequado para a nossa linguagem.

Enunciados observacionais e definição ostensiva

Segundo a visão empirista, os conceitos mais básicos não são primitivos no sentido descrito, mas são o que Ayer denominou "enunciados observacionais". Nos fundamentos da linguagem estão palavras como "gato" ou "azul", em que o significado é determinado pela observação. Desse modo, não deve haver um ponto no qual temos de dar de ombros e dizer: "X significa apenas X". Alcançamos o estrato mais fundamental da linguagem somente quando chegamos a um conceito no qual, para explicar o que o termo significa, é preciso apontar para alguma observação. (Alguns filósofos chamam isso de "definição ostensiva".)

Holismo

Há, com efeito, teorias filosóficas que sustentam que não existem primitivos. O *holismo semântico* é uma delas. Segundo esta visão, os conceitos não se assentam sobre outros conceitos mais básicos, sendo os primitivos os fundamentos de uma linguagem verticalmente estruturada. Em lugar disso, dizem os holistas, as palavras formam um sistema mutuamente sustentante de significados inter-relacionados cuja estrutura é mais horizontal. As palavras têm seu significados enquanto partes de toda uma linguagem na qual nenhum conceito é primitivo, mas na qual todas as palavras definem e são definidas por outras palavras da linguagem. Só se pode compreender as palavras e as sentenças dessa linguagem iniciando-se gradativamente na linguagem como um todo. Isso, certamente, confere circularidade ao significado, mas não necessariamente de caráter vicioso.

Nesta linha, temos a famosa afirmação de Wittgenstein: "Compreender uma sentença significa compreender uma linguagem" (*Investigações filosóficas*).

Os filósofos são amigos das análises e suspeitam quando alguém afirma que um conceito é primitivo. A suspeita é de que haja simplesmente falta de disposição ou de habilidade para levar a análise adiante, ou de que haja uma espécie de indolência filosófica em aceitar um conceito como primitivo em vez de empenhar-se mais para compreendê-lo em outros termos. O empirismo e o holismo semântico oferecem dois modos de trabalhar sem a noção de primitivo. A regra prática é assumir que o dar de ombros ao estilo do garçom espanhol é prematuro, mas não excluir a possibilidade de que possa haver alguns conceitos para os quais esta é realmente a única resposta possível.

Ver também

1.10 Definições
3.6 Circularidade
3.25 Regressos

Leituras

°G. E. MOORE, *Principia Ethica*, 1903.
°A. J. AYER, *Linguagem, verdade e lógica*, 1936.
Ludwig WITTGENSTEIN, *Investigações filosóficas*, 1953.

6.6 Verdades autoevidentes

Isaiah Berlin disse que os filósofos são adultos que continuam a fazer perguntas de criança. Há uma grande parcela de verdade nisso. Mas o que os filósofos também precisam saber é quando é necessário parar de fazer tais perguntas, como "Por quê?" ou "Como você sabe?".

Normalmente, é perfeitamente razoável indagar como sabemos que algo é verdadeiro. Mas alguns sustentaram que esta pergunta é inapropriada em alguns casos, quando se trata de uma proposição autoevidente — ou seja, não é preciso fornecer mais evidências ou provas dela. Se uma proposição é uma verdade autoevidente, não requer justificação adicional, pois é, de certo modo, autocomprovante.

Muitos filósofos sustentaram que não existem verdades autoevidentes, afirmando que aquilo que outros filósofos pretendem defender como autoevidente pode ser dividido em três categorias: (1) as leis da lógica, (2) enunciados analíticos e (3) enunciados observacionais básicos.

As leis da lógica

Muitos consideraram as leis da lógica autoevidentes. A lei de não contradição, por exemplo, que afirma que algo não pode ser, simultaneamente, X e não-X, seria supostamente uma verdade autoevidente. Se você tiver de perguntar por que algo não pode ser, ao mesmo tempo, inteiramente preto e não-preto, você simplesmente não entendeu o que significa ser inteiramente preto.

Enunciados analíticos

Diz-se também que os enunciados analíticos são autoevidentes. "Todos os solteiros são não-casados" é um enunciado analítico, uma vez que "solteiros" já contém em si o significado de "não-casado". Portanto, para qualquer pessoa que compreenda os significados das palavras na sentença "Todos os solteiros são não-casados" a verdade do enunciado é autoevidente.

Enunciados observacionais

Um terceiro candidato a verdade autoevidente é o enunciado observacional básico. Estes incluem enunciados tais como "Estou vendo amarelo". Este enunciado parece não requerer nenhuma justificação ulterior; teria pouco sentido perguntar: "Como você sabe que está vendo amarelo?". Se, por outro lado, eu digo, "Estou vendo um canário amarelo", minha asserção não é autoevidente, já que é possível que o que eu estou vendo seja um canário falso ou uma alucinação. Assim, os enunciados observacionais só são autoevidentes quando se restringem à própria experiência e não fazem afirmações concernentes à existência real daquilo que está sendo observado. "Eu pareço estar vendo um canário amarelo" é uma verdade autoevidente para a pessoa que tem a experiência; "Eu estou efetivamente vendo um canário amarelo" não é.

Ideias claras, distintas e adequadas

A mais famosa frase de Descartes é "Penso, logo existo", de seu *Discurso do método*, parte 4 (1637). Em certo sentido, esta verdade supostamente autoevidente ("Eu existo") pode ser considerada um tipo de enunciado observacional — se incluímos a reflexão como um tipo de observação. Pode-se ver isto ao considerar a formulação oferecida por Descartes em sua Meditação Segunda (de *Meditações*, 1641) — "Eu sou; eu existo", em lugar do famoso enunciado acima. A diferença entre ambos é importante. Descartes não está deduzindo sua existência do fato de que pensa. Antes, Descartes sustenta que "Eu penso; eu existo" é o que ele chama de ideia "clara e distinta", uma ideia que, quando clara e distintamente concebida pela mente, é imediatamente vista como indubitável e verdadeira. (A teoria de Descartes repercute a antiga doutrina estoica das "impressões cataléticas". Spinoza mais tarde qualificaria como "adequada" uma maneira similar de conceber.) O "logo" em "Penso, logo existo" é, portanto, redundante.

Uma vez que os filósofos são filósofos, não há uma verdade autoevidente na existência que alguém não tenha denunciado como não sendo autoevidente. Mas a menos que alguns enunciados sejam verdadeiros de modo autoevidente, não seríamos, afinal, como a criança de Isaiah Berlin? E haveria algum limite derradeiro para nossa persistente indagação: "Mas como você sabe que é verdade?"? Talvez não.

Ver também

1.12 Tautologias, autocontradições e a lei de não contradição
4.1 *A priori/a posteriori*
4.3 Analítico/sintético
6.1 Crenças básicas
6.3 Experiência mística e revelação
6.5 Primitivos
6.7 Ceticismo

Leituras

S. EVERSON (Ed.), *Epistemology: Companions to Ancient Thought 1*, 2001.
R. DESCARTES, *Princípios de filosofia*, 1644, pt. 1, Princípios 7, 10, 45.
°B. SPINOZA, *Ética*, 1677, pt. 2, def. 4.

6.7 Ceticismo

A filosofia tem um lado construtivo e um lado destrutivo. O lado mais fácil de entender é o lado destrutivo. Nele, a filosofia lança dúvidas sobre argumentos e crenças. É preciso muita habilidade para fazer isso de modo competente, mas praticamente qualquer um pode parecer um pouco filósofo apenas por aprender alguns enunciados-chave, tais como "como você pode ter certeza?", "não necessariamente", ou "mas e se ...?".

O uso destas frases permite que alguém banque o cético. O ceticismo foi um grande impulso para o progresso filosófico e é às vezes usado, por si só, como uma ferramenta. O famoso "método da dúvida" de Descartes consistia em formular impiedosamente questões céticas a respeito de todas as suas crenças até que identificasse a crença da qual não podia duvidar e que, portanto, poderia constituir a fundação de todo o seu conhecimento: o fato de que existia. Nas mãos de Descartes, o ceticismo tornou-se um meio para atingir a certeza.

Mas o ceticismo também pode ser negativo. O problema é que (como Descartes demonstrou) você pode fazer uma pergunta cética sobre praticamente tudo e ainda assim não forjar uma refutação férrea. Como você pode ter certeza de não ser um cérebro numa vasilha, arranjada para fazer você pensar que está vivendo no mundo real? O fato de que percebemos objetos materiais independentes significa necessariamente que tais objetos efetivamente existem? E se estivermos apenas sonhando? Eu posso ter certeza de que as outras pessoas que parecem ser iguais a mim têm mentes como a minha? Não poderiam ser simples autômatos?

Talvez não haja uma resposta definitiva a nenhuma destas questões céticas. Talvez sempre haja espaço para o surgimento do cético com suas dúvidas. Se for assim, então talvez o desafio da filosofia seja reconhecer quando é apropriado pôr de lado a dúvida cética e quando ela deve ser levada a sério. Ou, talvez, em lugar de deixar de lado a dúvida cética, os filósofos tenham de aprender, de algum modo, a filosofar no contexto da dúvida. Talvez os filósofos tenham de aprender a viver com a permanente possibilidade de que o cético esteja certo, sem descartar suas questões muito apressadamente e permitindo que a possibilidade cética paire sobre o caminho do lado construtivo da filosofia.

História

O ceticismo tem uma longa história filosófica. Por convenção, diz-se que sua história começa com a figura de Pirro de Elis (c.365-c.273 a.C.), embora elementos de pensamento cético o precedam — por exemplo, em Sócrates (469-399 a.C.), que afirmou ser mais sábio por ter compreendido que nada sabia (*Apologia* de Platão, 21a). No antigo mundo helenístico e greco-romano, o ceticismo atacou várias escolas de doutrina filosófica, especialmente os estoicos. Durante a Idade Média, o ceticismo declinou, mas podemos encontrar interesse por problemas céticos em torno da questão de se é possível conhecer e falar sobre Deus, e de como isto seria possível. Depois que o ceticismo propriamente ressurgiu no Renascimento, entrelaçou-se ao projeto do início da era moderna de construir uma nova ciência, e a indagações acerca da possibilidade de conhecer o mundo. Recentemente, os filósofos ficaram intrigados com a questão de se o ceticismo tem algum sentido, e posturas céticas inseriram-se em muitos dos textos coligidos sob a rubrica de pós-estruturalismo e desconstrução.

O ceticismo é com frequência definido como envolvendo a afirmação de que o conhecimento é impossível. Mas há algo de problemático nesta definição, já que a afirmação niilista de que "o conhecimento é impossível" já é, ela mesma, uma afirmação de *conhecimento*. Talvez o ceticismo seja, portanto, autorrefutador — com efeito, a autorrefutação é uma forte acusação que pode ser lançada contra muitos céticos. Mas muitos céticos são mais sofisticados que isso.

O ceticismo positivo

Com efeito, no que concerne a suas versões sofisticadas, é errado pensar no ceticismo como niilismo ou como inteiramente negativo. Os céticos sugeriram ou tentaram mostrar que há um tipo de sabedoria, ou apreciação, ou reconhecimento da finitude humana e do caráter frágil de nosso conhecimento que não são propriamente considerados "conhecimento". Os céticos tentaram também proporcionar uma espécie de terapia para várias patologias filosóficas que resultam de tentativas filosóficas equivocadas de compreender nossa relação com o mundo, nós mesmos e os outros exclusivamente como questões de conhecimento. Ao fazê-lo, os céticos tentaram levar as pessoas a vidas mais tranquilas e moderadas, e tentaram tornar possível uma apreciação do que significa fazer parte da vida comum da existência humana.

O problema dos critérios

Embora o pensamento cético seja extremamente variado, quase tudo é unido na investigação do que ficou conhecido como o problema dos critérios. O uso hábil desse problema pode lhe servir como ferramenta filosófica. O problema é o seguinte: há algum critério por meio do qual possamos, sem margem de dúvida, distinguir o conhecimento do erro? Aparentemente, todos os candidatos a tal critério desmoronaram sob a intensidade do escrutínio cético. Uma das maneiras como esse problema foi captado é um regresso: se algo deve servir como critério para o conhecimento, temos de ser capazes de justificar seu uso como critério. Não podemos usar o próprio critério para se justificar, já que isso seria circular. Por conseguinte, necessitamos de um critério diferente e independente para justificar o primeiro critério. Mas este segundo critério irá, por sua vez, requerer um critério diferente e independente, e assim por diante, *ad infinitum*.

Se a razão é apresentada como o critério, o que justifica a razão? Se a observação perceptiva é apresentada como o critério, o que justifica a percepção? Para cada alegação de conhecimento, o cético pergunta: "Qual é a base desta afirmação?".

Um critério exigente demais?

Uma maneira como os filósofos responderam ao ceticismo foi argumentando que o cético tornou os critérios do conhecimento tão exigentes que jamais podem ser satisfeitos. Como A. J. Ayer escreve em *O proble-*

ma do conhecimento (1956), "Não é que o argumento cético seja falacioso; usualmente, sua lógica é impecável. Mas sua vitória é vazia. Ele nos despoja da certeza somente por defini-la de modo a tornar certo que não pode ser alcançada".

O argumento de Ayer é que o cético só vence caso aceitemos suas regras. Mas por que deveríamos aceitá-las? Não deveríamos rejeitar os critérios céticos por serem necessariamente inalcançáveis? Não se trata simplesmente de que poderíamos alcançar o que exigem se pensássemos com mais afinco ou se fôssemos mais inteligentes. O ceticismo exige algo inatingível. Mas talvez a rejeição do ceticismo com base nisso seja meramente uma alteração arbitrária das regras para que nos favoreçam. Em todo caso, não haveria algo de irresistível no ceticismo, ainda que certas formulações pareçam carentes de sentido ou excessivas?

Ver também

1.11 Certeza e probabilidade
4.6 Revogável/irrevogável
6.1 Crenças básicas

Leituras

Sexto Empírico, *Esboços pirrônicos*, c. 200 d.C.
Stanley Cavell, *The Claim of Reason*: Wittgenstein, Skepticism, Morality and Tragedy, 1979.
°Richard H. Popkin, *The History of Scepticism from Erasmus to Spinoza*, 1979.

6.8 Subdeterminação

O Sol gira em torno da Terra ou a Terra gira em torno do Sol? Quase todas as pessoas concordam que é a Terra que gira em torno do Sol. Por quê? Poderíamos supor que é porque as evidências mostraram que isso é verdade e que a teoria geocêntrica é falsa. De acordo com uma influente teoria, porém, as evidências não podem mostrar tal coisa — ao menos não de modo a excluir todas as outras visões oponentes.

A teoria da subdeterminação das teorias pelas evidências é mais proximamente associada a W. V. O. Quine, que argumentou que para toda hipótese (tais como se a Terra gira em torno do Sol ou vice-versa) as evidências serão sempre compatíveis com mais de uma explicação. Se isso for verdade, então nenhum conjunto de evidências jamais poderá nos obrigar a aceitar uma explicação com a exclusão de todas as outras. Podemos ter razões para eleger uma das teorias, mas essas razões não podem incluir o fato de que somente ela é compatível com as evidências.

Quine não está dizendo que não temos boas razões para preferir alguma teoria em detrimento das outras. Ele está simplesmente destacando o papel das *evidências* na explicação. A filosofia empirista, que sustenta que o conhecimento deriva da experiência, tende a operar com base na premissa de que a verdade é, de algum modo, simplesmente gerada com base nas evidências da observação e da experiência. O que Quine faz é mostrar que a relação entre o conhecimento e a evidência não é tão direto.

Na visão de Quine, as evidências se ajustam ao nosso sistema de crenças como a um quebra-cabeça, e, embora seja natural supor que apenas uma única peça possa se encaixar em cada lugar, a verdade é que o quebra-cabeça pode ser combinado de múltiplas maneiras diferentes — e em todas elas todas as peças encontrarão encaixes.

Exemplos

Consideremos o exemplo do Sol. É realmente possível sustentar, à luz de todas as evidências disponíveis, que o Sol gira em torno da Terra. É preciso apenas resolver alguns problemas espinhosos. Assim, por exemplo, se eu quisesse defender a visão geocêntrica, poderia rejeitar todas as contraevidências que você me trouxesse alegando que as pessoas que conduziram a pesquisa são servos de Satã, tencionando propagar o mito de um universo heliocêntrico. Isso poderá chocá-lo, mas minha explicação se ajustará às evidências. Somente não se ajustará de uma forma que você considera plausível. Por isso é tão difícil refutar teorias da conspiração. Você sempre pode produzir evidências que podem ser torcidas para se ajustar a teorias de variadas maneiras, e você sempre pode encontrar maneiras de rejeitar as contraevidências e permanecer consistente.

O mesmo ponto central está no cerne das ideias de Quine acerca da indeterminabilidade da tradução. Considere um antropólogo que observa membros de uma tribo estrangeira usando a palavra *gavagai* sempre que veem um coelho. Quine argumenta que jamais podemos saber se *gavagai* significa "coelho", "veja, um coelho!", "Santo coelho!", "Partes unidas de um coelho", ou até alguma outra coisa. O problema é que as evidências sempre serão compatíveis com mais de uma tradução de *gavagai*. Não importa o quanto observemos o comportamento dos membros da tribo e seus usos das palavras, sempre haverá a possibilidade de que a tradução que favorecemos não seja inteiramente correta — ou, talvez, todas elas sejam.

Talvez a principal lição da tese da subdeterminação seja que o fato de que uma teoria possa se ajustar às evidências não significa que ela tem de estar certa. "Ajustar-se às evidências" não pode ser um critério suficiente para determinar a verdade de uma teoria, pois sempre é possível que uma ou mais teorias incompatíveis ajustem-se a elas. É necessária uma compreensão mais refinada do modo como usamos as evidências para apoiar ou criticar nossas crenças.

Ver também

2.1 Abdução
3.1 Explicações alternativas
3.29 Testabilidade

Leituras

Robert KLEE (Ed.), *Scientific Inquiry*: Readings in the Philosophy of Science, 1999.
W. V. O. QUINE, *The Web of Belief*, 1970.
Pierre M. M. DUHEM, *La théorie physique, son object et sa structure*, 1906.

Recursos para filósofos na Internet

Episteme Links: <www.epistemelinks.com>. Um armazém de todos os tipos de coisas relacionadas à filosofia.

TPM Online, *The Philosopher's Magazine*: <www.philosophers.co.uk>. Uma versão virtual da revista editada por Julian Baggini e da qual Peter Fosl é colaborador. Oferece recursos interativos.

Peter Suber's Guide to Philosophy: <www.earlham.edu/~peters/philinks.htm>. Um compêndio minucioso de recursos relacionados à filosofia na Internet.

The Transylvania University Philosophy Program site: <www.transy.edu/homepages/philosophy>. O conjunto de recursos filosóficos de Peter Fosl, incluindo uma cronologia filosófica.

The Internet Encyclopedia of Philosophy (IEP): <www.utm.edu/research/iep>. Uma enciclopédia de filosofia na Internet.

Enciclopedia Multimediale delle Scienze Filosofiche: http://www.emsf.rai.it/. Uma enciclopédia filosófica em italiano.

Proyecto Filosofía en español - *www.filosofia.org*

The Stanford Encyclopedia of Philosophy: <http://plato.stanford.edu/contents.html>.

X-Refer: <www.xrefer.com>. Um bom recurso, com artigos breves sobre filósofos e conceitos filosóficos.

Maja's World: <hhtp://public.srce.hr/~mprofaca/maja01.html>. Uma lista concisa porém interessante de links relacionados à filosofia.

Erratic Impact: <www.erraticimpact.com>. Um site especialmente construído para pesquisas em filosofia. Excelente recurso.

Peter King's Philosophy Around the Web: <http://users.ox.ac.uk/~worc0337/phil_index.html>. Uma compilação útil e bem organizada.

The Window: Philosophy on Internet: <www.trincoll.edu/depts/phil/philo/index.html>. Um site indispensável organizado por Chris Marvin e Frank Sikernitsky, do Trinity College.

Philosophy in Cyberspace: <www-personal.monash.edu.au/~dey/phil>. Dey Alexander, da Monash University, na Austrália, oferece um excelente quadro de recursos.

Plato and his Dialogues: <http://plato-dialogues.org>. Interessante site sobre Platão, de Bernard Suzanne.

African Philosophy Resources: <www.augustana.ab.ca/%7Ejanzb/afphilpage.htm>. Site de Bruce Janz sobre filosofia africana.

Chinese Philosophy (CPP): <http://main.chinesephilosophy.net>. Uma interessante lista de links.

The Notebook: <www3.baylor.edu/%7Escott_Moore/Continental.html>. Recursos sobre filosofia continental da Baylor University.

Índice remissivo

a posteriori: 166, 171, 173, 174, 180, 181, 186, 187, 193, 201, 259

a priori: 128, 166, 171, 172, 173, 174, 175, 180, 181, 186, 187, 193, 201, 259

abdução: 57, 58, 60, 128, 170, 187, 265

aborto: 34

abrangência: 10, 59, 214

absoluto: 66, 70, 88, 107, 118, 163, 165, 175, 176, 177, 178, 207

absurdo: 35, 36, 69, 70, 98, 137, 152, 153, 165

acidente: 71, 183, 190, 191, 192, 193, 209, 242; falácia do: 71

adequação empírica: 80, 117, 140, 158, 160

afirmação do consequente, falácia do. Ver falácia: 38, 184

africana, filosofia (africanos): 15

Agostinho de Hipona: 250

Alcoff, Linda: 193

além-do-homem: 87

al-Ghazali, Abu Hamid Ibn Muhammad al-Tusi al-Shafi'i: 45, 46

alteridade: 64

alternativa, explicação: 58, 60, 63, 91-93, 100, 265

ambiguidade: 20, 38, 46, 94, 95, 96, 143

analítico: 65, 84, 174, 175, 178-181, 187, 201, 258, 259

analogia: 22, 26, 66, 67-69, 73, 74, 81, 94, 112, 162, 245

analógica, predicação: 67

anfibolia: 94

angústia (*Angst*): 144, 242

anomalias: 69, 71, 72
antecedente: 55, 183, 184, 188, 189
antifundacionalismo: 257
antirrealismo: 209; *ver também* realismo
antítese: 65, 138, 170
Aquino, Tomás de: 67, 222
arche: 79
argumento: 9, 10, 13, 14, 15, 16, 17, 18, 19, 20, 22, 23, 26-32, 37-42, 44, 50, 52, 53, 55, 56, 64, 67, 73, 74, 82-88, 94-96, 102, 103, 105, 106, 110, 111, 112, 114-109, 121-123, 128, 129, 132, 136-138, 143-163, 166, 167, 179, 185, 187-189, 196, 199, 200, 220, 221, 246, 247, 253, 254, 260, 263, 264; do desígnio: 68, 69
argumento para a melhor explicação: 57
Aristóteles: 30, 56, 190-194, 200, 201, 222, 232
inteligência artificial: 111, 112, 213
Augenblick: 250
Austin, John Langshaw: 49, 79, 118, 119, 196, 197
autoevidente: 18, 46, 104, 154, 246, 247, 252, 257, 258, 259
autorrefutação: 261
autorrefutadoras, posições: 56, 161
autorrefutadores, argumentos: 56, 144, 145, 161-163
axioma: 18, 43, 44, 45, 46, 49, 54, 142, 247; da inclusão:142
axiomático, sistema, de indução: 43, 46
Ayer, Alfred Jules: 163, 167, 169, 170, 246, 256, 257, 262, 263
Ba'hai: 251
básicas, crenças: 18, 158, 197, 245, 259, 263
básicos, enunciados: 246, 247
Baumgarten, Alexander: 173

beleza: 48, 208, 230, 255
bem: 22-24, 26, 36, 48, 56, 68, 72, 73, 79, 100, 111, 115, 124, 130, 144, 147, 207, 210, 212, 214, 217, 227, 237, 241, 248, 249
Benston, Margaret: 228
Berkeley, Bispo George: 41, 154, 155, 156, 167
Berlin, Isaiah: 257, 259
bicondicional: 40, 114, 183, 184, 190
bivalência: 43, 96, 97, 98, 119, 211
bombas de intuição: 72-74, 81, 83, 213
Brentano, Franz: 85
budismo: 251
Camus, Albert: 36
caridade, princípio de: 69, 72, 96, 117, 146-149, 153, 154
Carnap, Rudolf: 189, 196, 214
casos: 14, 15, 28, 32, 34, 42, 48, 52, 58, 61, 70, 71, 75, 83, 85, 98, 105, 107, 108, 109, 110, 118, 120, 123, 135, 137, 150, 161, 164, 168, 179, 183, 188, 190, 193, 195, 198, 212, 216, 217, 218, 247, 251, 253, 254, 257
catalépticas, impressões: 17, 50, 245, 259
categorial, erro: 99, 100
categórico: 181, 201, 254
catolicismo: 251
causação: 165, 247
certeza: 15, 24, 29, 46, 49-54, 84, 85, 92, 95, 104, 110, 126-128, 166, 171, 182, 184, 186, 200, 206, 228, 245, 248, 254, 260, 263
ceteris paribus: 101-103, 140, 147, 150
ceticismo: 51, 84-86, 128, 209, 259, 260-263
chamado da consciência: 250
chinês, quarto: 73, 111, 112, 213
Chodorow, Nancy: 228

ciência: 14, 15, 22, 26, 34, 45, 50, 54, 60, 61, 62, 66, 67, 72, 76-79, 81, 83, 123, 128, 166-169, 174-176, 191, 195, 207, 228, 239, 248, 251, 261

circularidade: 18, 103, 106, 151, 256, 257

círculo cartesiano: 104

Cícero: 69

Cixous, Hélène: 227

clareza: 74, 79, 93, 96, 100

Clarke, Samuel: 165

Cleantes de Assos: 50, 245

Code, Lorraine: 228

coerência: 58

Cohen, Maurice R.: 120, 123

comandos: 229

compatibilismo: 92

completude: 65, 140

comportamentalismo: 140

comum, vida: 77, 262

comunismo: 66

conceitos densos e difusos: 214, 216

conclusões: 13, 15, 16, 18, 20, 24-29, 30, 44, 46, 47, 52, 53, 60, 93, 130, 131, 139, 142, 151, 152, 159, 184, 248

condicional: 40, 114, 183, 184, 188, 189, 190

confucionismo: 15

confusão: 99, 108, 109, 113, 175, 180, 183, 189, 196

conhecimento: 9, 42, 48, 51, 52, 59, 67, 78, 79, 80, 86, 104, 113, 122, 126, 127, 128, 141, 143, 146, 156, 163, 166, 171, 172, 173, 174, 180, 186, 194, 195, 196, 201, 202, 203, 205, 206, 207, 210, 211, 214, 222, 228, 232, 245, 246, 250, 251, 255, 260, 261, 262, 263, 264; absoluto(*das absolute Wissen*): 66; por descrição; por experiência: 66, 172, 194-197, 211, 264

conjuntos: 142, 202

consciência: 14, 34, 71, 85, 111, 112, 158, 159, 160, 166, 196, 204, 211, 220, 242, 243, 250; *ver também* mente: 14, 34, 71, 85, 111, 112, 158, 159, 160, 166, 196, 204, 211, 220, 242, 243, 250

consequencialistas: 144

consequente: 38, 55, 100, 165, 184, 188, 189

consistência: 33, 34, 36, 56, 60, 98, 125, 145, 249, 251

contesto: 229

contingência: 197, 199, 200, 254

contingência do futuro: 200

contingente, verdade: 198

contra-argumento: 102

contradição: 33, 36, 55, 126, 127, 142, 143, 153, 165, 200, 252

contraexemplo: 32, 72, 93, 109, 110, 111, 112, 134

contrários: 26, 54, 148, 149

contrassenso: 167, 175; *ver também* inteligibilidade, significado e sentido: 167, 175

contrato social: 87, 88, 89

convergência: 60

Copleston, Frederick Charles: 94-96

corrigibilidade: 185

crença: 13, 18, 24, 25, 30, 33, 34, 40, 60, 78, 80, 104, 105, 113, 115, 119, 120, 122, 130, 141, 147, 152, 158, 169, 186, 197, 201, 202, 206, 220, 226, 231, 239, 240, 245, 246, 247, 251, 259, 260, 263, 264, 265,

Crisipo de Soli: 50, 245

cristã, moralidade: 30; *ver também* encarnação, Jesus, Nietzsche e Platão

critérios: 22, 23, 49, 102, 112, 113, 114, 163, 167, 186, 203, 262, 263, 265; problema dos: 262

críticas: 56, 110, 123, 159, 192, 225
cúmplices no erro: 144, 145, 163
Daly, Mary: 228
Darwin, Charles: 77
Dasein: 233
Dawkins, Richard: 74, 75
De Man, Paul: 223
dedução: 18, 19, 20, 23, 24, 25, 26, 30, 33, 85, 86, 128, 130, 143, 151, 187, 190; natural, sistema de, °°: 43, 44
dedutivo-nomológico, método:61
definição: 17, 19, 20, 31, 34, 35, 44, 45, 47, 48, 71, 84, 102, 105, 123, 126, 127, 132, 167, 173, 179, 202, 236, 247, 251, 261; ostensiva: 256
Dennett, Daniel C.: 73, 75, 92, 158, 159, 160, 161
deontologia: 144, 145
Derrida, Jacques: 15, 192, 222-224, 247
Descartes: 17, 49, 50, 85
desconstrução: 207, 221, 223, 224, 236, 241, 247, 261
descrições definidas: 195
determinismo: 198, 242
Deus, 16, 17, 36, 45, 50, 67, 68, 94, 104, 105, 117, 128, 140, 143, 154, 176, 193, 199, 200, 204, 222-224, 226, 228, 235, 237, 238, 240, 241, 246, 247, 261
dialética: 63-66, 221, 224, 242
différance:: 223
dilemas: 103, 119, 123, 124, 125
direitos: 47, 67, 71, 220, 221, 223
discursivo: 223, 229
dualismo: 53
Duhem, Maurice Marie: 36, 37, 58, 61, 265

dúvida: 14, 50, 62, 83, 104, 139, 165, 185, 205, 228, 260, 261, 262
é/deve: 131
Eckhart, Mestre: 250
egípcia, religião: 251
eidos: 191, 217
Einstein, Albert: 79, 83, 164, 175, 176, 178, 248
empirismo: 129, 174, 175, 180, 181, 222, 225, 226, 257
empirista, crítica: 194, 224, 225, 241, 252
en soi: 242
encarnação: 36, 143
Engels, Friedrich: 66, 216, 220, 221
epifenômeno: 139
epistêmico: 132, 173, 181, 182, 208
erro: 30, 37, 38, 40, 47, 49, 55, 94, 96, 99, 100, 128, 135, 144, 145, 148, 149, 160, 163, 164, 183, 184, 186, 207, 222, 232, 233, 262; teoria do: 115, 116, 117, 140, 160
escolástica: 192
espectador imparcial: 87
Spinoza, Baruch de: 45, 46, 137, 138, 165, 198-200, 250, 259, 260, 263
esquerdistas: 178
essência: 9, 49, 84, 112, 131, 183, 190, 192, 193, 206, 208, 209, 217, 222, 234,
estágios da pessoa: 73
estoicos: 17, 50, 68, 245, 261
eterno retorno: 87
Eucaristia: 241
Euclides: 43, 46
evidências: 58, 59, 60, 61, 93, 102, 106, 115-117, 122, 147, 149, 185, 224, 257, 257, 263-265

evolução; 74, 88, 251

exclamações: 16

existencialismo: 36, 192, 241, 242

experiência: 21-24, 48, 50, 57, 60, 67, 68, 71, 84-86, 106, 114, 115, 117, 120, 124, 142, 143, 158, 159, 161, 167, 169, 171, 172, 174, 180, 186, 195, 199, 205, 214, 224, 225, 226, 240, 241, 245, 250, 251, 255, 258, 259, 264

experimental, método: 81

experimentos mentais: 69, 75, 81-83, 87, 89, 102, 103, 112, 213, 254

explanandum: 159, 160

explicação: 10, 14, 31, 57, 58, 59, 79, 80, 88, 91-93, 102, 104, 116, 121, 122, 138, 139, 140, 154-160, 164, 165, 181, 249, 250, 251, 264

falácia: 26, 33, 37, 38, 39, 40, 46, 71, 72, 120, 136, 137, 184; da afirmação do consequente: 184; do acidente: 71; do apostador: 39; do espantalho: 148; do homem mascarado: 39, 40, 135, 136; formal: 37, 38; genética: 39, 40, 119, 120, 121, 122; informal: 37, 39; naturalista: 130, 255

falsa dicotomia:

falsificação: 117, 118, 207, 215

fé: 15, 143, 165, 226

felicidade: 79, 100, 102, 103, 111, 214

feminismo: 193, 236

Feynman, Richard: 159

ficções úteis: 77, 83, 87-89

Fichte, Jacob Gottlieb: 66

filosofia islâmica: 17, 45

filosofia judaica: 17

filosofia nativa americana: 15

Fodor, Jerry: 156-158

forma: 15, 18, 23, 26, 27, 32, 35, 37, 39, 40, 45, 53, 55, 64, 65, 81, 92, 93, 96, 99, 102, 105, 107, 113, 114, 116, 121-124, 130, 131, 143, 150-152, 154, 155, 159, 166, 167, 198, 172, 174, 179, 182, 188, 189, 191, 192, 195, 198, 202, 208, 210, 216, 220-225, 229, 230, 232, 234-237, 239, 240, 245, 251, 264

formal, falácia. *Ver* falácia.: 37, 39

Foucault, Michel: 49, 122, 228-232, 238, 241, 243, 247

fundacionalismo: 245, 247

Frege, Gottlob: 209-211, 249

Freud, Sigmund: 77, 220, 234

gene: 74, 75, 88, 121

genealogia: 79, 122, 230, 236, 239

Gilligan, Carol: 227

Gödel, Kurt: 248-250

Gramsci, Antonio: 220, 221

Grice, H. Paul: 181, 253

Hartmann, Heidi: 228

hedonismo: 110, 111

Hegel, Georg Wilhelm Friedrich: 65, 66, 143, 192, 220, 222, 242

Heidegger, Martin: 222, 232, 234, 250; crítica da metafísica de: 15, 192, 222-224, 232, 233, 234, 243, 247, 250

Hempel, Gustav: 61, 63

Heráclito de Éfeso: 15, 134

hermenêutico, círculo: 205, 206

Hildegarda de Bingen: 250

hinduísmo: 251

hipótese: 59, 61-63, 67, 81, 121, 154, 156, 157, 168, 169, 199, 264

hipotético-dedutivo, método: 61-63, 166, 170

d'Holbach, Barão: 242

holismo: 169, 189, 199, 256, 257

Hubbard, Ruth: 228

Hume, a forquilha de: 26, 126, 128, 170, 226

Hume, David: 21, 24, 26, 45, 67, 69, 70-72, 84, 106, 107, 126-131, 134, 165, 166, 170, 173, 174, 186, 204, 226, 227, 247

Husserl, Edmund: 192, 222

ideal, observador. *Ver* observador ideal.: 87, 88

idealismo: 208, 209

ideias claras e distintas:104, 105, 246

identidade: 56, 131, 132, 133, 134, 137, 137, 217, 218; pessoal: 73, 74, 133, 134, 202, 253, 254

imparcial, espectador. *Ver* espectador imparcial: 87

imperialismo: 147

implicação: 62, 128, 188, 189, 190; estrita: 151, 166, 181, 185, 187, 188-190, 213, 249

impossibilidade: 107, 237, 252-254

incerteza, princípio da: 248

incoerência: 45, 46, 64, 107, 108, 109, 227; conceitual: 100, 107-109, 227

incompletude: 248

inconsciente: 33-36, 123, 250, 251

inconsistência: 33-36, 64, 227, 238

indução: 18, 20, 21, 22, 23, 24, 128, 166, 170; enumerativa: 59; o problema da: 22-24, 59

indutiva, enumeração: 21, 22, 24, 25, 103

indutivo, círculo: 106

inefável: 251

intelecção: 250

inteligibilidade: 225; *ver também* significado, contrassenso e sentido

intencional: 182

Internet, recursos na: 10

intersubjetividade: 205

intuição: 17, 45, 151, 250; bombas de: 72-74, 81, 83, 213

invalidade: 30-32, 40, 43, 54

Irigaray, Luce: 236

irrefutável: 60

James, William: 241, 251

Jesus de Nazaré: 117

Johnson, Samuel: 41, 165

jouissance: 236

Juliano de Norwich: 250

justiça: 47, 67, 88, 89, 102, 103, 128, 152, 153, 227, 230

justificação: 17, 24, 41, 43, 78, 80, 106, 116, 119, 120, 121, 122, 247, 258

Kant, Immanuel: 44, 65, 68, 84, 85, 86, 87, 128, 144, 145, 172, 174, 175, 178, 179, 181, 192, 199, 209

Kierkegaard, Søren: 15, 36, 143

Kuhn, Thomas: 72, 234

Lacan, Jacques:204, 234

Lakatos, Imre: 168, 234

Laplace, Pierre Simon, marquês de: 154

Leibniz, Gottfried Wilhelm: 56, 131, 132, 133, 134, 135, 136, 137, 138, 164, 166, 173, 174, 179, 218

legal, raciocínio:

Lewis, Clarence Irving: 189, 190

liberdade: 71, 72, 92, 93, 220, 235, 241, 242, 243

L-implicação: 189

linguagem comum, filosofia da: 35, 38, 40, 41, 48, 48, 49, 77, 79, 113, 114, 184

linguagem privada, argumento da: 86

linguística: 192, 211, 212, 234

livre-arbítrio: 92, 198
Locke, John: 45, 74, 154, 155
lógica *fuzzy:* 98
lógicas, construções: 75, 76, 77, 89
loucura: 122, 229
má-fé: 241, 242, 243
Marx, Karl: 66, 219, 220, 221, 230, 242, 243
mente: 22, 30, 50, 53, 74, 88, 99, 100, 101, 104, 111, 113, 114, 124, 132, 136, 137, 138, 139, 148, 204, 208, 211, 217, 220, 242, 243, 247, 259, 260
metafísica: 65, 86, 131, 132, 135, 138, 139, 165, 167, 192, 193, 194, 211, 217, 222, 224, 226, 32, 233, 234, 240, 241, 243, 247, 251, 252
Mill, John Stuart: 103, 124, 125
mística, experiência: 226, 250, 251, 259,
Mystiche, das: 250
modus ponens: 39, 188
Moore, George Edward: 130, 131, 255, 257
mostrar: 14, 41, 42, 47, 50, 67, 70, 71, 81, 115, 123, 125, 136, 137, 145, 150, 152, 154, 155, 160, 174, 175, 221, 222, 227, 229, 230, 233, 243, 246, 247, 248, 250, 261, 263, 264
mundos possíveis: 82
Nagel, Ernest: 81, 120, 123
Nagel, Thomas: 206, 207
não contradição, lei de: 46, 54, 55, 56, 98, 107, 109, 144, 259
natural, lei: 223, 253
naturalismo: 174, 242
natureza: 14, 24, 25, 26, 49, 55, 60, 67, 70, 84, 86, 91, 92, 99, 106, 107, 108, 109, 111, 112, 120, 121, 122, 123, 130, 131, 140, 143, 148, 149, 166, 168, 176, 193, 206, 215, 227, 238, 239, 242, 254

necessária, condição: 202, 203; verdade: 201, 202
necessária, condição: 201, 202; razão: 37, 60, 93, 163, 164, 165, 166, 178, 179, 180, 204
necessidade: 17, 21, 22, 24, 129, 138, 159, 166, 182, 192, 198, 235
Newton, Isaac: 71, 72, 79, 154, 168, 176, 178
Nietzsche, Friedrich: 15, 87, 122, 206, 222, 230, 235, 237, 238, 239
niilismo: 234, 237, 238, 261
normalização: 231
númeno: 10, 13, 21, 22, 24, 31, 36, 52, 58, 59, 60, 68, 69, 76, 102, 123, 124, 125, 138, 139, 157, 180, 195, 201, 217
objetividade: 204, 205, 206
objetivo: 9, 14, 82, 88, 104, 109, 116, 124, 137, 175, 178, 203, 204, 205, 206, 209, 215, 233, 236
observacionais, enunciados: 246, 256, 258
observador ideal: 24, 87, 88, 137, 208
Ockham, Guilherme de: 58, 138, 141; a navalha de: 58, 60, 80, 103, 138, 139, 140, 141, 150, 158
ontologia: 208
opressão: 230
Orwell, George: 35
ousia: 191
Paley, William: 68
panóptico: 230, 231
paradoxo: 36, 56, 97, 109, 141, 142, 143, 163, 187
Parmênides de Eleia: 55, 141, 149, 160
Peirce, Charles Sanders: 57, 60, 61, 218, 241
pena de morte: 185

perspectivismo: 205, 206, 238

pessoas: 13, 14, 19, 21, 26, 30, 34, 35, 40, 41, 45, 52, 67, 74, 76, 84, 87, 88, 91, 94, 97, 98, 101, 102, 113, 114, 118, 118, 121, 123-126, 133, 134, 141, 144, 145, 152, 162, 164, 166, 169, 175, 176, 177, 185, 186, 194, 203, 204, 205, 208, 209, 224, 239, 240, 242, 243, 246, 247, 248, 251, 260, 262-264

petição de princípio: 107, 150, 151

Pirro de Elis: 261

Plantinga, Alvin: 17, 161, 162, 163, 196, 200, 201, 246, 247, 248

Platão: 49, 53, 63, 64, 66, 67, 68, 69, 72, 148, 149, 152, 160, 191, 217, 222, 224, 227, 232, 235, 250, 261, 268

Plekhanov, Georgii: 66

Plotino: 250

poder: 38, 44, 58, 63, 67, 143, 221, 224, 228, 229, 230, 231, 237, 238, 239, 241, 242, 243, 251

Popper, Karl: 61, 63, 168, 169

pós-estruturalismo: 261; *ver também* Derrida e Foucault

posicionalidade; 193

positivistas: 17, 167

possibilidade: 14, 35, 38, 59, 85, 93, 95, 107, 108, 117, 118, 128, 149, 159, 182, 185, 186, 199, 203, 204, 226, 231, 252, 253, 254, 257, 261, 265

pour soi: 242

pragmatistas: 49, 60, 185, 239, 240

prazeres superiores e inferiores: 124, 125

predição: 59

premissas: 13-22, 25, 27-32, 38, 41-44, 43, 52, 53, 55, 84, 85, 104, 105, 120, 130, 131, 141, 143, 151, 152, 153, 162, 187, 188, 245

presença, crítica da: ver também Heidegger: 207, 221, 234, 236, 241, 247

pré-socráticos: 138, 222

primitivos: 255, 256, 259

probabilidade: 21, 24, 25, 39, 40, 44, 49, 50, 51, 52, 93, 106, 162, 186, 206, 254, 263

Proclo: 250

propriedades: 56, 67, 88, 100, 120, 130, 132, 133, 134, 135, 136, 137, 149, 155, 168, 172, 177, 179, 191, 255

psicanálise: 230, 234

Putnam, Hilary: 82, 83, 209, 229

qualidades primárias e secundárias: 155

Quine, Willard Van Orman: 36, 58, 126, 127, 129, 149, 169, 174, 175, 180, 181, 186, 199, 264, 265

Radcliffe Richards, Janet: 107-109

racionalidade: 15, 25, 33, 35, 44, 46, 56, 57, 96, 146, 149, 200, 221, 227, 229

racionalismo: 165

Rawls, John: 87, 88, 89

razão: 13-16, 36, 37, 45, 47, 48, 55, 60, 63, 65, 73, 77, 82, 92, 93, 101, 105, 107, 113, 120, 124, 127, 128, 130, 132, 141, 142, 143, 147, 151, 154, 155, 159, 163, 164, 165, 166, 172, 175, 176, 180, 181, 186, 191, 223, 227, 228, 241, 242, 251, 262

razão suficiente, a raiz quádrupla da: 164, 166

real: 34, 35, 61, 82, 87, 88, 91, 128, 132, 137, 149, 172, 173, 188, 208, 215, 223, 236, 241, 247, 258, 260

realismo: 86, 130, 207, 208, 209

reconhecimento: 87, 214, 262

reductio ad absurdum: 152

reductio ad impossible: 153

reducionismo: 77, 78, 79, 80

referência: 9, 10, 82, 88, 100, 116, 130, 131, 138, 148, 167, 171, 172, 176, 180, 197, 206, 209, 210, 211

refutação; *ver também* autorrefutação: 41, 42, 110, 153, 154, 155, 168, 260, 261

refutável: 60

regra: 14, 34, 60, 69, 70, 71, 72, 80, 114, 138, 139, 149, 158, 162, 163, 167, 190, 203, 212, 213, 235, 236, 248, 252, 257, 263

regresso: 17, 107, 156, 157, 158, 257, 262

Reid, Thomas: 17, 50

relacionais, qualidades: 149

relatividade especial: 176

relativismo: 161, 175, 176, 177, 178

relevância, lógica da: 69, 111, 188

religião: 67, 69, 84, 220, 226, 240, 241, 251

religiões nativas americanas: 251

representação: 68, 181, 241

repressão: 235, 236

ressentimento: 237

revolução copernicana: 86

Rorty, Richard: 240, 241, 247

Rousseau, Jean-Jacques: 87, 89

Russell, Bertrand: 77, 94, 95, 96, 142, 195, 196, 197, 248, 249, 250

Ryle, Gilbert: 99, 100

Sartre, Jean-Paul: 235, 241, 242, 243

Sausurre, Ferdinand de: 234

Schiller, Johann Christoph Friedrich: 66

Schopenhauer, Arthur: 164, 165, 166

scientia intuitiva: 45, 250

Searle, John R.: 73, 75, 86, 111, 112, 213, 214

semântica: 127, 136, 167, 180, 211, 212, 213

senso comum: 26, 115, 134, 138, 149, 159, 175, 176, 197, 200, 208

sentido (*Sinn*): 13, 19, 25, 26, 27, 33, 34, 35, 36, 39, 41, 47, 49, 50, 54, 56, 70, 72, 75, 78, 80, 82, 86, 94, 95, 107, 108, 109, 111, 112, 113, 114, 118, 119, 120, 123, 132, 138, 147, 155, 159, 160, 169, 172, 177, 185, 187, 188, 191, 192, 195, 196, 197, 203, 204, 206, 209, 210, 211, 212, 213, 216, 221, 223, 225, 228, 233, 247, 253, 254, 255, 256, 258, 259, 261, 263

sentidos, dados dos: 17, 118

ser: 9, 10, 11, 14, 15, 16, 17, 18, 19, 20, 21, 22-29, 31, 36, 38, 39, 40-50

significado; *ver também* inteligibilidade, contrassenso e sentido: 20, 22, 27, 35, 38, 44, 45, 54, 79, 80, 83, 95, 99, 101, 112, 114, 126, 127, 137, 167, 172, 173, 175, 178, 179, 180, 181, 190, 195, 199, 204, 239, 240, 248, 254, 255, 256, 258

significadores: 234, 235

simbólica, ordem: 235, 236

simplicidade: 58, 138, 139, 140

sintaxe: 211, 212, 213

síntese: 65

sintético: 173, 174, 175, 178, 179, 180, 181, 187, 201, 259

Smith, Adam: 87, 89

Sócrates: 16, 52, 63, 67, 68, 152, 153, 261

sofismas: 167, 170

Sokal, Adam: 175, 178, 248

solidez: 19, 20, 26, 29, 30, 33, 41, 42, 53, 56, 116, 131, 137, 144, 166, 185, 190, 213, 221

solipsismo: 114

Sorites: 97

subdeterminação: 263, 264, 265

subjetivo: 130, 139, 178, 203, 204, 205, 206, 209, 210, 236

substância: 82, 99, 100, 132, 136, 137, 167, 191, 192, 202, 232, 240, 246

sujeito: 43, 46, 52, 126, 137, 147, 148, 204, 205, 206, 208, 221, 234, 235

superação (*Aufhebung*): 65

Tales de Mileto: 79

tautologia: 37, 46, 54, 55, 56, 98, 107, 109, 126, 127, 144, 254, 259

temporalidade: 233

terapia: 262

terceiro excluído: 43, 96, 97, 119, 200

Terra gêmea: 82

tese: 59, 63, 65, 125, 128, 157, 161, 168, 220, 221, 265

testabilidade: 58, 60, 62, 63, 167, 168, 169, 187, 226, 252, 265

tipos: 22, 37, 38, 50, 76, 78, 79, 125, 126, 131, 135, 143, 148, 165, 166, 181, 187, 188, 194, 195, 197, 216, 217, 225, 252

tranquilidade: 262

transcendência: 237, 238

transcendentais, argumentos: 83, 86

Turing, teste de: 111

uniformidade da natureza: 24

universais, asserções: 22, 45, 62, 109, 110, 168, 177, 195

uno: 67, 77, 78

utilitarismo: 124, 125

vagueza: 95, 98

validade: 19, 20, 26, 27, 29, 30, 32, 33, 37, 42, 43, 52, 53, 56, 96, 111, 131, 144, 166, 185, 190, 213

verdade: 17, 18, 19, 23, 27, 28, 30, 31, 32, 33, 36, 38, 39, 44, 45, 46, 50, 51, 53, 54, 58, 60, 61, 62, 64, 65, 66, 67, 75, 78, 80, 81, 84, 85, 87, 99, 107, 109, 117, 119, 120, 125, 126, 127, 128, 133, 135, 141, 154, 162, 163, 164, 167, 169, 170, 181, 182, 184, 186, 187, 188, 198, 199, 200, 202, 205, 206, 208, 210, 211, 213, 221, 222, 225, 226, 228, 230, 236, 237, 238, 239, 241, 246, 247, 248, 249, 252, 257, 258, 259, 263, 264, 265

verificação: 168, 169

véu da ignorância: 87

Vico, Giambattista: 50, 54

vontade: 99, 100, 223, 237, 239

Williams, Bernard: 216

Williamson, Timothy: 98

Wittgenstein, Ludwig: 40, 50, 54, 79, 86, 87, 113, 114, 115, 167, 169, 192, 169, 197, 203, 250, 257, 263

Zenão de Eleia: 141

Zizek, Slavoj: 236

Edições Loyola

editoração impressão acabamento

rua 1822 nº 341
04216-000 são paulo sp
T 55 11 3385 8500
F 55 11 2063 4275
www.loyola.com.br